**Kohlhammer
Urban** Taschenbücher

Band 664

# Grundriss der Pädagogik/ Erziehungswissenschaft

## Band 4

Herausgegeben von Werner Helsper, Jochen Kade, Christian Lüders, Frank-Olaf Radtke und Werner Thole

**Bereits erschienen:**

Band 2
J. Abel/R. Möller/K.P. Treumann
**Einführung in die Empirische Pädagogik**

Band 3
I. Diehm/F.-O. Radtke
**Erziehung und Migration**

Band 11
J. Kade/D. Nittel/W. Seitter
**Einführung in die Erwachsenenbildung/ Weiterbildung**

Band 13
Ulrich Heimlich
**Integrative Pädagogik**

Band 14
Roland Reichenbach
**Philosophie der Bildung und Erziehung**

Band 15
Sigrid Nolda
**Pädagogik und Medien**

Band 16
Georg Peez
**Einführung in die Kunstpädagogik**

Band 17
Franz Hamburger
**Einführung in die Sozialpädagogik**

Band 18
Jutta Ecarius
**Generation, Erziehung und Bildung**

Band 19
Friedrich Schweitzer
**Pädagogik und Religion**

Band 20
Walter Herzog
**Pädagogik und Psychologie**

Band 21
Jörg Zirfas
**Pädagogik und Anthropologie**

Band 23
Ingo Richter
**Recht im Bildungssystem**

Band 24
Andreas Wernet
**Hermeneutik – Kasuistik – Fallverstehen**

Band 25
Klaus Prange
**Schlüsselwerke der Pädagogik Band 1: Von Plato bis Hegel**

Band 26
Klaus Prange
**Schlüsselwerke der Pädagogik Band 2: Von Fröbel bis Luhmann**

Band 28
Harm Kuper
**Evaluation im Bildungssystem**

Band 30
Barbara Rendtorff
**Erziehung und Geschlecht**

Band 32
K. Prange/G. Strobel-Eisele
**Die Formen des pädagogischen Handelns**

Band 34
Christel Adick
**Vergleichende Erziehungswissenschaft**

Christiane Hof

# Lebenslanges Lernen

Eine Einführung

Verlag W. Kohlhammer

Dieses Werk einschließlich aller seiner Teile ist urheberrechtlich geschützt. Jede Verwendung außerhalb der engen Grenzen des Urheberrechts ist ohne Zustimmung des Verlags unzulässig und strafbar. Das gilt insbesondere für Vervielfältigungen, Übersetzungen, Mikroverfilmungen und für die Einspeicherung und Verarbeitung in elektronischen Systemen.

Alle Rechte vorbehalten
© 2009 W. Kohlhammer GmbH
Gesamtherstellung:
W. Kohlhammer Druckerei GmbH + Co. KG, Stuttgart
Printed in Germany

ISBN 978-3-17-019603-2

# Grundriss der Pädagogik/ Erziehungswissenschaft

Die einzelnen Bände der Reihe »Grundriss der Pädagogik/ Erziehungswissenschaft« präsentieren jeweils grundlegende, wissenschafts- und berufsorientierte Einführungen in erziehungswissenschaftliche Teilgebiete und Themenfelder. Die Reihe wendet sich insbesondere an Studierende, aber auch an BerufspraktikerInnen in den verschiedenen pädagogischen Handlungsfeldern, an Lehrende in der akademischen Erstausbildung sowie in der Fort- und Weiterbildung. Die Systematik der Reihe ist orientiert an dem gewachsenen Ausdifferenzierungsprozess erziehungswissenschaftlicher Frage- und Problemstellungen. Sie greift die damit verknüpften Herausforderungen auch aus dem Umfeld der pädagogischen Arbeits- und Handlungsfelder systematisch auf und reflektiert die damit korrespondierenden Handlungsprobleme, neuen Unsicherheiten und sich wandelnden Aufgabenstellungen.

Mit den einzelnen Bänden der Reihe »Grundriss der Pädagogik/Erziehungswissenschaft« soll der Blick für neuere Entwicklungen in den pädagogischen Handlungsfeldern, der erziehungswissenschaftlichen Forschung und der Theoriebildung geöffnet werden. Im Mittelpunkt stehen die pädagogischen Handlungsformen und Methoden im Spannungsfeld von Profession und Disziplin sowie das Verhältnis von Erziehung und Bildung zu wissenschaftlichen Diskursen und gesellschaftlichen Entwicklungen.

Die Autorinnen und Autoren der Reihe sind Erziehungswissenschaftler, die die verschiedenen Fachrichtungen repräsentieren. Damit gewährleisten die einzelnen Bände der Reihe

»Grundriss der Pädagogik/Erziehungswissenschaft« einen theoretisch fundierten, berufsfeldorientierten und empirisch abgesicherten Einblick in aktuelle Fragestellungen und Entwicklungen der Erziehungswissenschaft.

**Herausgeber**
Prof. Dr. Werner Helsper (Universität Halle-Wittenberg)
Prof. Dr. Jochen Kade (Universität Frankfurt am Main)
Dr. Christian Lüders (Deutsches Jugendinstitut München)
Prof. Dr. Frank-Olaf Radtke (Universität Frankfurt am Main)
Professor Dr. Werner Thole (Universität Kassel)

# Inhaltsverzeichnis

**Einleitung** .................................... 11

**1 Systematische und historische Annäherungen an das Lebenslange Lernen** ............................... 15
1.1 Lebenslanges Lernen: Diskurs und Phänomen . . . 15
1.2 Historische Veränderungen des Lebenslangen Lernens ............................... 18
1.2.1 Vom individuellen Lernen im Lebens-zusammenhang zur Fokussierung des Lernens in Bildungseinrichtungen .................. 18
1.2.2 Vom Ausbau institutionalisierter Weiterbildung zum Lernen im Lebenslauf .................. 20
1.3 Gesellschaftliche Hintergründe für die Ausweitung lebenslanger Lernprozesse ........ 24
1.3.1 Anforderungen einer modernen Wissensgesellschaft ........................ 24
1.3.2 Veränderung der Arbeit in der spätmodernen Gesellschaft .............................. 26
1.3.3 Individualisierung und reflexive Modernisierung als Motor für Lebenslanges Lernen ........... 28
1.3.4 Beschleunigung des Lebenstempos ........... 29
1.4 Zusammenfassung und offene Fragen ......... 30

**2 Lebenslanges Lernen als bildungspolitisches Programm** ............ 33
2.1 Die Hinwendung zum Lebenslangen Lernen . . . . 33
2.2 Verstummen und Wandlungen des Diskurses . . . . 37
2.3 Aktuelle bildungspolitische Programme ......... 39
2.3.1 Vom institutionalisierten Lehren zum individuellen Lernen – die Vorschläge von OECD und UNESCO .................. 39

| | | |
|---|---|---|
| 2.3.2 | Lebenslanges Lernen als Grundlage für die Entwicklung Europas und der Welt: die Konzepte der Europäischen Union und der Weltbank | 41 |
| 2.3.3 | Perspektiven der Umsetzung Lebenslangen Lernens in Deutschland | 48 |
| 2.4 | Zusammenfassung | 52 |
| **3** | **Lebenslanges Lernen als dreifache Ausdehnung des Lernens: Herausforderung für die pädagogische Gestaltung** | **56** |
| 3.1 | Zeitliche Ausdehnung des Lernens | 57 |
| 3.1.1 | Konzepte subjekt- und biographieorientierter Bildungsarbeit | 59 |
| 3.1.2 | Konzepte zur Förderung Selbstgesteuerten Lernens | 61 |
| 3.2 | Räumliche Ausdehnung des Lernens | 66 |
| 3.2.1 | Institutionelle Entgrenzung | 66 |
| 3.2.2 | Ausweitung der Lernformen: Formales, nonformales und informelles Lernen | 68 |
| 3.2.3 | Gestaltung unterschiedlicher Lernkontexte innerhalb und außerhalb pädagogischer Einrichtungen | 71 |
| 3.2.4 | Schaffung geeigneter institutioneller Rahmenbedingungen | 76 |
| 3.3 | Inhaltliche Ausdehnung des Lernens | 80 |
| 3.3.1 | Von der Popularisierung zum Doing Knowledge | 81 |
| 3.3.2 | Von der Wissensvermittlung zur Kompetenzentwicklung | 83 |
| **4** | **Verbreitung und Bedeutung Lebenslangen Lernens – Empirische Befunde** | **85** |
| 4.1 | Lernen in formalen Kontexten | 86 |
| 4.2 | Lernen jenseits formaler Bildungseinrichtungen | 91 |
| 4.3 | Lernen im Lebensverlauf | 97 |

| | | |
|---|---|---|
| 4.4 | Auf der Suche nach den Bedingungen Lebenslangen Lernens | 102 |
| 4.4.1 | Individuelle Voraussetzungen | 102 |
| 4.4.2 | Soziokulturelle Bedingungen | 109 |

| | | |
|---|---|---|
| **5** | **Das Lebenslange Lernen als Herausforderung für Erziehungswissenschaft und Bildungsforschung** | **116** |
| 5.1 | Lebenslanges Lernen als Thema der Erziehungswissenschaft | 117 |
| 5.2 | Lernen im Lebenslauf als Bezugspunkt erziehungswissenschaftlicher Theorie | 123 |
| 5.2.1 | Traditionen und Perspektiven lebenslaufbezogener Erziehungswissenschaft | 125 |
| 5.2.2 | Perspektiven einer Theorie Lebenslangen Lernens | 131 |
| 5.3 | Lernen im Lebenslauf als Herausforderung für die Bildungsforschung | 138 |
| 5.3.1 | Analyse von Bildungsverläufen im Lebenslauf | 139 |
| 5.3.2 | Analyse Lebenslangen Lernens im Kontext institutioneller Gelegenheiten und Ablaufstrukturen | 143 |
| 5.3.3 | Analyse Lebenslangen Lernens im gesellschaftlich-historischen Rahmen | 144 |

| | | |
|---|---|---|
| **6** | **Lebenslanges Lernen als pädagogisches Handlungs- und Arbeitsfeld** | **147** |
| 6.1 | Professionelles pädagogisches Handeln im Kontext Lebenslangen Lernens | 148 |
| 6.1.1 | Exkurs: Wofür sind Pädagoginnen und Pädagogen zuständig? Oder: Ein Vorschlag zur professionellen Selbstbegrenzung | 148 |
| 6.1.2 | Implikationen für das pädagogische Arbeitsfeld | 150 |
| 6.2 | Unterstützung durch professionelle Gestaltung von Lehr-Lern-Prozessen | 151 |

| | | |
|---|---|---|
| 6.3 | Unterstützung durch Konzeption und Gestaltung institutioneller Rahmenbedingungen | 152 |
| 6.4 | Unterstützung durch Beratung | 154 |
| 6.4.1 | Formen der Beratung | 155 |
| 6.4.2 | Beratungskompetenzen | 159 |

**An Stelle eines Schlussworts** .................. 162

**Support** ....................................... 163

**Literatur**. ..................................... 168

# Einleitung

Eine Beschäftigung mit dem Thema des Lebenslangen Lernens erscheint auf den ersten Blick erklärungsbedürftig – stellt doch das Lebenslange Lernen kein neues Phänomen dar. Vielmehr ist davon auszugehen, dass die Menschen sich im Laufe ihres Lebens schon immer neues Wissen und Fertigkeiten angeeignet haben. So zeigt etwa die Redewendung ›Man lernt nie aus‹, dass »die Vorstellung von einem kontinuierlichen und periodisch-situativen Lernen während des ganzen Lebens dem Alltagsbewußtsein geläufig ist« (Dräger 1979, S. 114).

Vor dem Hintergrund dieser Selbstverständlichkeit des Lernens über die gesamte Lebensspanne ist es umso bemerkenswerter, dass diesem Phänomen gegenwärtig eine derartig große Aufmerksamkeit geschenkt wird. Die Hintergründe und Implikationen dieses Diskurses sollen in dieser Einführung dargestellt und erörtert werden.

Bei genauerem Hinsehen erweist sich die Situation dabei allerdings als recht unübersichtlich. So verweist das Lebenslange Lernen zum einen auf ein *Verb*, das den Prozess der Aneignung von Wissen, Fertigkeiten und Fähigkeiten beschreibt. In dieser Perspektive wird herausgestellt, dass Menschen im Laufe ihres ganzen Lebens lernen. Das Lebenslange Lernen beschreibt hier den *Prozess* der individuellen Aneignung und Verarbeitung von (neuen) Informationen. Dieses Lernen kann deskriptiv beschrieben und in seinen individuellen, organisatorischen oder gesellschaftlichen Bedingungen untersucht werden – es kann aber auch mit normativen Implikationen versehen werden (vgl. Leicester/Parker 2001). Dann gilt nur die Aneignung solchen Wissens als Lebenslanges Lernen, das als wertvoll angesehen ist.

Für die anderen ist das Lebenslange Lernen ein *Substantiv*, das als weitreichendes Reformkonzept (vgl. Schuetze 2005) die Zukunft des Lernens bestimmen wird. Allerdings ist die konkrete Ausgestaltung dieses Verständnisses vom Lebenslangen Lernen als

Konzept nicht eindeutig. So verfolgt dieses Konzept für die einen eine sozial-utopische Zielsetzung und verspricht eine gleichere und freiere Gesellschaft, in der Lernen und Wissen eine zentrale Rolle spielen. Für die anderen ist das Lebenslange Lernen nichts anderes als ein Synonym für die Erwachsenen- oder Weiterbildung: »Lebenslanges lernen *ist* Weiterbildung, bedeutet Weiterlernen, lebenslang oder zumindest berufslebenslang« (Schuetze 2005, S. 56).

Um Klarheit in diesen doch recht verworrenen Diskurs zu bringen, sollen im Folgenden verschiedene *Perspektiven unterschieden* und in ihren grundlegenden Ansätzen charakterisiert werden. Dabei gehe ich davon aus, dass das Phänomen des Lebenslangen Lernens, welches nicht nur von Brödel (1998) als anthropologisches Phänomen bezeichnet wird, Mitte des 20. Jahrhunderts zu einem öffentlichen Problem geworden ist. Das heißt, dass es vorher nicht – oder zumindest nicht zentral – als etwas angesehen wurde, das fraglich ist und besonderen Nachdenkens oder Handelns bedurfte. Die Feststellung, dass das Lebenslange Lernen zum Problem geworden ist, impliziert, dass es als Erkenntnis- und als Handlungsproblem angesehen wurde und wird (vgl. zu diesem Ansatz auch Weisser 2002, S. 11).

Fokussiert man das *Lebenslange Lernen als Handlungsproblem*, dann lassen sich zwei zentrale Perspektiven unterscheiden. Auf der einen Seite stellt sich die bildungspolitische Frage der Gestaltung von sozialen und institutionellen Bedingungen und auf der anderen Seite die pädagogisch-didaktische Frage, wie Lernumgebungen zu gestalten sind, damit individuelles Lernen möglich wird.

Der bildungspolitischen Perspektive kommt eine besondere Bedeutung bei der Etablierung des Lebenslangen Lernens im öffentlichen Diskurs zu. Vor allem die Reporte großer internationaler Organisationen orientieren sich seit den 1970er Jahren am Lebenslangen Lernen als Prinzip für die Bewältigung gesellschaftlicher Wandlungsprozesse. Ausgangspunkt der Argumentation ist dabei vor allem die Diagnose einer sich etablierenden Wissens- und Informationsgesellschaft und die Annahme, dass das traditionelle Kompetenz-Vorrats-Modell der Erziehungs- und Bildungssysteme den Anforderungen zukünftiger Lebensverhältnisse nicht mehr genügen kann. Eine Neuorientierung müsse sich am Konzept des Lebenslangen Lernens ausrichten. Die Bildungspolitik möchte hierzu *Perspektiven zur Gestaltung von institutionellen Rahmenbedingungen* formulieren.

Wie der bildungspolitische nimmt auch der pädagogische Diskurs seinen Ausgangspunkt bei einer Beschreibung der gegenwärtigen Erziehungssituation und fordert eine Reform des Erziehungs- und Bildungssystems. Allerdings rückt hier die Frage in den Mittelpunkt, wie Bildungsangebote über die gesamte Lebensspanne pädagogisch gestaltet werden können (vgl. Arnold 2000). Der Fokus wird dabei nicht mehr nur auf Bildungseinrichtungen und die dort stattfindenden formellen, professionell gestalteten Lehr-Lern-Arrangements gerichtet. Vielmehr soll nun auch das Lernen in intermediären Einrichtungen (am Arbeitsplatz, im Museum, im Internet etc.) pädagogisch gestaltet werden.

Betrachtet man demgegenüber das *Lebenslange Lernen als Erkenntnisproblem*, dann gilt es, die empirischen und theoretischen Zugänge zur Analyse des Phänomens zu untersuchen. Es stellt sich also die Frage, was wir empirisch über lebenslange Lernprozesse wissen und welche Forschungsparadigmen hier zur Anwendung kommen. Die Einbeziehung empirischer Untersuchungen ist besonders wichtig, um die zum Teil sehr normativ geführte Diskussion durch konkrete Forschungsergebnisse zu unterfüttern bzw. zu differenzieren.

Nicht zuletzt gilt es aber auch die theoretische Diskussion aufzugreifen. Dies betrifft zum einen die Frage der Begriffsbildung und zum anderen die Implikationen, die sich für Erziehungswissenschaft und Bildungsforschung aus der Hinwendung zum Lebenslangen Lernen ergeben. Anzusprechen sind in diesem Zusammenhang etwa die traditionellen Unterscheidungen zwischen dem Lernen Erwachsener und dem Lernen der Kinder, zwischen Lernen und Arbeiten, zwischen Lernen und Leben. Diese werden im Kontext des Diskurses über das Lebenslange Lernen problematisiert und öffnen den Blick für eine Perspektive, die das Lernen im Lebenslauf in den Mittelpunkt rückt.

Die vorliegende Einführung beleuchtet das Lebenslange Lernen in seinen vielfältigen Dimensionen. Im *ersten* Kapitel wird herausgearbeitet, dass das Lebenslange Lernen zwar als gleichsam natürliches, mit dem Leben konstitutiv verbundenes Phänomen anzusehen ist, dass diese Selbstverständlichkeit aber mit der Etablierung eines gesellschaftlichen Diskurses zu diesem Thema verloren gegangen ist. Nun bildet das Lebenslange Lernen den Gegenstand eines Diskurses, in dem das Lernen des Einzelnen, die Inhalte und Formen, die Ziele und Funktionen sowie die sozialen und institutionellen Kontexte des Lernens beschrieben, konzipiert und normativ gefordert werden. Die Einbettung des Lebenslangen Lernens in den gesellschaftlichen Kontext wird besonders deutlich, wenn es in einer historischen Perspektive beleuchtet wird. Das *zweite* Kapitel erörtert das Lebenslange Lernen als bildungspolitisches Programm und das *dritte* Kapitel beschreibt es als Herausforderung für die pädagogische Praxis. Das *vierte* Kapitel stellt zentrale empirische Befunde dar und das *fünfte* Kapitel befasst sich mit den theoretischen Herausforderungen, die die Hinwendung zum Lebenslangen Lernen für Erziehungswissenschaft und Bildungsforschung zur Folge hat. Im abschließenden *sechsten* Kapitel werden (neue) berufliche Tätigkeitsfelder für Pädagoginnen und Pädagogen im Feld des Lebenslangen Lernens aufgezeigt.

# 1 Systematische und historische Annäherungen an das Lebenslange Lernen

## 1.1 Lebenslanges Lernen: Diskurs und Phänomen

Eine Einführung zum Thema »Lebenslanges Lernen« steht vor der Aufgabe, die zentralen Begriffe definieren zu müssen. Dies erweist sich allerdings im Zusammenhang mit der vorliegenden Thematik als nicht einfach, da sich der Begriff des Lebenslangen Lernens sowohl auf das *Phänomen des Lernens* bezieht als auch auf den öffentlichen *Diskurs über das Lernen*. Darüber hinaus sind sowohl das Lernen als auch der Diskurs über das Lernen eingebettet in den je konkreten historisch-gesellschaftlichen Zusammenhang – dies manifestiert sich nicht nur im Wandel des Lernens, sondern auch in einem Wandel des Verständnisses vom Lebenslangen Lernen.

Im Blick auf das Phänomen des Lernens verweist der Begriff des Lebenslangen Lernens darauf, dass Menschen im Verlauf ihres Lebens lernen und dass es sich dabei um ein ganz alltägliches Phänomen handelt. Will man diese Seite des Lebenslangen Lernens beschreiben, dann ist ein umfassendes Lernverständnis erforderlich, welches das Lernen des Menschen über den gesamten Lebenslauf und in seinen verschiedenen Formen wie auch vielfältigen Inhalten umfasst. Der Begriff beschreibt somit alle Formen des Lernens über die gesamte Lebensspanne.

Dieses Verständnis vom Lebenslangen Lernen wird unterstellt, wenn darauf verwiesen wird, dass Menschen sich im Laufe ihres Lebens immer wieder neues Wissen aneignen, neue Probleme lösen und Situationen bewältigen, neue Erfahrungen machen und diese verarbeiten, neue Fähigkeiten und Fertigkeiten erwerben. Die Aussage, dass das Lernen über die gesamte Lebensspanne zu den Grunderfahrungen des Menschen gehört, gilt nicht nur für den modernen Menschen, der sich aufgrund rasanter technischer und sozialer Veränderungen immer wieder an veränderte Situationen anpassen muss. Auch in der Geschichte finden sich vielfache Beispiele für die Allgegenwart lebenslanger Lernprozesse (vgl. Casale/Oelkers/Tröhler 2004, Dräger 1979, Kell 1996, Knoll 2007).

Die Selbstverständlichkeit Lebenslangen Lernens lässt sich zum einen aus der Tatsache erklären, dass Lernen eine biologisch und evolutionär bedingte Notwendigkeit darstellt. Denn der Mensch ist – wie die Pädagogische Anthropologie dies formuliert – als »Mängelwesen« (Gehlen 1986, S. 17) zu begreifen, der seine Lebens- und Handlungsfähigkeit lernend zu erwerben hat. Evolutionstheoretisch betrachtet erfordert ein Überleben die Anpassung des Menschen an die Umwelt. Dies geschieht durch die Aneignung von Fertigkeiten und Kenntnissen. Die Entwicklung neuer Kompetenzen orientiert sich dabei an den Anforderungen und Situationen der unmittelbaren Umwelt. In diesem Sinne ist Lernen ein lebenslang notwendiger Prozess (vgl. Gerlach 2000, S. 157) und ein konstitutiver Teil der sozialen Realität (vgl. Kell 1996, S. 48). Leben ist gleichsam identisch mit Lernen (vgl. Lengrand 1972; Singh 2002, S. 17) – eine Sichtweise, die schon Dewey unter dem Theorem der konstitutiven Verbindung von Bildung und Erfahrung ausgeführt hat (Dewey 1994, 2000).

Darüber hinaus ist das Lebenslange Lernen aber auch Gegenstand des öffentlichen Diskurses. So lässt sich seit den 1970er Jahren und verstärkt seit den 1990er Jahren eine explizite Thematisierung des Lebenslangen Lernens feststellen. In diesem Zusammenhang sind vor allem die bildungspolitischen Konzepte zu nennen, die das Lebenslange Lernen als »neue« Antwort auf den beschleunigten Wandel der Lebensverhältnisse im 20. Jahrhundert »entdeckt« haben. Vor allem die supranationalen Organisationen wie die UNESCO und die OECD haben das Thema auf die Agenda gebracht (vgl. Kapitel 2). Lebenslanges Lernen tritt dabei nicht mehr allein als Grundlage menschlichen Lebens auf, sondern erfährt eine strategische und funktionale Zuspitzung. Nun wird die Frage in den Mittelpunkt gerückt, welche Bedeutung dem Lebenslangen Lernen für die Bewältigung gesellschaftlicher Probleme zukommt. Das Thema ist damit nicht das Phänomen des Lernens im Lebenslauf, sondern das Lernen in seiner Funktion für die Gesellschaft oder gesellschaftliche Teilsysteme (zu den Kennzeichen funktionaler Argumentation vgl. Weisser 2002).

Betrachtet man das Lebenslange Lernen als Diskursphänomen, dann rückt die Art und Weise in den Mittelpunkt, in der über das Lernen gesprochen wird. In diesem Zusammenhang ist nicht nur das Aufkommen eines eigenständigen Diskurses zum Lebenslangen Lernen interessant, sondern auch die Tatsache, dass sich das Verständnis vom Lebenslangen Lernen im zeitlichen Verlauf verändert hat.

Beide Dimensionen des Begriffs, das Lebenslange Lernen als Lernphänomen wie auch als Diskursphänomen, müssen in ihrem Zusammenhang und auch in ihrer Einbettung in den historisch gesellschaftlichen Kontext gesehen werden. So wäre es etwa verkürzt, die zunehmende Verbreitung der Idee des Lebenslangen Lernens allein dem politischen Diskurs und der darin fokussierten funktionalen und gegenwärtig vor allem ökonomischen Argumentation zuzuschreiben. Vielmehr ist auch eine (stille) Durchsetzung Lebenslangen Lernens als biographische Realität zu konstatieren, die den politischen Diskurs flankiert (vgl. Field 2006, S. 4). Der eigentliche »Siegeszug des Lebenslangen Lernens« (Nittel/Schöll 2003, S. 3) gründet insofern nicht nur in einer bildungs- oder europapolitischen Programmatik, sondern vor allem auch in der faktischen Durchsetzung dieses Bildungsprinzips (vgl. Brödel 2003, S. 118).

Insgesamt muss die gegenwärtige Bedeutung des Lebenslangen Lernens als zentralem Bildungskonzept im Kontext verschiedener sozialer wie auch konzeptioneller Wandlungsprozesse gesehen werden. Dabei ist zu beachten, dass sich das Verständnis vom Lebenslangen Lernen im Zuge des historischen Ausbaus institutionalisierter Lernmöglichkeiten verändert hat. Darüber hinaus haben verschiedene gesellschaftliche Entwicklungstrends (vgl. Alheit/Dausien 2002 sowie Field 2006) und nicht zuletzt die Fortentwicklung der (Weiter-) Bildungsforschung selber zu dem »erstaunlichen Paradigmenwechsel« (Alheit/Dausien 2002, S. 569) geführt, der das Lebenslange Lernen nun zu neuem Leben erwachen ließ.

## 1.2 Historische Veränderungen des Lebenslangen Lernens

### 1.2.1 Vom individuellen Lernen im Lebenszusammenhang zur Fokussierung des Lernens in Bildungseinrichtungen

Betrachtet man das Lebenslange Lernen in historischer Perspektive, dann ist es nicht nur als selbstverständliches Phänomen anzusehen, sondern auch in seiner Einbettung in den jeweiligen gesellschaftlichen Kontext zu betrachten. Eine historische Betrachtung fokussiert demzufolge die Rahmenbedingungen des Lebens und des Lernens. Sie eröffnet damit einen differenzierteren Blick auf unterschiedliche Lernformen (vgl. hierzu auch die Arbeiten zur historischen Anthropologie: Casale/Oelkers/Tröhler 2004, Tröhler 2004).

In diesem Zusammenhang ist zu konstatieren, dass Lernen in vormodernen Gesellschaften zumeist eingebunden in den Lebenszusammenhang stattfand (vgl. Dräger 1976). Im Vordergrund stand das sozialisatorische Lernen, welches als unmittelbares Tradieren der Kenntnisse und Fertigkeiten der älteren Generation an die jüngere beschrieben werden kann. Es zeichnet sich dadurch aus, dass in konkreten Alltagssituationen neues Wissen erworben wird. Mit dem Übergang in die Moderne ändert sich die Situation. Durch die Wandlung von einer feudalen, agrarischen Gesellschaft zu einer bürgerlichen, industriellen Gesellschaft ist die relative Statik und Unveränderlichkeit des sozialen Lebens aufgebrochen worden. Insbesondere die Entwicklung neuen Wissens und neuer Techniken führten dazu, dass das Lernen durch Imitation und Teilhabe an der Tätigkeit der Älteren nicht mehr ausreichte. Außerdem bewirkten die beginnende Industrialisierung und der Prozess der Verstädterung, dass viele Menschen anderen Berufen nachgingen als ihre Eltern. Entsprechend war es erforderlich, sich neue Kenntnisse und neue Fertigkeiten anzueignen. In dieser Situation entwickelte sich auf der einen Seite ein Bedürfnis der Menschen nach Information und Wissen, auf der anderen Seite etablierten sich verschiedene Lern- und Bildungsangebote. Neben dem Ausbau der Schule und der Einführung der allgemeinen Schulpflicht sind hier diverse Einrichtungen zu nennen, die im 18. und vor allem im 19. Jahrhundert die Selbstbildung der Erwachsenen unterstützen wollten (vgl. Dräger 1984, Hein 2003).

Im Zuge der Etablierung und zunehmenden Ausweitung institutionalisierter Bildungsangebote im 19. Jahrhundert veränderten sich nicht nur die quantitativen Möglichkeiten des Lernens, sondern auch die Qualität des Lernens. Denn zunehmend findet Lernen nun auch außerhalb des konkreten Lebensvollzugs in einer abgetrennten Lernsituation statt. Dies impliziert das Vorhandensein eines Lehrenden, der sich durch einen Wissens- oder Kompetenzvorsprung auszeichnet und dem Adressaten, der durch entsprechende Wissens- oder Kompetenzdefizite charakterisiert ist, durch geeignete Aktivitäten (Vortragen, Vormachen, Arrangieren, Beraten etc.) zu Lernen und Bildung verhelfen will. Ausgangspunkt des Lernens in einem solchen pädagogischen Arrangement (vgl. hierzu auch Prange/Strobel-Eisele 2006) ist demnach die Hierarchie zwischen einem Wissenden und einem weniger Wissenden. Ziel ist die Aufhebung dieser Differenz. Wenn der Lernende den Stand des Lehrenden erreicht hat, dann werde er in der Lage sein, selber sein Leben zu gestalten.

Mit der Entstehung einer Vielzahl von Bildungsinstitutionen, die Angebote zur Bildung Erwachsener machten, vollzog sich somit nicht nur der Ausbau der Erwachsenen- und Weiterbildung als Teil des Bildungssystems, sondern fand auch eine Fokussierung auf das organisierte Lernen statt. Damit verschwand zwar nicht das sozialisatorische Lernen, welches durch unmittelbare Teilhabe an der nun veränderten Kultur und Lebenswelt gekennzeichnet ist, wohl aber veränderte sich die Vorstellung von der relevanten Form des Lernens. So wurde das Augenmerk nun in erster Linie auf organisierte Bildungsangebote gerichtet. Dieser institutionenzentrierte Blick auf die Erwachsenenbildung (Kade/Nittel/Seitter 2007) unterstützte damit (unfreiwillig) die »Generalisierung eines lehrbezogenen Lernbezugs« (Kade/Seitter 2007, S. 139, im Original hervorgehoben). Lernen erscheint damit als Ergebnis von Lehren, und Erwachsenenbildung gilt als Fortsetzung schulisch strukturierten Lernens (vgl. Dräger 1976, S. 69). Dies führt zu einer Ausweitung der ehemals altersmäßig begrenzten Schülerrolle auf den gesamten Lebenslauf eines Individuums – eine Entwicklung, die mit der Wende von der Erwachsenen-

zur Weiterbildung dazu führt, dass Erziehungs- und Bildungsangebote nicht mehr auf einzelne Lebensphasen beschränkt werden, sondern als lebenslang notwendig erachtet werden.

Dieser Fokus auf das Lernen in Bildungseinrichtungen wird auch in der internationalen bildungspolitischen Diskussion der 1970er Jahre aufgegriffen. Insbesondere der englischsprachige Begriff der ›lifelong education‹ bringt die Forderung nach einer Ausweitung institutionalisierter Bildungsangebote über die gesamte Lebensspanne gut zum Ausdruck. So schreibt etwa der UNESCO-Bericht über Ziele und Zukunft unserer Erziehungsprogramme: »Es geht auch nicht mehr darum, punktuell und ein für alle mal Wissen zu erwerben, sondern sich darauf einzustellen, während des ganzen Lebens ein sich ständig entwickeltes Wissen zu erarbeiten und ›leben zu lernen‹« (Faure 1973, S. 22). Bildung – verstanden als Teilnahme an organisierten Lehr-Lern-Arrangements – ist in diesem Verständnis nicht auf einzelne Lebensphasen begrenzt und kann auch nicht irgendwann abgeschlossen sein, sondern weitet sich auf das ganze Leben aus. Insofern wird auch von ›permanenter Erziehung‹ gesprochen.

## 1.2.2 Vom Ausbau institutionalisierter Weiterbildung zum Lernen im Lebenslauf

Das Konzept permanenter Erziehung ging davon aus, dass die Teilnahme an Bildungsorganisationen mit ihren curricular strukturierten, die Aneignung systematischen Wissens anstrebenden Bildungsgängen eine Vermittlung von Handlungsfähigkeit für alle Menschen ermöglicht. Nun gab es allerdings vielfache Anzeichen dafür, dass dieses Ziel nicht im erhofften Ausmaße erreicht wird. Genannt seien die theoretischen Einsichten (Illich 1971) und empirischen Befunde, die darlegen, dass eine schlichte Ausdehnung der »Beschulung« nicht zu einer Verbesserung der Lernfähigkeit und Lernbereitschaft führt. So belegen eine Reihe von jüngeren empirischen Studien vor allem in Großbritannien, dass der quantitative Ausbau von Weiterbildungsangeboten ohne die drastische Veränderung der Rahmenbedingungen und der Qualität des Lernprozesses bei einer Mehrzahl der Betroffenen zu Motivationsverlust und zu einer instrumentellen Einstellung zum Lernen führt, die keineswegs das eigengesteuerte Weiterlernen in späteren

Lebensphasen fördert, sondern eher unterdrückt (vgl. Alheit/ Dausien 2002, S. 571).

Vor dem Hintergrund dieser Einsichten verstärkten sich die Bemühungen um eine Veränderung organisierter Lehr-Lern-Arrangements (vgl. Kapitel 3). Den Anknüpfungspunkt hierfür bildete ein Verständnis vom Lernen, das dieses nicht auf formale Lernprozesse einschränkt, sondern die Bildung Erwachsener auch außerhalb organisierter Erwachsenenbildung einbezieht (vgl. Geißler/Kade 1982).

So hatte schon die OECD 1973 zwischen Education und Learning unterschieden und herausgestellt, dass mit *Education* alle Formen des »organised and structured learning confined to an intentionally created situation« (OECD 1973, S. 17) gemeint sind. Dagegen wird *Learning* definiert als »essential characteristic of the living organism, nessecary for its survival and evolution« (OECD 1973, S. 17).

Zunehmend wird nun angesprochen, dass Lernen nicht nur in pädagogisch arrangierten Erziehungssituationen stattfindet. Damit wird die Aufforderung verbunden, dass auch die pädagogische Gestaltung von Lernprozessen sich an den Merkmalen des alltäglichen Lernens zu orientieren habe – eine Aufforderung, die man zwar schon in den 1970er Jahren in den bildungspolitischen Papieren lesen kann, die aber erst Mitte der 1990er Jahre Eingang in den deutschen pädagogischen Diskurs gefunden hat (Dohmen 1996). Auch in den bildungspolitischen Programmen der 1990er Jahre wird explizit nicht mehr der Ausbau institutionalisierter Bildungsangebote, sondern die Entwicklung der individuellen Lernkompetenz gefordert (OECD 1996a, Delors 1996). An die Stelle der permanenten Erziehung rückt also das Lebenslange Lernen. Dieses findet nicht nur in formalen Bildungseinrichtungen, sondern auch außerhalb pädagogisch gestalteter Settings – und damit in Form von informellem Lernen – statt. Entsprechend liegt die Verantwortung für das Lernen nicht allein bei den Lehrenden, sondern insbesondere bei den Lernenden selbst.

Der Titel des OECD-Berichts »Lifelong Learning for All« bringt die Veränderung zum Ausdruck, die der Diskurs über das Lebenslange Lernen nimmt: An die Stelle einer Ausweitung institutionalisierter Lernangebote tritt nun die Hinwendung zum

Lernen als individueller Tätigkeit. So betont der Bericht »the intrinsic as opposed to instrumental value of education and learning« (OECD 1996a, S. 89). Damit einhergehend wird herausgestellt: »the promotion in learners of the personal characteristics required for subsequent learning, including the motivation and capacity to engage in self-managed, independent learning« (ebd., S. 89). Insgesamt geht dies mit einem neuen Lernverständnis einher: »›Learning as consumption‹ is an imperfect term to describe learning activities that contribute directly to the quality of life rather than aiming mainly to enhance economic potential. The essential difference between learning as consumption and learning as investment is the time perspective. If the education activity is being undertaken with a view to immediate satisfaction, then learning is a consumptive activity. If the learning activity is undertaken with the aim of increasing utility or satisfaction in the future, then the investment motive determines the choice for education« (ebd., S. 90).

Im Rahmen der OECD wird vom lifelong learning als »attitude« gesprochen (ebd., S. 90). Zu dieser Haltung gehört aber nicht nur die Fähigkeit und Bereitschaft zum Weiter-Lernen, sondern auch die Fähigkeit, mit der Vielfalt an Informationen umzugehen. Außerdem bedürfe es der Kompetenz, Problemsituationen zu analysieren und Lösungsvorschläge zu entwickeln. Diese Fähigkeiten habe das Individuum sich vor dem Hintergrund seiner individuellen Voraussetzungen und der konkreten sozialen Anforderungen selber anzueignen. Da das Lebenslange Lernen als »continuation of conscious learning throughout the lifespan« (ebd., S. 89) nicht nur für den einzelnen Lerner, sondern auch für die ökonomische, politische und soziale Weiterentwicklung wichtig ist – und da die Möglichkeiten der Teilhabe an lebenslangen Lernprozessen sozial ungleich verteilt sind (vgl. hierzu Kap. 4), ist es erforderlich, dass hierbei auch staatliche und ökonomische Organisationen Unterstützung leisten. Ziel müsse es sein, die sozio-ökonomischen, institutionellen und individuell-dispositionalen Barrieren zum Lebenslangen Lernen abzubauen (vgl. ebd., S. 92ff.). Insgesamt thematisiert der Bericht allerdings nicht die pädagogische Gestaltung von Lernen, sondern die Formen und die Ziele Lebenslangen Lernens als individuelle Aufgabe.

Dieser Wechsel von *education* zum *learning* wird in den 1990er Jahren auch von den anderen supranationalen Organisationen vollzogen (vgl. Kapitel 2). Lernen wird nun nicht mehr auf pädagogisch strukturierte Lernangebote in Bildungseinrichtungen begrenzt, sondern in seinen vielfältigen Institutionalisierungsformen ernst genommen. »Lebenslanges Lernen umfasst alles formale, nicht-formale und informelle Lernen an verschiedenen Lernorten von der frühen Kindheit bis einschließlich der Phase des Ruhestands. Dabei wird ›Lernen‹ verstanden als konstruktives Verarbeiten von Informationen und Erfahrungen zu Kenntnissen, Einsichten und Kompetenzen« (BLK 2004, S. 13). Im Mittelpunkt steht somit »jede zielgerichtete Lerntätigkeit, die einer kontinuierlichen Verbesserung von Kenntnissen, Fähigkeiten und Kompetenzen dient« (Memorandum 2000, S. 3).

Insgesamt wird nun die Selbststeuerung der Lernenden betont (vgl. Tuijnman/Boström 2002, S. 102) und das Lebenslange Lernen unter der Perspektive der Kontinuität betrachtet: »Dieses Kontinuum des Lernens, das sich mit dem Lebenslauf entfaltet und die ganze Gesellschaft einbezieht, bezeichnet die Kommission ›lebenslanges Lernen‹« (Memorandum 2000, S. S. 86). Damit aber – so lässt sich an dieser Stelle schon festhalten – ist das individuelle *Lernen im Lebenslauf zum Bezugspunkt der Rede vom Lebenslangen Lernen* avanciert.

Der Perspektivenwechsel, der mit dem terminologischen Übergang von *Education* zu *Learning* einhergeht, manifestiert sich auch in den vorrangigen Themen des Diskurses. So geht es nicht mehr in erster Linie um die Schaffung von Rahmenbedingungen für die pädagogische Gestaltung institutionalisierter Lehr-Lern-Prozesse. Stattdessen wird die ganze Gesellschaft in ihrer Verantwortlichkeit für das Lebenslange Lernen angesprochen. Dies führt zur Thematisierung der vielfältigen Formen des Lernens. Auch werden traditionelle Unterscheidungen des pädagogischen Diskurses abgewertet. So soll die Differenz zwischen Lernen und Arbeiten ebenso eingeebnet werden wie die Unterscheidung zwischen Erstausbildung und Weiterbildung, sozialisatorischem Lernen im sozialen Umfeld und systematischem Lernen in Bildungseinrichtungen. Zugleich soll der Arbeitsplatz als Bildungsumfeld erkannt und die Kooperation von Bildungssystem und Wirtschaftsunternehmen ausgebaut werden. Nicht zuletzt werden

Kultureinrichtungen und Medien als »wirksame Mittel der außerschulischen Weiterbildung oder Erwachsenenbildung anerkannt« (Memorandum 2000, S. 94). Insgesamt geht die Forderung nach Lebenslangem Lernen also mit einer Entgrenzung einher: »Bildung ist nicht mehr räumlich oder zeitlich begrenzt und kann so selbst zu einer Dimension des Lebens werden« (ebd., S. 95).

## 1.3 Gesellschaftliche Hintergründe für die Ausweitung lebenslanger Lernprozesse

Die Veränderungen, die das Verständnis vom Lebenslangen Lernen erfahren hat, sind nicht nur als Ergebnis des bildungspolitischen Diskurses zu verstehen. Sie müssen auch in ihren gesellschaftlichen Rahmenbedingungen gesehen werden. So bildet der Übergang von einer vormodernen zu einer modernen Gesellschaft den Kontext nicht nur für die Einführung der allgemeinen Schulpflicht, sondern auch für die Etablierung vielfältiger Institutionen zur Bildung Erwachsener. Die gesellschaftlichen Entwicklungen im 20. Jahrhundert wiederum bilden den zentralen Hintergrund für die Hinwendung zum Lebenslangen Lernen diesseits und jenseits pädagogischer Institutionen. Insbesondere sind hier die Veränderungen von Wissen, Arbeit, Subjektbildung und Zeit zu nennen, auf die im Folgenden kurz eingegangen werden soll.

### 1.3.1 Anforderungen einer modernen Wissensgesellschaft

Als Hintergrund für die Hinwendung zum Lebenslangen Lernen wird zumeist die Etablierung einer modernen Wissensgesellschaft genannt (vgl. Heidenreich 2002, Nolda 2001a + b). Herausgestellt wird dabei die These, dass in der modernen Wissensgesellschaft die Orientierung am wissenschaftlichen bzw. durch Experten geprüften Wissen unabdingbar sei. Die postindustrielle Informations- und Wissenschaftsgesellschaft propagiert demnach das wissenschaftliche Wissen als zentrale Ressource und verweist auf die Veränderung der Berufsstruktur, die sich durch professionalisierte, akademisch qualifizierte Wissensarbeiter auszeichnet (vgl. Bell 1985, S. 221).

Mit dem Ausbau neuer Informations- und Kommunikationstechniken wandeln sich – so die Argumentation – darüber hinaus auch die gesellschaftlichen Anforderungen an die Lernbereitschaft der Gesellschaftsmitglieder. Insbesondere die Veränderungen, die sich mit den Stichworten ›Internet‹ und ›Multimedia‹ beschreiben lassen, »verändern Infrastrukturen, Wirtschaftssysteme und Lebensgewohnheiten radikal« (BMBF 1997). Wissenschaftliche und technische Entwicklungen führen darüber hinaus zum Ausbau wissensbasierten Wirtschaftens (OECD 1996b, S. 7). Auch dies erfordere die Bereitschaft zu flexibler Um- und Weiterqualifizierung.

Darüber hinaus wird zunehmend deutlich, dass dieser Hinweis auf die Beschleunigung der Wissensproduktion in modernen Gesellschaften nur einen Teil des Phänomens beschreibt. Denn die Entwicklung einer wissenschaftszentrierten Gesellschaft führt nicht nur dazu, dass wissenschaftlich produziertes Wissen zur zentralen Ressource gesellschaftlicher Produktion wird, sondern zugleich auch zur Einsicht in die Grenzen wissenschaftlicher Rationalität. Insofern wird im Zuge der Weiterentwicklung der Wissensgesellschaft zunehmend die scheinbare Objektivität wissenschaftlichen Wissens problematisiert und Wissen in seinem Kontext betrachtet. Damit rückt der individuelle oder institutionelle Umgang mit dem Wissen in den Vordergrund. ›Wissen‹ gilt nicht mehr als ›kulturelles Kapital‹ (Bourdieu 1983), das die gesellschaftlichen Strukturen bestimmt. Stattdessen avanciert Wissen selber zu einem Phänomen, das in seinen gesellschaftlichen Bedingungen und Folgen zu analysieren ist. Alheit/Dausien beschreiben das ›Wissen‹ der Informationsgesellschaft folgerichtig als ein *doing knowledge*. Dieses verändert nicht nur die möglichen Steuerungsprozeduren und das Qualitätsmanagement, sondern es verändert auch den Charakter des Lernens und der Bildung. »Es geht nicht mehr um Vermittlung und Weitergabe feststehender Wissensbestände, Werte und Fertigkeiten, sondern um eine Art ›Wissensosmose‹, um den auf Dauer gestellten Austausch von individueller Wissensproduktion und organisiertem Wissensmanagement« (Alheit/Dausien 2002, S. 571).

Wissen wird damit als etwas erkannt, das unter Bezugnahme auf spezifische Verfahren formuliert wird. Es handelt sich demnach um eine »Realitätsgewissheit« (Luhmann 1995, S. 166), die aufgrund sozial akzeptierter Methoden und Verfahren gewonnen wird. Wissen bildet dadurch die Grundlage für Handlungsfähigkeit – ist allerdings auch veränderbar, wenn die als wahr geltenden kognitiven Schemata in der Konfrontation mit der Erfahrung sich als falsch erweisen. »Kennzeichnend für die Wissensgesellschaft ist die Bereitschaft, tradierte und eingelebte Anschauungen und Erwartungen auf den Prüfstand zu stellen. Die These der Wissensgesellschaft betont, dass in der heutigen Gesellschaft Erwartungen immer häufiger als Wissen behandelt werden, d. h. als lernbereite, prinzipiell veränderbare Erwartungen« (Heidenreich 2002, S. 342; vgl. auch Willke 1998).

In diesem Zusammenhang wird auch der Tatsache Aufmerksamkeit geschenkt, dass das Wachstum wissenschaftlichen Wissens mit der Produktion größerer Unsicherheit und dementsprechend mit der Einsicht in die Zerbrechlichkeit und Kontingenz von Wissen einher geht (vgl. Stehr 2000). Damit bekommt die Fähigkeit zum Umgang mit Wissen – einschließlich des Umgangs mit Nicht-Wissen (vgl. Helsper/Hörster/Kade 2003, Kade/Seitter 2007b) und der Kompetenz zur Reflexion von Wissen – eine herausragende Bedeutung. Zugleich wird dadurch aber auch die Frage aufgeworfen, wie Menschen dieser neuen Anforderung entsprechen können, wie und wo sie die hierfür notwendigen Kompetenzen erwerben können. Die Idee des Lebenslangen Lernens verspricht eine Antwort auf diese neue Herausforderung.

### 1.3.2 Veränderung der Arbeit in der spätmodernen Gesellschaft

Im Laufe des 20. Jahrhunderts nahm die *Lebensarbeitszeit* kontinuierlich ab. Lag 1906 die durchschnittliche Arbeitszeit im Jahr noch bei ca. 2900 Stunden, so waren es 1946 nur noch 2440 und 1988 nur noch 1899 Stunden (vgl. Hall 1999, S. 427, zit. bei Alheit/Dausien 2002, S. 570). Auch die *Struktur der Arbeitsplätze* hat sich verändert: so wird ein Wandel konstatiert von industriellen Arbeitsplätzen hin zum Dienstleistungssektor. Für die Ausbreitung des Lebenslangen Lernens relevanter ist in diesem

Zusammenhang wahrscheinlich die Computerisierung der Arbeitsplätze. Sie lassen sehr deutlich werden, wie viel Neues Menschen aller Altersstufen in den vergangenen Jahren lernen mussten. Die Ausbreitung der EDV ist auch ein anschauliches Beispiel für den ständigen und beschleunigten Wandel, dem die berufliche Arbeit unterliegt (vgl. hierzu zusammenfassend Baethge/Baethge-Kinsky 1998). Er hat zur Folge, dass die in der beruflichen Erstausbildung erworbenen Qualifikationen rasch obsolet werden und eine berufsbegleitende Weiterbildung zur Bedingung für die Beschäftigungsfähigkeit wird.

Neben der Einführung der EDV und der Computerisierung der Arbeitsplätze manifestiert sich die zunehmende Wissensbasierung der Arbeit auch in den veränderten Arbeitsbedingungen und Arbeitsaufgaben. So zeigt der Dritte »European Survey on working conditions« (Paoli/Merllié 2001), dass das Lösen unvorhergesehener Probleme für 82 % der Befragten (N = 21.500) real ist, 74 % ihre eigene Arbeit bewerten müssen, 71 % neue Dinge lernen und 54 % komplexe Aufgaben bearbeiten. Da alle diese Anforderungen die Produktion und Reflexion von Wissen erfordern, lässt sich von einer großen Bedeutung wissensbasierter Arbeitstätigkeiten sprechen – wobei herauszustellen ist, dass diese Anforderungen zwar verstärkt, aber keineswegs ausschließlich bei gehobenen und hochqualifizierten Experten vorkommen (vgl. Heidenreich 2002, S. 355).

Auch der ständige Funktions- und Strukturwandel beruflicher Arbeit führt dazu, dass in der beruflichen Erstausbildung erworbene Qualifikationen rasch obsolet werden. Dies hat zur Konsequenz, dass eine (berufs-)lebensbegleitende Weiterbildung zur Bedingung für die Beschäftigungsfähigkeit wird (vgl. Schuetze 2005, Schuller/Schuetze/Istance 2002, Wiesner/Wolter 2005).

Darüber hinaus ist festzuhalten, dass *diskontinuierliche Erwerbsverläufe* zunehmend selbstverständlich werden – und dies kann sich auf Phasen der Arbeitslosigkeit ebenso beziehen wie auf einen Wechsel von Berufs- und Fortbildungs- oder Familienphasen oder auf einen Wechsel in den Arbeitstätigkeiten und (un-) freiwilligen Berufsabbrüchen. Diese Entwicklungen haben die Erwartungen an das klassische Lebenslaufregime irritiert (vgl. Kohli 1985, 2002) und individuelle Lebensplanung wesentlich riskanter gemacht (vgl. z. B. Heinz 2000). »Lebenslanges Lernen bietet sich hier als innovatives Steuerungsinstrument notwendiger Lebenslaufpolitiken geradezu an« (Alheit/Dausien 2002, S. 570). So haben die steigende Lebenserwartung sowie das frühere Ausscheiden aus dem Erwerbsprozess sowie häufige Wechsel in den Erwerbsbiographien zu einer steigenden Nachfrage nach Lernmöglichkeiten insbesondere im persönlichkeitsbildenden Bereich geführt (vgl. Halimi 2000, S. 16f.).

### 1.3.3 Individualisierung und reflexive Modernisierung als Motor für Lebenslanges Lernen

Die Notwendigkeit zur Hinwendung zum Lebenslangen Lernen resultiert nicht zuletzt auch aus gesellschaftlichen Veränderungsprozessen, die Ulrich Beck mit dem Label der Individualisierung und reflexiven Modernisierung umschrieben hat (Beck 1986). Herausgestellt wird dabei, dass sich in modernen Gesellschaften die Bindungen der Individuen an soziale Milieus und klassische Mentalitäten gelockert und sich die Wahl- und Entscheidungsmöglichkeiten der Gesellschaftsmitglieder vervielfacht haben. Für die Einzelnen führen diese Freiheiten zugleich zu der Notwendigkeit, die je konkrete Lebenssituation zu analysieren und zu gestalten, verschiedene Erfahrungs- und Handlungsfelder miteinander zu verknüpfen und zum Teil unvereinbar erscheinende Zumutungen und Anforderungen verschiedener Lebensbereiche in der eigenen alltäglichen Lebensführung auszubalancieren. Damit verbunden ist – so die These von der »reflexiven Modernisierung« – die Notwendigkeit kontinuierlicher Reflexivität der eigenen Handlungen sowie die Fähigkeit, sich neue flexible Kompetenzstrukturen anzueignen. Hierfür aber seien lebenslange Lernprozesse unabdingbar (vgl. Alheit/Dausien 2002, S. 572f.; vgl. auch Hurrelmann 2003).

Die zunehmende Bedeutung einer Bearbeitung der Fragen individueller Weiterentwicklung, Identitätsfindung und Sinnsuche (vgl. Wiesner/Wolter 2005, S. 24) zeigt sich etwa darin, dass die Nachfrage nach Lernmöglichkeiten im persönlichkeitsbildenden Bereich massiv angestiegen ist (vgl. Halimi 2000, S. 16f.). In der Erwachsenenbildungsforschung wird diese neue Funktion mit dem Hinweis auf die Bedeutung von Orientierungswissen versehen (Fell/Feuerlein-Wiesner 2002, Friedenthal-Haase 1998). Zu dieser Situation passt auch die Entwicklung eines Bildes vom Erwachsenen als einem sich ständig (neu) entwerfenden Menschen, »der in der Verflüssigung des fest gefügten Selbst seinen eigenen Lebenslauf dauernd rekonstruiert und neu schreibt« (Seitter 2001, S. 93). Das »alte, eindimensionale, auf Kontinuität ausgerichtete Lebensverlaufsbild der Schule-Arbeit-Familie-Ruhestand-Sequenz« (Baltes 2001, S. 29) gilt als überholt. Diese »lineare Sequenzierung« des Lebenslaufs wird ersetzt durch eine »dynamische Parallelisierung« des Lebensverlaufsbildes. Demzufolge wird betont, dass Biographien nicht mehr in Phasen verlaufen, sondern beispielsweise in der Arbeitsphase noch eine Schule besucht wird oder im Ruhestand weiter – etwa ehrenamtlich – gearbeitet wird.

### 1.3.4 Beschleunigung des Lebenstempos

Im Kontext der Diagnose einer modernen Wissensgesellschaft wird immer wieder die Beschleunigung des technischen Wandels und der Wissensproduktion herausgestellt. Die Forderung nach Lebenslangem Lernen erscheint damit gleichsam als notwendige Folge dieser gesellschaftlichen Veränderungen. Bei genauerer Betrachtung sind es allerdings nicht nur Technik und Wissenschaft, die immer neue Produkte entwickeln – und damit zum Teil auch Lebenserleichterungen in Form von Zeitgewinn mit sich bringen (man denke etwa an die Waschmaschine oder den ICE). Vielmehr ist auch eine Beschleunigung des Lebenstempos und damit eine »Steigerung der Handlungs- und Erlebnisepisoden pro Zeiteinheit« auszumachen (Rosa 2005, S. 135). Das objektive Geschehen vollzieht sich rascher als es im je eigenen Handeln und Erleben reaktiv verarbeitet werden kann – und dies führt für die Subjekte zur Angst, etwas zu verpassen oder zu einem Anpassungszwang. Beides zeigt sich dann in Gestalt eines Gefühls von Stress. »Eine hochdynamische Gesellschaft wie die spätmoderne erzwingt daher eine Entsprechung in den Selbstverhältnissen und Identitätsmustern der Individuen in Form einer Prämierung von Flexibilität und Wandlungsbereitschaft gegenüber Beharrung und Kontinuität: Subjekte müssen sich entweder von vornherein als offen, flexibel und veränderungsfreudig konzipieren oder sie laufen Gefahr, permanente Frustration zu erleiden, wenn ihre auf Stabilität ausgerichteten Identitätsentwürfe an einer sich schnell verändernden Umwelt zu scheitern drohen« (Rosa 2005, S. 239f).

Hartmut Rosa entwickelt daher die These, dass es in modernen Gesellschaften zu einer Beschleunigung kommt nicht nur in dem, was die Individuen tun und erleben, sondern auch in dem, was sie sind (ebd., S. 240). Zur Bearbeitung der damit angesprochenen Veränderungen der objektiven Zeitgestaltung, aber auch der damit verbundenen handlungs- und subjektbezogenen Veränderungen bietet sich – so lässt sich ableiten – die Orientierung am Konzept des Lebenslangen Lernens an.

## 1.4 Zusammenfassung und offene Fragen

Das Lebenslange Lernen erweist sich – dies dürfte bislang deutlich geworden sein – somit als ein recht komplexes Phänomen. Dies resultiert unter anderem daraus, dass es zwar die Subjekte sind, die ihr ganzes Leben lang lernen, dass aber darüber hinaus dieses Lernen auch eingebettet ist in je spezifische historische Situationen, in unterschiedliche institutionelle Möglichkeiten und gesellschaftliche Erwartungen. Mit anderen Worten: das Lernen der Subjekte ist in einen gesellschaftlichen Diskurs eingebettet.

Dabei zeigt der historische Blick, dass sich das Lernverständnis gewandelt hat von der Selbstverständlichkeit des Lernens im Lebenslauf über die Fokussierung institutionalisierter Lehr-Lern-Arrangements bis hin zur Entwicklung eines zeitlich, räumlich und inhaltlich entgrenzten Lernverständnisses. Vor dem Hintergrund dieser Einsicht lassen sich folgende allgemeine Bestimmungsmerkmale des Lebenslangen Lernens festhalten:

1. Lebenslanges Lernen beschreibt ein Lernen, das *zeitlich* nicht auf einzelne Lebensphasen begrenzt ist, sondern sich auf den gesamten Lebenslauf bezieht.
2. Lebenslanges Lernen bezieht sich *räumlich* nicht nur auf das Lernen in pädagogischen Einrichtungen wie Kindergarten, Schule, Erwachsenen- und Berufsbildungsorganisationen, sondern auch auf das Lernen im Alltag oder in intermediären,

hybriden Institutionen, in denen sowohl Bildungsabsichten als auch andere Ziele verfolgt werden.
3. Lebenslanges Lernen beschreibt ein Lernen, dass sich *inhaltlich* nicht nur auf einen bestimmten allgemein-bildenden Kanon oder konkrete berufsqualifizierenden Inhalte beschränkt, sondern die Vielfältigkeit aller Lebensbereiche beinhaltet und neben Selbst- und Weltwissen auch Fertigkeiten und normative Orientierungen einschließt.

*Zusammenfassend* ist an dieser Stelle festzuhalten, dass Lebenslanges Lernen heute eine Perspektive auf Lernen beschreibt, die das Lernen als einen kontinuierlichen Prozess versteht und traditionelle, institutionalisierte Bildungsformen ebenso einbezieht wie informelle und in sonstige Lebensvollzüge eingebettete individuelle Lernprozesse.

Zugleich aber ist die Existenz einer Vielfalt und Unterschiedlichkeit an Perspektiven zu konstatieren. So kommen je andere Aspekte in den Blick, wenn das Lebenslange Lernen als Antwort auf gesellschaftliche Veränderungen begriffen wird, die durch politische Rahmenbedingungen oder pädagogische Lernangebote gestaltet werden sollen – oder wenn es als empirisch zu beschreibender individueller Lernprozess über den Lebenslauf begriffen wird. Wieder andere Fragen tauchen auf, wenn das Lebenslange Lernen als Diskursphänomen beleuchtet wird. Dann wird mit dem Begriff eine bildungspolitische Forderung oder ein pädagogisches Programm beschrieben, welches dazu dient, wahrnehmbare Phänomene zu ordnen und in Handlungsprogramme zu transformieren.

Die Art und Weise des Redens über das Lebenslange Lernen hat sich im Lauf der Geschichte verändert. Mit der Hinwendung zum Lebenslangen Lernen in der Mitte des 20. Jahrhunderts hat der öffentliche und bildungsbezogene Diskurs zunächst eine Perspektive eingenommen, die die Ausweitung pädagogisch betreuten und in Lehr-Situationen eingebetteten Lernens in den Mittelpunkt stellte. Entsprechend wurde die professionelle Gestaltung von Lernarrangements innerhalb von Bildungsinstitutionen fokussiert und die Hinwendung zum Lebenslangen Lernen war verbunden mit einer Ausweitung pädagogisch betreuten und in Lehr-Situationen eingebetteten Lernens.

Diese Sicht konnte erst mit der Entwicklung eines umfassenden Lernverständnisses korrigiert werden, welches das Lernen des Menschen über den gesamten Lebenslauf und in seinen verschiedenen Formen wie auch vielfältigen Inhalten berücksichtigt. Dies aber bedeutet, dass das Lebenslange Lernen weder auf die Teilnahme an formalen Lernangeboten zu begrenzen ist noch auf das Lernen im Erwachsenenalter. Vielmehr impliziert das Konzept alle Formen des Lernens über die gesamte Lebensspanne.

Mit diesem weiten Verständnis vom Lebenslangen Lernen stellt sich auch das Verhältnis von Lebenslangem Lernen und Erwachsenenbildung neu dar: Der Verweis darauf, dass Lernen innerhalb und außerhalb pädagogischer Institutionen stattfindet und dass hierbei nicht die Verortung im Bildungssystem, sondern der individuelle Bildungsprozess im Vordergrund steht, verdeutlicht, dass Lebenslanges Lernen mehr ist als Erwachsenen- oder Weiterbildung. Da aber ein Großteil des Lebenslangen Lernens im Erwachsenenalter stattfindet, ist es verständlich, dass die Weiterbildung eine besondere Nähe zum Thema Lebenslanges Lernen aufweist. Allerdings – aber dies wird sicherlich die Herausforderung für die zukünftige Bildungspraxis wie auch Bildungstheorie und Forschung darstellen – liegt die Besonderheit des Lebenslangen Lernens gerade darin, das Lernen im Lebenslauf in den Mittelpunkt zu stellen.

# 2 Lebenslanges Lernen als bildungspolitisches Programm

Den bildungspolitischen Veröffentlichungen der UNESCO, OECD und EU kommt eine besondere Bedeutung bei der Etablierung des Lebenslangen Lernens im öffentlichen Diskurs zu. Aus diesem Grund soll an dieser Stelle die Diskussion um das Lebenslange Lernen, wie es im Rahmen bildungspolitischer Überlegungen geführt wird, vorgestellt werden

## 2.1 Die Hinwendung zum Lebenslangen Lernen

Den Ausgangspunkt der öffentlichen Diskussion um das Lebenslange Lernen bildet die Diagnose einer weltweiten Bildungskrise Ende der 1960er Jahre, wie sie in Deutschland etwa von Picht unter dem Stichwort »Bildungskatastrophe« beschrieben wurde (Picht 1964). Problematisiert wird dabei ein »veraltetes, starr strukturiertes, an alterhergebrachten Zielen festhaltendes, institutionen-fixiertes Bildungssystem, das ein inflexibles Wissen produziert, welches den komplexen Anforderungen einer ›dynamischen‹ Lebenswelt nicht angepasst ist« (Gerlach 2000, S. 160f.). Gefordert wird eine Neugestaltung pädagogischer Institutionen und Prozesse, in der die einzelnen Bildungsbereiche – von der vorschulischen Erziehung über die Pflichtschule, die weiterführende Schule, Berufsausbildung sowie Erwachsenen- und Weiterbildung – aufeinander bezogen sind. Diese Erneuerung wird in den 1970er Jahren unter dem Stichwort »Lebenslanges Lernen« diskutiert (Gerlach 2000, Knoll 1974, Kraus 2001, Schemmann 2002). Die Argumentation basiert dabei auf einer funktionalen Perspektive: Lebenslanges Lernen wird als Antwort auf eine spezifische gesellschaftliche Situation gedeutet und der Bildungspolitik kommt die Aufgabe zu, auf Probleme und mögliche Lösungen hinzuweisen.

So bestand beispielsweise der Auftrag der 1971 eingesetzten Erziehungskonferenz der UNESCO darin, »... eine kritische Bilanz der Erziehungssituation weltweit zu ziehen und politische Leitlinien und Prioritäten für eine Strukturreform zu finden« (Nacke/ Dohmen 1996, S. 156). In der Bearbeitung dieser Aufgabe entwickelt der Bericht eine Argumentation, in der das Lebenslange Lernen zum einen als Antwort auf den wissenschaftlichen und technologischen Wandel gefordert wird. Ein zweites Argument, welches die Notwendigkeit einer Bildungsreform begründet, ist der Hinweis auf die zunehmende Bildungsungleichheit zwischen den Staaten wie auch zwischen den Bevölkerungsgruppen. Diese Situation berge die Gefahr, dass die Teilhabe aller Menschen am gesellschaftlichen Leben erschwert wird. Die Möglichkeit der Teilhabe aller Menschen wird dabei nicht nur aus dem Recht jedes Menschen abgeleitet, an der Gestaltung seiner Zukunft teilzunehmen (vgl. Faure 1973, S. 20). Die Grundlage für die Teilhabe aller aber basiert auf der Teilhabe an Technologie und an gesellschaftlicher Entscheidung – also an der Möglichkeit der Demokratie. Dies wiederum setzt den Ausbau institutionalisierter Bildungsangebote für alle Menschen in allen Lebensphasen voraus, erfordere aber auch die Einbeziehung neuer Lernorte. So verweist der Report beispielsweise auf den Betrieb als Erzieher (Faure 1973, S. 265). Auch fordert er die Aufhebung der Trennung zwischen Schule und Lebenswirklichkeit (vgl. Faure 1973, S. 39). Damit plädiert er einerseits für eine Ausweitung pädagogisch organisierter Lernangebote. Andererseits stellt er fest, dass sich nicht nur Pädagoginnen und Pädagogen, sondern alle Teile der Gesellschaft – mit all ihren erzieherischen, sozialen und wirtschaftlichen Mitteln – für die Ermöglichung von lebenslangen Lernprozessen einsetzen sollen (vgl. Faure 1973, S. 43). Dadurch sei die Grundlage für die Etablierung einer Lerngesellschaft geschaffen (Jütte 2009).

Während die UNESCO die demokratische Entwicklung der internationalen Gemeinschaft im Blick hat, rückt mit dem OECD-Bericht von 1973 die wirtschaftliche Perspektive stärker in den Mittelpunkt. »The broadly humanistic ideals that had inspired Faure and his followers were replaced by what the government's left-wing critics calles ›the new vocationalism‹« (Field 2001, S. 7).

Die OECD (Organisation für wirtschaftliche Zusammenarbeit und Entwicklung) wurde 1960 als Nachfolgeorganisation der OEEC (Organisation for Europeen Economic Corporation) gegründet. Ihr Auftrag bestand darin, zu einer Ausweitung des Welthandels beizutragen und dadurch Rahmenbedingungen zu schaffen, die den einzelnen Mitgliedstaaten zu Wirtschaftsentwicklung, Beschäftigung und hohem Lebensstandard verhelfen sollten (vgl. Schuetze 1995). Dass sich die OECD mit bildungspolitischen Fragen befasst, mag auf den ersten Blick verwundern. Es lässt sich aber aus Artikel 2 (b) der Gründungsurkunde erklären. Hier wird als ein Ziel die Förderung von Wissenschaft, Forschung, Technologie und beruflicher Bildung (vocational training) genannt. Die Entwicklung von Wissenschaft und der Ausbau der individuellen Bildung der Bevölkerung – hier konkret bezogen auf die berufliche Bildung – erscheinen damit als wichtige Grundlagen für das wirtschaftliche Wachstum. Dieser Zusammenhang wird unter dem Stichwort »Humankapital« beschrieben. Für die OECD hat Bildung damit eine doppelte Rolle: »zum einen trägt sie wesentlich zum wirtschaftlichen Wachstum bei, zum anderen ist sie ein wesentliches Instrument für die Erreichung des Ziels des Wirtschaftswachstums, nämlich die Beförderung des öffentlichen Wohls« (Schuetze 1995, S. 2).[1]

Ausgangspunkt der Überlegungen der OECD ist wiederum die Diagnose neuer Anforderungen der Wissensgesellschaft und die Notwendigkeit, die Menschen (besser) auf ihre zukünftige Rolle in der Gesellschaft vorzubereiten. Dies könne aber nicht durch eine zeitliche Ausdehnung der individuellen Ausbildungszeiten geschehen, da durch die zu lange Ausgrenzung der jüngeren Generation aus dem gesellschaftlichen (Arbeits-) Leben die gesellschaftliche Integration und Erneuerung gefährdet sei. Als Alternative präsentiert die OECD das Konzept der ›Recurrent education‹. Es sieht vor, dass die Lernenden im Anschluss an die Erstausbildung »in gewissen zeitlichen Abständen zu Veranstal-

---

1 Im Rahmen dieses Selbstverständnisses der OECD übernahm das *Centre for Educational Research and Innovation (CERI)* die Aufgabe »to promote and support the development of reseach activities in education« (OECD 1973, S. 2).

tungen organisierten Lernens zurückkehren« (Jourdan 1978, S. 9). Derartige Bildungsangebote, die von den Menschen in Intervallen besucht werden können, ermöglichen – so die Idee – eine Verkürzung der Erstausbildung und gleichzeitig ein den je konkreten Bedingungen flexibel anpassbares Bildungsangebot. Die Verantwortung für die Teilnahme an solchen Lernangeboten – und damit für das Gelingen des Lebenslangen Lernens – wird dabei den Individuen zugeschrieben: »The guiding principle for a recurrent education system as seen in the perspective of lifelong development of the individual is that of a self-sustained and self-controlled learning and development process. An essential condition for this is that the learning situation be perceived as relevant to the learner's interests and as potentially contributing to his own further development and ability to play a meaningful role in the several situations in which he is involved: family, work, social, cultural, and political« (OECD 1973, S. 34).

Mit dieser Akzentuierung der individuellen Selbstverantwortung wird einerseits ein Aspekt des Lernens und der Bildung genannt, der in der bildungsphilosophischen Tradition unter dem Stichwort der Selbsttätigkeit des Subjekts thematisiert wurde. Andererseits aber manifestiert sich hier auch die Individualisierung gesellschaftlicher Risiken, da eine Verlagerung des Blickwinkels vom Lernen auf den Lerner stattfindet. Dies hat Konsequenzen: »Ein System Lebenslangen Lernens hat nur wenig Raum für vorgeschriebene rigide Strukturen, für sequentielle Curricula oder Programme für jeden Lerner im gleichen Alter. In einem solchen System ist es vielmehr vom Lerner selbst abhängig, *was* er oder sie jenseits der Grundbildungsjahre zu Hause und in der Schule lernt – und *wann, wo* und *wie* er oder sie lernt. Lebenslanges Lernen wird damit zu einem ›Menu à la carte‹ anstelle einer Standard-Mahlzeit mit einem oder mehreren festgelegten Gängen. Damit hat aber auch der/die Einzelne nicht nur eine größere Wahlmöglichkeit, sondern auch mehr Verantwortung dafür, die Initiative zu ergreifen und unter den verschiedenen Möglichkeiten, die ihm offen stehen, eine – oft schwierige – Wahl zu treffen« (Schuetze 2005, S. 63).

## 2.2 Verstummen und Wandlungen des Diskurses

Ende der 1970er Jahre wurde der Ruf nach dem Lebenslangen Lernen wieder leiser. Die auf internationaler Ebene entwickelten Programmschriften wurden – trotz einzelner Praxisprogramme wie etwa der ›Bildungsurlaub‹, der an das Konzept der phasenweisen Erziehung anschließt (vgl. Nuissl 2006) – weder von der Erziehungswissenschaft noch von der nationalen Politik in größerem Maße aufgegriffen. Belangér sieht hierfür drei mögliche Erklärungen:

- Die wirtschaftliche Krise dieser Zeit stellte die Selbstverständlichkeit andauernden Wachstums in Frage und trübte damit auch die optimistische Sichtweise des Lebenslangen Lernens;
- die Orientierung des Diskurses an einer einheitlichen Vision Lebenslangen Lernens, die wenig Spielraum für nationale und kulturelle Differenz zuließ,
- die Verbindung zwischen den Diskursen zum Lebenslangen Lernen und zur gesellschaftlichen Modernisierung. Dies führte dazu, dass die Kritik an der Modernisierung auch zu einer Kritik des Lebenslangen Lernens führte (vgl. Belangér 1997, Schemman 2002, S. 131).

Die Situation änderte sich erst wieder Mitte der 1990er Jahre. Nun wurde das Thema von der Europäischen Kommission aufgegriffen und ganz konkret auf die Situation der Europäischen Union bezogen (vgl. Field 2006, S. 16). So fasste das Europäische Parlament im Oktober 1995 den Beschluss über die Veranstaltung eines Europäischen Jahres des lebensbegleitenden Lernens (1996). Hintergrund waren Vorschläge der Europäischen Kommission, die in ihrem ›Weißbuch über Wachstum, Wettbewerbsfähigkeit und Beschäftigung‹ (1993) konstatiert hatte, dass allgemeine und berufliche Bildung zum wirtschaftlichen und sozialen Wandel sowie zu Bekämpfung der Arbeitslosigkeit beitragen könnten.

Lebenslanges Lernen wird dabei als angemessene Antwort auf die Bedrohungen und Möglichkeiten der Globalisierung, der Informationstechnologie und den Funktions- und Strukturwandel gesellschaftlicher bzw. beruflicher Arbeit angesehen. Denn der immer schnellere Wandel führe – so wird hier argumentiert – zu einer raschen Entwertung der in der beruflichen Erstausbildung erworbenen Qualifikationen und Kompetenzen, weshalb eben lebensbegleitende Fort- und Weiterbildung zur Erhaltung der Beschäftigungsfähigkeit im Interesse ebenso der Individuen wie der ganzen Volkswirtschaft unumgänglich werde (vgl. Wiesner/Wolter 2005, S. 18f.). Wenn Europa sich gegen Asien und die USA durchsetzen wolle, dann müssen die einzelnen europäischen Staaten ihre Besonderheiten und ihre Ressourcen im Bereich von Erziehung und Training sowie in anderen politischen Bereichen bündeln. Neben dem Erhalt der Beschäftigungsfähigkeit erfordere dies die Entwicklung eines Gefühls für europäische *citizenship* und damit einer Förderung der sozialen Inklusion. Auch hierfür sei Lebenslanges Lernen zentral.

Lebenslanges Lernen wird hier wiederum in einen funktionalen Argumentationszusammenhang gestellt – wobei die ökonomischen Erwartungen in den Vordergrund treten. Wichtig für den stärkeren Einfluss, den der Diskurs des Lebenslangen Lernens auf Politik und Praxis nimmt, ist dabei die Tatsache, dass die Europäische Union – im Unterschied zu den anderen internationalen Institutionen – als ein Akteur auftritt, der Einfluss auf die nationalen Politiken nehmen kann (vgl. Field 2001, S. 8f., Schemmann 2002, S. 133f.). Das »Europäische Jahr des lebensbegleitenden Lernens« (1996) führt mithin nicht nur zur Publikation neuer umfangreicher Dokumente der UNESCO und der OECD, sondern auch zu verschiedenen nationalen Strategien zur Realisierung Lebenslangen Lernens auf bildungspraktischer Ebene. Entsprechend einer politischen *top-down*-Strategie wurden die einzelnen Mitgliedsländer insbesondere durch die Europäische Kommission angehalten, das Konzept des Lebenslangen Lernens in die nationale Diskussion einzubringen und politische Umsetzungsinstrumente zu entwickeln. Damit bekommt der Diskurs zum Lebenslangen Lernen einen neuen Aufschwung, so dass gar von einer zweiten Boomphase gesprochen wird (Schemmann 2002, S. 133).

## 2.3 Aktuelle bildungspolitische Programme

### 2.3.1 Vom institutionalisierten Lehren zum individuellen Lernen – die Vorschläge von OECD und UNESCO

Den Ausgangspunkt des OECD-Berichts von 1996, der unter dem Titel »Lifelong Learning for All« publiziert wurde, bildet wiederum eine Situationsbeschreibung, die die gesellschaftlichen Veränderungen in den Mittelpunkt rückt und eine Erneuerung von Erziehung und Bildung einfordert. Interessant ist dabei, dass neben der Diagnose einer Wissens- und Informationsgesellschaft und dem daraus abgeleiteten Erfordernis einer permanenten Aktualisierung beruflicher Kompetenzen nun auch die Frage des sozialen Zusammenhalts thematisiert wird. Indem Lernen als wichtige Absicherung gegen gesellschaftliche Ausgrenzung angesprochen wird, werden in den 1990er Jahren auch sozialpolitische Überlegungen betont. Damit argumentiert die OECD Mitte der 1990er Jahre nicht mehr in erster Linie ökonomisch. Vielmehr wird die Forderung nach Lebenslangem Lernen *auch* durch die Notwendigkeit sozialer Integration begründet: »Learning is the most necessary insurance against exclusion and marginality, educational activity represents a particulary important source of involvment and participation in light of the many pressures now putting social cohesion at risk« (OECD 1996, S. 91f.).

Lebenslanges Lernen – hier nun begriffen als »continuation of conscious learning throughout the lifespan« (OECD 1996, S. 89) – ist nicht nur für den einzelnen Lerner bedeutsam, sondern auch für die ökonomische, politische und soziale Weiterentwicklung des Gemeinwesens. Die Verantwortung für die Lern- und Bildungsaktivitäten wird dabei dem einzelnen Individuum überlassen. Dies zeigt sich etwa darin, dass vom *lifelong learning* als »*attitude*« (OECD 1996, S. 90) gesprochen und die Intentionalität des Lernprozesses herausgestellt wird. Die Fähigkeit und Bereitschaft zum lebenslangen Weiter-Lernen hat das Individuum sich vor dem Hintergrund seiner individuellen Voraussetzungen und der konkreten sozialen Anforderungen selber anzueignen.

Da die Möglichkeiten der Teilhabe an lebenslangen Lernprozessen allerdings sozial ungleich verteilt sind (vgl. hierzu Kap. 4), ist es erforderlich, dass staatliche und ökonomische Organisationen Unterstützung leisten und versuchen, die sozio-ökonomischen, institutionellen und individuell-dispositionalen Barrieren zum Lebenslangen Lernen abzubauen (vgl. OECD 1996, S. 92ff.).

Auch die UNESCO hat sich in den 1990er Jahren wieder der Frage der zukünftigen Bildungskonzepte und -strukturen gewidmet. Unter der Leitung von Jacques Delors veröffentlicht sie ihren Bericht zur Bildung für das 21. Jahrhundert unter dem Titel »Lernfähigkeit: Unser verborgener Reichtum«.

Bildung gilt hier wiederum als »eines der wichtigsten Mittel, um die Entwicklung der Menschheit besser und in größerem Einklang zu fördern« (Delors 1997, S. 11).

> »Das nächste Jahrhundert wird ungeahnte Möglichkeiten der Kommunikation und der Verbreitung und Speicherung von Informationen hervorbringen. Bildung muss zwei auf den ersten Blick scheinbar widersprüchliche Aufgaben erfüllen. Sie muß effizient und in großem Maßstab den wachsenden Berg sich ständig ändernden Wissens und das Know-how einer Informationsgesellschaft vermitteln. Das ist Grundlage der Fähigkeit, die in der Zukunft gebraucht wird. Gleichzeitig muß Bildung den Menschen einen Orientierungsrahmen bieten, damit sie nicht in dieser Flut oftmals oberflächlicher Informationen ertrinken, die sowohl die Öffentlichkeit als auch die Privatsphäre überschwemmen. Ebenso darf Bildung nicht den Blick dafür verlieren, dass ihre eigentliche Aufgabe die Entwicklung von Individuen und Gemeinschaften ist. Sie muß sozusagen eine Navigationskarte für eine komplexe Welt im Umbruch liefern und zugleich auch den Kompaß, damit die Menschen ihren Weg darin finden« (Delors 1997, S. 73).

Aufgrund dieser Situationsdiagnose wird festgestellt, dass die traditionellen Antworten der Pädagogik nicht ausreichen: »Es reicht nicht mehr, jedes Kind schon früh mit einer bestimmten Wissensmenge zu versorgen, von der es dann in Zukunft zehren kann. Jeder einzelne muß befähigt werden, sein ganzes Leben hindurch lernen zu können, um sein Wissen zu mehren, Fertigkeiten und Qualifikationen zu erwerben und sich einer wandelnden, komplexen und miteinander verknüpften Welt anpassen zu können« (ebda, S. 73).

Intendiert wird
- der Erwerb der Fähigkeit, sich Wissen anzueignen. An die Stelle der Aufnahme einzelner Informationen solle es darum gehen, Wissen um Prozesse der Wissensgenerierung zu erwerben; nicht ein Spezialwissen, sondern Allgemeinwissen gilt als Voraussetzung für Kommunikation; wichtig sei darüber hinaus das Lernen von Lernfähigkeit (Konzentrationsfähigkeit, Erinnerungsvermögen, Denkfähigkeit);
- das Lernen, zu handeln: entsprechend sollen Sozial- und Problemlösungskompetenzen neben fachliche Qualifikationen treten. Begründet wird dies durch den technischen Fortschritt, der eine Abkehr von der rein körperlichen Arbeit hin zur geistigen Arbeit und damit zu höheren Qualifikationen und zur Teamarbeit mit sich bringe;
- das Lernen, zusammenzuleben: hier geht es einmal um ein Kennenlernen des Anderen (interkulturelle Bildung), aber auch um die Fähigkeit der Perspektivenübernahme; diese ist vor allem dadurch zu schulen, dass gemeinsame Projekte durchgeführt werden (im Sport, in der Arbeit etc.);
- und das Lernen für das Leben: »das grundlegende Prinzip (lautet, C. H.), dass Bildung zur allumfassenden Entwicklung jedes Individuums beitragen muß, also Körper und Geist, Intelligenz, Sensibilität, ästhetisches Empfinden, persönliche Verantwortung und geistige Werte. Jeder Mensch muß befähigt werden, eigenständiges, kritisches Denken zu entwickeln und zu einem eigenen Urteil zu gelangen, um für sich selbst zu bestimmen, was er oder sie in verschiedenen Lebensumständen tun sollte« (ebda, S. 81).

### 2.3.2 Lebenslanges Lernen als Grundlage für die Entwicklung Europas und der Welt: die Konzepte der Europäischen Union und der Weltbank

Seit Anfang der 1990er Jahre verstärken sich auf europäischer Ebene die Aktivitäten zur Förderung Lebenslangen Lernens. So wurde das lebensbegleitende Lernen als angemessene Antwort auf die globalen wirtschaftlichen, wissenschaftlich-technischen und gesellschaftlichen Wandlungsprozesse ›entdeckt‹ und sollte durch die Ausrufung des Jahres 1996 als Jahr des lebensbegleitenden Lernens auch in konkrete Strategien umgesetzt werden. Das Konzept des Lebenslangen bzw. Lebensbegleitenden Lernens wurde dabei einerseits in den »Dienst industrieller Wettbewerbsfähigkeit« gestellt, andererseits aber auch als »eine Frage der persönlichen Erfüllung und der Wahrnehmung der individuellen staatsbürgerlichen Rechte« angesehen (Gass 1996, S. 5). Entsprechend gilt Lebenslanges Lernen sowohl als Beitrag zur Beschäftigungsfähigkeit als auch zur Förderung der Allgemeinbildung – verstanden als die »Fähigkeit, die Bedeutung der Dinge zu erfassen, zu verstehen und kreativ zu sein« (Europäische Kommission 1995, S. 7).

Verstärkt wurde diese bildungspolitische Programmatik der Europäischen Union noch durch die *Lissabon-Vereinbarung* des Europäischen Rats (2000), die das Ziel festschreibt, »die Union zum wettbewerbsfähigsten und dynamischsten wissensbasierten Wirtschaftsraum der Welt zu machen« (Europäischer Rat in Lissabon am 22. und 23. März 2000). Dem Lebenslangen Lernen wird dabei eine Schlüsselrolle zur Entwicklung ökonomischen Wachstums und sozialen Zusammenhalts zugeschrieben. Ergänzt werden die Absichtserklärungen durch das *Memorandum zum Lebenslangen Lernen* (2000), welches wiederum betont, »dass sich Europa unbestreitbar auf dem Weg in das Zeitalter des Wissens befindet – mit all seinen Konsequenzen für das kulturelle, wirtschaftliche und soziale Leben. Lern-, Lebens- und Arbeitsmuster wandeln sich rasch. Das bedeutet nicht nur, dass sich einzelne an den Wandel anpassen, sondern auch, dass sich ›eingefahrene‹ Handlungsmuster ändern müssen« (ebd., S. 3).

Auch in der Entschließung des Rates der Europäischen Gemeinschaft vom 27. Juni 2002 zum Lebensbegleitenden Lernen wird betont, dass allgemeine und berufliche Bildung unentbehrlich sind für die Förderung des sozialen Zusammenhalts für ein aktives Staatsbürgertum und erfülltes Privat- und Berufsleben sowie für die Anpassungs- und Beschäftigungsfähigkeit. Auffallend ist dabei, dass die Anpassungs- und Beschäftigungsfähigkeit in den Vordergrund gerückt wird. Entsprechend wird Lebensbegleitendes Lernen als wichtige Basis zur Erleichterung der Mobilität der europäischen Bürger sowie die Verwirklichung der Ziele der Europäischen Union verstanden. Als Ziele der EU werden genannt: »wohlhabender, wettbewerbsfähiger, toleranter und demokratischer zu werden. Jeder sollte die Möglichkeit erhalten, sich durch lebensbegleitendes Lernen die Kenntnisse anzueignen, die er benötigt, um als aktiver Staatsbürger an der Wissensgesellschaft und am Arbeitsleben teilnehmen zu können« (ebd., S. 2).

Im Zentrum all dieser Verlautbarungen und Beschlüsse der Europäischen Union steht die Absicht, »to propose ways of bringing education and training in line with the requirements of the single European market« (Field 2006, S. 16). Die Argumentation war dementsprechend relativ einfach: die Europäische Union ist konfrontiert mit den Bedrohungen und Möglichkeiten der Globalisierung, der Informationstechnologie und der Anwendung der Wissenschaft. Wenn sie sich gegen Asien und die USA behaupten will, müssen die einzelnen europäischen Staaten ihre Besonderheiten und ihre Ressourcen im Bereich von Erziehung und Training sowie in anderen politischen Bereichen bündeln. Dadurch ließe sich auch das Gefühl für europäische *citizenship* entwickeln und die soziale Inklusion fördern. Hierfür sei Lebenslanges Lernen zentral.

Lebenslanges Lernen wird dabei definiert als »jede zielgerichtete Lerntätigkeit, die einer kontinuierlichen Verbesserung von Kenntnissen, Fähigkeiten und Kompetenzen dient« (Europäische Kommission 2000, S. 3). Mit dieser Bestimmung wird – wie schon in den Konzepten der 1990er Jahre – eine Eingrenzung auf das Lernen in pädagogischen Institutionen abgelehnt und das Lernen der Individuen in den verschiedensten Lernkontexten betont. Zugleich aber ist mit dem Fokus auf ›zielgerichtete Lerntätigkeiten‹ das beiläufige Lernen (Reischmann 1995) explizit ausgeklammert.

Dieses Lernen solle – so die Idee der Kommission – nicht nur lebenslang im Sinne einer zeitlichen Kontinuität sein, sondern auch lebensumspannend[2]: »Der neue Begriff eines ›lebensumspannenden Lernens‹ bringt eine neue Dimension in das Bild ein, indem er auf die ›räumliche‹ Ausdehnung des Lernens abstellt,

---

2 Interessant ist die Frage, warum hier ein neuer Begriff eingeführt wird. Gerlach (2000) vermutet, dass hier ein psychologisches Moment hereinspielt: um die ängstigende Vorstellung von einer lebenslangen Eingebundenheit in Lernprozesse aufzuweichen.

das in allen Lebensbereichen und -phasen stattfinden kann. Die ›lebensumspannende‹ Dimension verdeutlicht die *Komplementarität von formalem, nicht-formalem und informellem Lernen.* Sie macht uns bewusst, dass sinnvolles und vergnügliches Lernen auch in der Familie, in der Freizeit, im Gemeinwesen und bei der täglichen Arbeit stattfindet. Das Konzept des ›lebensumspannenden Lernens‹ führt uns vor Augen, dass Lehren und Lernen Rollen und Tätigkeiten sind, die zu unterschiedlichen Zeiten und an unterschiedlichen Orten unterschiedliche Gestalt annehmen können, wobei es auch zu einem Rollentausch kommen kann« (Europäische Kommission 2000, S. 10).

Im Memorandum der Europäischen Kommission wird somit neben der zeitlichen Ausdehnung des Lernens auf den gesamten Lebensverlauf auch die räumliche Ausdehnung des Lernens herausgestellt: »Bislang war es in erster Linie das formale Lernen, mit dem sich die Politik beschäftigt hat und das die Ausgestaltung der Bildungs- und Ausbildungsangebote wie auch die Vorstellung der Menschen davon, was als ›Lernen‹ angesehen wird, geprägt hat. Das Kontinuum des Lebenslangen Lernens rückt das nichtformale und das informelle Lernen stärker ins Bild. Nicht formales Lernen findet per definitionem außerhalb von Schulen und Ausbildungsstätten statt. In der Regel wird es nicht als ›richtiges‹ Lernen empfunden, und die Lernergebnisse werden auf dem Arbeitsmarkt nicht unbedingt gewürdigt. Nicht-formales Lernen wird somit üblicherweise unterbewertet. Beim informellen Lernen hingegen besteht die Gefahr, dass es überhaupt nicht wahrgenommen wird, obgleich es sich hier um die älteste Form des Lernens handelt ... Informelle Lernkontexte bieten ein enormes Reservoir an Lerngelegenheiten und könnten eine wichtige Quelle für Innovationen im Bereich der Lehr- und Lernmethoden sein« (Europäische Kommission 2000, S. 10). Damit wird betont, dass Lernen innerhalb und außerhalb pädagogischer Institutionen stattfinden kann. Die Pädagogen haben dementsprechend nicht nur die Aufgabe, Wissen und Fertigkeiten zu vermitteln, sondern auch die Kompetenz der Subjekte zu individuellem lebensbegleitenden Lernen zu fördern.

Durch entsprechende pädagogische Maßnahmen sollten alle in Europa lebenden Menschen die gleiche Chance erhalten, sich an die Anforderungen des sozialen und wirtschaftlichen Wandels anzupassen und aktiv an der Gestaltung von Europas Zukunft mitzuwirken. In diesem Sinne ist die Förderung der aktiven Staatsbürgerschaft sowie der Beschäftigungsfähigkeit Ziel des Lebenslangen Lernens (vgl. Europäische Kommission 2000, S. 4). Auch veröffentlicht das Europäische Parlament Empfehlungen zu den »Schlüsselkompetenzen für Lebensbegleitendes Lernen« (2006). Als relevant werden muttersprachliche und fremdsprachliche Kompetenz, mathematische Kompetenz, Computerkompetenz, Lernkompetenz, soziale Kompetenz sowie Eigeninitiative, unternehmerische Kompetenz, Kulturbewusstsein und kulturelle Ausdrucksfähigkeit angesehen.

Genauere Angaben über die Wege, wie das Ziel des Lebenslangen Lernens in der Europäischen Gemeinschaft realisiert werden solle, formuliert das Memorandum (Europäische Kommission 2000) in Form von sechs Grundbotschaften. Diese beziehen sich

1. auf die Gewährleistung eines umfassenden und ständigen Zugangs zum Lernen, damit Qualifikationen erworben und aktualisiert werden können;
2. auf die deutliche Erhöhung der Investitionen in Humanressourcen;
3. die Entwicklung effektiver Lehr- und Lernmethoden;
4. die deutliche Verbesserung der Methoden zur Bewertung von Lernbeteiligung und Lernerfolg nicht nur in formalen, sondern vor allem auch in nicht-formalen und informellen Lernkontexten;
5. die Gewährleistung eines besonderen Zugangs zu hochwertigen Informations- und Beratungsangeboten über Lernmöglichkeiten in Europa und während des gesamten Lebens für alle;
6. die Schaffung von Möglichkeiten für Lebenslanges Lernen in unmittelbarer Nähe der Lernenden. Hier ist insbesondere an die Nutzung von informations- und kommunikationsbasierten Technologien gedacht.

Die Argumentation orientiert sich hiermit nicht nur an der Beschäftigungsfähigkeit und damit den wirtschaftlichen Zielen der Europäischen Union. Sie nimmt auch das Individuum als Bezugspunkt: Jeder sollte das in der Europäischen Grundrechte-Charta verbürgte Recht auf Bildung nutzen können. Allerdings stellt der Rat fest, dass der Zugang zu Lebensbegleitendem Lernen weiterhin für viele Bürger noch keine Realität darstellt. Aus diesem Grund ist es besonders wichtig, dass die einzelnen Mitgliedstaaten im Rahmen ihrer Verantwortung Strategien ausarbeiten, um das Lebensbegleitende Lernen zu fördern. Hierzu zählen politische Konzepte und Grundsätze ebenso wie die Bereitstellung finanzieller Mittel, die Förderung des Lernens am Arbeitsplatz, die Aus- und Weiterbildung der im Bereich des Lebensbegleitenden Lernens tätigen Lehrer und Ausbilder, die Entwicklung von wirksamen Maßnahmen zur Validierung der Ergebnisse von Lernprozessen und die Entwicklung von Konzepten der Information, Beratung und Orientierung über Aus- und Weiterbildungsangebote. Innerhalb des umfassenden Bemühens, Lebensbegleitendes Lernen für alle Bürger an allen Orten in formeller und informeller Weise zu fördern, wählt der Rat dennoch bestimmte Schwerpunkte. Wichtig ist ihm:

- der Zugang zu Angeboten des Lebensbegleitenden Lernens insbesondere für benachteiligte Personen;
- die Möglichkeiten zum Erwerb bzw. Auffrischen von Grundfertigkeiten insbesondere IT-Kenntnissen, Fremdsprachen, Technologiekultur, Unternehmergeist und sozialen Kompetenzen.

Eine Förderung soll darüber hinaus durch die Formulierung eines europäischen Qualifikationsrahmens für Lebenslanges Lernen unterstützt werden, der die Anerkennung von Qualifikationen im Bereich der allgemeinen und beruflichen Bildung erleichtern soll. Die entsprechende Empfehlung des europäischen Parlaments »verfolgt das Ziel, einen gemeinsamen Referenzrahmen als Übersetzungsinstrument zwischen verschiedenen Qualifikationssystemen und deren Niveaus zu schaffen, und zwar sowohl für die allgemeine und die Hochschulbildung als auch für die berufliche Bildung. Dies wird zu einer besseren Transparenz, Vergleichbarkeit und Übertragbarkeit der Qualifikationsbescheinigungen führen, die den Bürgern gemäß der Praxis in den verschiedenen Mitgliedstaaten ausgestellt wurden« (Europäische Kommission 2008, S. 12).

Damit wird an dieser Stelle erneut sichtbar, dass das Lebenslange Lernen sich hier als politische Strategie präsentiert. Diese zeichnet sich dadurch aus, dass von Seiten der EU allgemeine Leitlinien formuliert werden, die es in nationale Handlungsempfehlungen umzusetzen gilt. Die Umsetzung wird dabei einerseits durch finanzielle Mittel und andererseits durch die Vorgabe spezieller Themen – etwa die Förderung bildungsferner Gruppen – gelenkt.

Dietsche/Meyer (2004, S. 10) weisen darauf hin, dass sich das Verständnis vom Lebenlangen Lernen innerhalb der Europäischen Kommission verändert habe. Diese Diagnose lässt sich noch verschärfen durch die These, dass sich im Rahmen der Europäischen Union eine sehr starke begriffliche Wechselhaftigkeit zeigt. So wandelt sich nicht nur die Verwendung der Termini vom Lebenslangen Lernen über das Lebensbegleitende zum Lebensumspannenden Lernen. Auch der Argumentationskontext verschiebt sich zunehmend. Während in den 1990er Jahren die Wissensgesellschaft noch als Bedingung für die Förderung lebenslanger Lernprozesse angesehen wurde, gilt sie nun als Ziel (Europäischer Rat 2006).

Nicht nur auf Europäischer Ebene wird die Förderung des Lebenslangen Lernens als politische Strategie eingesetzt. Auch die Weltbank widmet sich seit Beginn des 21. Jahrhunderts der Förderung Lebenslangen Lernens und revidiert dadurch ihre bisherigen bildungspolitischen Programme (vgl. Brandecker 2007). An die Stelle einer Orientierung an humankapitaltheoretischen Konzepten, die den flexiblen Arbeitnehmer als Grundvoraussetzung für wirtschaftliches Wachstum ansehen und skeptisch gegenüber öffentlicher Intervention in das Bildungswesen sind, tritt nun zunehmend die Hinwendung zum Thema Bildung als öffentlicher Aufgabe. Demokratisierung, Marktwirtschaft, Globalisierung, technologische Innovationen und die zunehmende Bedeutung individueller Verantwortung werden als Entwicklungen benannt, die eine Förderung des Bildungsbereichs notwendig machen. Dabei geht es nicht nur um die Ermöglichung der Teilhabe an Grundbildung, sondern zunehmend auch um die Ermöglichung lebenslanger Lernprozesse. So spricht die Weltbank 2003 explizit vom »Lifelong Learning in the Global Knowledge Economy« und beschreibt es als ihre (neue) Aufgabe, die verschiedenen Länder dabei zu unterstützen, ihr Bildungssystem in Richtung eines Systems Lebenslangen Lernens weiterzuentwickeln. Wie auch bei den anderen transnationalen Organisationen wird das Lebenslange Lernen auf formale, nonformale und informelle Lernprozesse bezogen und in seinen wirtschaftlichen, politischen, sozialen *und* kulturellen Wirkungen betrachtet (vgl. hierzu auch Schemmann 2007, Kenneth 2002).

### 2.3.3 Perspektiven der Umsetzung Lebenslangen Lernens in Deutschland

Auch die deutsche Bundesregierung nahm die Aufforderung ernst, die gesellschaftlichen Herausforderungen durch die Hinwendung zum Lebenslangen Lernen zu bearbeiten: »Unsere Zukunftsfähigkeit entscheidet sich nicht zuletzt an der Frage, ob das Lernen in unserem Leben einen zentralen Stellenwert einnimmt, d. h. gelehrt, gelernt und praktiziert wird« (BMBF 1996).

> »An der Schwelle zum 21. Jahrhundert stehen wir vor Herausforderungen, die auch im Bildungswesen neue Antworten erfordern. Der Weg in die Wissensgesellschaft ist unaufhaltsam. Bildung und *Know-How* entwickeln sich zu Standortfaktoren ersten Ranges. Technische und soziale Schlüsselqualifikationen werden immer wichtiger. Die neuen Informations- und Kommunikationstechnologien gilt es ebenso zu beherrschen wie die alten Kulturtechniken. Das alles kann nur gelingen, wenn sich in Deutschland eine breite Bereitschaft zum Lebenslangen Lernen durchsetzt. Unsere Zukunftsfähigkeit entscheidet sich nicht zuletzt an der Frage, ob das Lernen in unserem Leben einen zentralen Stellenwert einnimmt, d. h. gelehrt, gelernt und praktiziert wird« (ebd.).

Mit diesen Worten beginnt das 1996 von der Bundesrepublik Deutschland veröffentlichte und von Günther Dohmen verfasste Gutachten zum Thema: »Das Lebenslange Lernen. Leitlinien einer modernen Bildungspolitik«. Den Ausgangspunkt der Überlegungen bildet eine als problematisch angesehene gesellschaftliche Situation, in der sich das Gemeinwesen befindet. In unserem Fall werden die gesellschaftlichen und ökonomischen Veränderungen, die sich mit der Entwicklung der neuen Informations- und Kommunikationstechnologien ergeben haben, genannt und als Ursache für die Notwendigkeit einer Veränderung des Handelns beschrieben. Erforderlich ist das veränderte Handeln deshalb, weil sonst die angestrebten Ziele nicht erreicht werden können. Der Text spricht hier von Standortfaktoren und verweist damit besonders auf das Erreichen ökonomischer Ziele. Das Erreichen dieser Ziele – und damit die Meisterung der Herausforderungen, die durch die beschriebene gesellschaftliche Situation eingetreten sind – erfordern Veränderungen von den Bürgern und dabei insbesondere die Entwicklung einer Bereitschaft zum Lebenslangen Lernen.

Dieses umfassende Verständnis des Lebenslangen Lernens findet sich auch im Strategiepapier der Bund-Länder-Kommission (BLK 2004): »Lebenslanges Lernen umfasst alles formale, nichtformale und informelle Lernen an verschiedenen Lernorten von der frühen Kindheit bis einschließlich der Phase des Ruhestands. Dabei wird ›Lernen‹ verstanden als konstruktives Verarbeiten von Informationen und Erfahrungen zu Kenntnissen, Einsichten und Kompetenzen« (ebd., S. 13).

Entsprechend stellt das Programm dar, wie das Lernen aller Bürger in allen Lebensphasen und Lebensbereichen, an verschiedenen Lernorten und in vielfältigen Lernformen angeregt und unterstützt werden kann.

Ansatzpunkt ist dabei die Biographie des Menschen. Dadurch wird es möglich, die unterschiedlichsten Lernorte, Lernweisen und Begründungen für Lernen einzubeziehen. Lebenslanges Lernen beinhaltet damit sowohl formales (institutionalisiertes und abschlussbezogenes) Lernen als auch nicht-formales (institutionalisiertes Lernen, das nicht zu Zertifikaten führt) und informelles Lernen (das eingelagert in alltägliche Lebenssituationen stattfindet). Dabei wird – wie schon in anderen Europäischen Papieren – ein sehr starker kognitiver Interpretationsrahmen gewählt: »Lebenslanges Lernen ist weitgehend vom Einzelnen selbst verantwortetes Lernen, d. h. Lernen, bei dem der Lernende durch ein vielfältiges Netzwerk von Lernangeboten und Lernmöglichkeiten steuert« (ebd., S. 13). Damit der Einzelne seinen lebenslangen Lernprozess selbstverantwortlich steuern kann, bedarf es der »individuellen Lernkompetenz« (ebd, S. 14) und infrastruktureller Bedingungen. Beides muss durch geeignete Maßnahmen angeregt und unterstützt werden – wobei insbesondere eine »Kultur des Lernens« (ebd., S. 14) die Motivation und die Bereitschaft des Einzelnen zum Lebenslangen Lernen fördere. Dabei stützt sich die bildungspolitische Strategie für das »Lebenslange Lernen in der Bundesrepublik Deutschland« (BLK 2004) auf folgende pädagogische Schwerpunkte: Einbeziehung informellen Lernens, Selbststeuerung, Kompetenzentwicklung, Vernetzung, Modularisierung, Lernberatung, Neue Lernkultur, Popularisierung des Lernens und den chancengerechten Zugang zu verschiedenen Formen des Lernens.

Auffallend ist in dieser Argumentation der Versuch, das Lebenslange Lernen in seinen individuellen und sozialen Implikationen und Konsequenzen zum Thema zu machen. Alheit/Dausien (2007) sprechen daher auch davon, dass die Mikro- und die Makroperspektive den Bezugspunkt des aktuellen bildungspolitischen Diskurses bildet.

»Die Verwirklichung des Lernens im Lebenslauf ist« – so liest man auf der aktuellen Homepage des Bundesministeriums für Bildung und Forschung (BMBF) – »entscheidend für die Perspektive des Einzelnen, den Erfolg der Wirtschaft und die Zukunft der Gesellschaft. Dieser Herausforderung zu begegnen, gehört zu den vorrangigen bildungspolitischen Aufgaben. Daher ist eine Konzeption zum Lernen im Lebenslauf dem Ziel verpflichtet, Deutschlands wichtigste Ressource ›Bildung‹ stärker für wirtschaftliche Dynamik und persönliche Aufstiegschancen zu erschließen« (www.bmbf.de/de/411.php).

Der ›Wert des Lernens‹ wird dabei nicht mehr ausschließlich im ökonomischen Fortkommen gesehen. Neben der Weiterentwicklung der Beschäftigungsfähigkeit gilt auch das Lernen zur Ausübung des bürgerschaftlichen Engagements oder aus rein privaten Gründen als legitimes Bildungsmotiv (ebd.). Um die Weiterbildungsbeteiligung zu erhöhen, müsse die Möglichkeiten für das Lernen im gesamten Lebenslauf verbessert werden – etwa durch Werbung für Lebenslanges Lernen, durch die Optimierung der Anschlussmöglichkeiten für weitere Qualifizierungen, durch die betriebliche Förderung fortlaufender Qualifizierungsmöglichkeiten. Besonderes Augenmerk wird auf die Förderung des Zugangs bildungsferner Schichten zur Weiterbildung sowie auf den Ausbau der Bildungsberatung gelegt.

Allerdings zeigt sich – auch wenn die Verwirklichung des Lernens im Lebenslauf theoretisch alle Bildungsbereiche betrifft – zunehmend die Tendenz einer besonderen Fokussierung frühkindlicher Bildung. Entsprechend kann der aufmerksame Leser auf der Internetseite des Bildungsministeriums lesen:

> »Die Voraussetzungen für die Weiterbildungsbereitschaft werden wesentlich durch die Motivation und die Befähigung zum selbständigen Lernen ab der frühkindlichen Bildung und mit den Bildungs- und Ausbildungsinhalten in der Schule, in der Berufsausbildung und an der Hochschule geschaffen. Der Schulabschluss ist die Grundlage für jede Bildungsbiographie. Er muss daher für jeden Menschen erreichbar sein. Die Schulbildung und die fundierte Erstausbildung sind die beste Grundlage für das Weiterlernen. Dabei kann der Weg von der Erstausbildung bis zu einer qualifizierten Weiterbildung eine gleichwertige Alternative zum Abitur und zum Hochschulabschluss sein. Gleichzeitig muss Lernen auch für Menschen in der spät- und nachberuflichen Phase attraktiv bleiben – zum einen, damit ihr Wissen und ihre Kompetenzen erhalten bleiben. Zum anderen, um gesellschaftliche Teilhabe und die Wertschätzung ihrer Erfahrungen zu ermöglichen« (www.bmbf.de/de/411.php).

Formal verabschiedet hat die Bundesregierung entsprechende Fördermaßnahmen am 23. April 2008 in ihrer »Konzeption für das Lernen im Lebenslauf«. Dieses Konzept sieht vor, dass in dem traditionell eher segmentär geschichteten und nach abgegrenzten Bildungswegen gegliederten deutschen Bildungssystem zunehmend mehr Durchlässigkeit und Verzahnung zwischen den einzelnen Bildungsbereichen möglich wird: »Kein Abschluss soll ohne Möglichkeit eines Anschlusses zu einer weiteren Qualifizierung bleiben« (http://www.bmbf.de/de/411.php). Die Gestaltung individuell unterschiedlicher Qualifizierungs- und Kompetenzentwicklungswege gelte es dabei durch den Ausbau der Bildungsberatung (vgl. hierzu auch Kapitel 6) sowie durch neue Konzepte zur Finanzierung Lebenslangen Lernens (vgl. Expertenkommission 2004), durch einen Umbau der institutionellen Infrastruktur (siehe hierzu Kapitel 6) und durch eine neue theoretische und empirische Konzeptionalisierung des Lernens im Lebenslauf (vgl. Kap. 5) zu ermöglichen.

## 2.4 Zusammenfassung

Insgesamt zeigt sich, dass der bildungspolitische Diskurs zum Lebenslangen Lernen auf unterschiedliche Ziele und Maßnahmen bezogen ist. So lassen sich Differenzen zwischen den Perspektiven der Organisationen – insbesondere der UNESCO, der OECD und der EU – ebenso feststellen (vgl. Kraus 2001) wie es historische Veränderungen im Verständnis des Lebenslangen Lernens gibt. Und mit Blick auf die nationalstaatliche Umsetzung der Europäischen Vorgaben ist wiederum eine regional variierende Programmatik erkennbar (vgl. Hasan 2001).

Aufgrund dieser Vielfältigkeit der bildungspolitischen Programme zum Lebenslangen Lernen wäre es verkürzt, von einer eindeutigen Entwicklung von humanistischen, an Demokratie und Teilhabe orientierten Ansätzen hin zu ökonomischen, auf Ökonomie und Beschäftigungsfähigkeit bezogenen Ansätzen zu sprechen. Zwar ist es sicherlich richtig, dass heute die Bedeutung des Lernens als Faktor wirtschaftlicher Entwicklung stärker herausgestellt wird, aber auch schon der UNESCO-Bericht von 1973 (Faure 1973) hatte den Zusammenhang zwischen Bildung und wirtschaftlicher Entwicklung thematisiert. Als weiteres Argument gegen die Annahme einer eindeutigen Abkehr von humanistischen hin zu ökonomischen Rahmungen ist einzuwenden, dass insbesondere die 1990er Jahre sich durch eine ausgeprägte Vielfalt an Konzepten zum Lebenslangen Lernen auszeichnen. Insofern ist eine Reduzierung auf ein an ökonomischen Argumenten bezogenes Verständnis Lebenslangen Lernens als Qualifizierungsstrategie verkürzt (vgl. Wiesner/Wolter 2005, S. 21).

Notwendig ist es also, die Unterschiedlichkeit der Perspektiven auf das Lebenslange Lernen und der darauf aufbauenden Handlungsentwürfe anzuerkennen.

Bezogen auf den bildungspolitischen Diskurs differenziert etwa Schuetze (2005) vier bildungspolitische Modelle Lebenslangen Lernens (vgl. Schuetze/Sawano/Fraiz 2004, Schuetze 2005):

1. ein sozialpolitisch-emanzipatorisches Modell, in dem der Schwerpunkt auf egalitäre Bildungs- und Lebenschancen gelegt wird: ›Lernen für alle‹;

2. ein kulturelles Modell, welches Lebenslanges Lernen als Weg zu Selbstverwirklichung und persönlicher Weiterentwicklung begreift und dabei auch die Erhöhung der eigenen Urteils- und Kritikfähigkeit betont sowie die Teilhabe am kulturellen Leben der Gemeinschaft: ›Lernen, um sich zu bilden‹;
3. ein liberales Modell, das Lebenslanges Lernen als zeitgemäßes Lernsystem für eine demokratische, egalitäre und multi-kulturelle Gesellschaft ansieht, das im Prinzip allen Bürgern offen steht: ›Lernmöglichkeiten für alle, die lernen wollen und können‹;
4. ein Humankapital-Modell, in dem Lebenslanges Lernen in erster Linie die Weiterentwicklung von beruflichen Qualifikationen bedeutet: ›Lernen für einen sich wandelnden Arbeitsmarkt‹.

Das emanzipationsorientierte Modell, das darauf abzielt, dass alle Menschen Teil einer aktiven Lerngesellschaft werden, erfordert es, die sogenannten ›bildungsfernen‹ Bevölkerungsgruppen aktiv zu unterstützen, damit sie Interesse und Motivation für Bildungs- und Lernprozesse entwickeln und ihre Kompetenz zu Lebenslangem Lernen ausbauen. Kritisch wird hierzu angemerkt, dass die Eröffnung von Lernmöglichkeiten zugleich einen Zwang zum Lernen bedeute – wenn etwa die Berechtigung zum Bezug von Arbeitslosengeld von der Teilnahme an Kursen zur beruflichen Weiterbildung abhängig gemacht wird (vgl. Schuetze 2005, S. 64).

Das kulturelle Modell beschreibt mehr oder weniger das traditionelle Bildungskonzept, das das Lernen um seiner selbst Willen betont und die kritische Auseinandersetzung mit sich und der Welt in den Mittelpunkt gerückt hat. In diesem Modell wird die Freiwilligkeit des Lernens betont und entsprechend ist keine aktive Werbung für Bildung vorgesehen. Dieses Konzept führt – wie alle empirischen Studien (vgl. Kapitel 4) zeigen – zu einer manifesten Abhängigkeit der Lernaktivitäten vom vorhandenen kulturellen Kapital (Bildungsstand) sowie dem sozialen Kapital (Klassen-, Schicht- bzw. Milieuzugehörigkeit).

Das liberale Modell findet sich vor allem in modernen, demokratisch-entwickelten Gesellschaften. Es zielt auf einen Abbau institutioneller Barrieren für die Teilnahme an lebenslangen Lernprozessen. Dabei wird besonderes Augenmerk auf den Ausbau der technisch fundierten Selbstlernmöglichkeiten gerichtet. »Dieses Modell setzt darüber hinaus auf ein Nebeneinander von öffentlichen und privatwirtschaftlichen (Aus-)Bildungsstätten und darauf, dass die Lerner zumindest teilweise ihr Lernen selbst finanzieren. Im Gegensatz zu dem ersten Modell, dass aktive Hilfestellungen, Anreize und Maßnahmen für ›bildungsferne‹ Bevölkerungsgruppen erfordert, liegt es im dritten Modell bei den einzelnen Individuen selbst, vorhandene Lernmöglichkeiten zu nutzen« (Schuetze 2005, S. 65).

Das Humankapital-Modell begreift Lebenslanges Lernen als Aus- und Weiterbildung für die Wirtschaft. Begründet wird dies durch den Hinweis, dass die Wettbewerbsfähigkeit der Unternehmen nur durch gut ausgebildete, flexible und anpassungsfähige Mitarbeiter erreicht werden könne. Die Verantwortung für die Weiterbildung wird dabei von den Betrieben hin zu den Individuen verschoben.

Bei diesen Modellen handelt es sich – dies sei betont – um Idealtypen, die in dieser puren Form nicht in der Realität anzutreffen sind. Dennoch hilft die Unterscheidung der genannten Konzepte, die verschiedenen Aussagen und Überlegungen in dem doch recht wirren und durch Inhaltsleere und mangelnde Konkretheit gekennzeichneten politischen Diskurs zu verorten.

Gemeinsam ist all diesen Modellen, dass Lernen
a) als aussichtsreiche Antwort auf gesellschaftliche, politische und ökonomische Problemlagen angesehen wird;
b) die individuelle Aktivität und Verantwortung des Einzelnen fokussiert. Dabei ist eine inhaltliche Ausweitung des Lernens von der Vermittlung von Wissen zum Lernen des Lernens zu erkennen;
c) als lebenslanger Prozess begriffen wird, so dass eine zeitliche Ausweitung des Lernens vom Lernen in Kindheit und Jugend zum Lernen ›ein Leben lang‹ zu konstatieren ist;
d) nicht nur in formalen Bildungsinstitutionen, sondern auch in nonformalen und informellen Lernorten stattfindet. Insofern geht die Forderung nach Lebenslangem Lernen mit einer räumlichen Ausweitung des Lernens vom Lernen in Bildungseinrichtungen zur Vielfalt der Lernorte einher.

Das Verständnis des Lernens, wie es im bildungspolitischen Diskurs deutlich wird, verweist darauf, dass sich sowohl die Individuen in ihren individuellen Lernaktivitäten wie auch die gesellschaftlichen Institutionen und darin besonders diejenigen, die einen Beitrag zu formalen oder nonformalen Bildungsprozessen intendieren, daran zu orientieren haben, dass Lernen ein permanenter, nicht auf bestimmte Alters- und Lebensphasen begrenzter Prozess ist.

Neben dem zeitlichen Aspekt enthält die Rede vom *lifelong learning* darüber hinaus auch noch räumliche Implikationen: Lebenslanges Lernen findet nicht nur in expliziten Bildungseinrichtungen wie der Schule oder der Weiterbildungsinstitution statt, sondern auch an anderen Orten: während dem alltäglichen Umgang mit dem Internet oder anderen modernen Medien, dem Besuch von Museen, Theatern und Bibliotheken, in der Familie, im Verein und im Kulturhaus sowie im Gespräch mit Kollegen und Freunden – um nur einige Beispiele zu nennen. Lebenslanges Lernen ist somit auch als *lifewide* anzusehen, als Geschehen, das gerade nicht auf bestimmte Orte begrenzt ist, sondern überall stattfinden kann.

Die damit angesprochene Ausweitung des (Lern-) Verständnisses verdeutlicht, dass das »Lebenslange Lernen« keineswegs nur ein vages, modisches oder technokratisches Konzept darstellt, sondern dass diesem Konzept »eine produktive Bedeutung als theoretischer Bezugsrahmen für die Erforschung von Bildungs- und Lernprozessen wie als bildungspolitisches Reformkonzept beigemessen werden kann« (Wolter u. a. o. J. S. 3) – eine Möglichkeit, die allerdings dann nicht genutzt wird, wenn der Fokus der europäischen Bildungspolitik auf die Förderung der Teilnahme an Maßnahmen formaler und non-formaler Bildung gerichtet wird, wie dies insbesondere in der Formulierung bildungspolitischer Zieldefinitionen deutlich wird (vgl. Rosenbladt/Bilger 2008, S. 19).

## 3 Lebenslanges Lernen als dreifache Ausdehnung des Lernens: Herausforderung für die pädagogische Gestaltung

Während die bildungspolitische Perspektive auf das Lebenslange Lernen dessen gesellschaftliche Funktion in den Vordergrund rückt und dabei die politischen, rechtlichen und organisatorischen Rahmenbedingungen für Weiterbildung fokussiert, thematisiert die Pädagogik die Frage der *Ermöglichung von Lern- und Bildungsprozessen* (Arnold 2000). Die Argumentation nimmt auch hier ihren Ausgangspunkt bei der Diagnose gesellschaftlicher Wandlungsprozesse. Dabei wird konstatiert, dass der wirtschaftliche Strukturwandel und die zunehmende Wissensbasierung aller Lebensbereiche (vgl. Heidenreich 2002) zu neuen Herausforderungen für die Menschen führen. Die Individuen müssten sich – so die einhellige Meinung – diesen neuen Anforderungen durch verstärkte Lernanstrengungen stellen (z. B. Brödel 2004, S. 23; kritisch Nolda 2001c). Im Kontext einer Perspektive, die die Pädagogik als Antwort auf gesellschaftliche Problemlagen funktionalisiert, rückt das lernende Subjekt in den Mittelpunkt der pädagogischen Thematisierung Lebenslangen Lernens. In praktischer Absicht geht es dann um das Bemühen, Lernmöglichkeiten für die Einzelnen zu konzipieren und zu gestalten.[1] Der Fokus liegt dementsprechend auf Fragen der Vermittlung (vgl. Hof 2003, 2009b). Damit rückt die Didaktik in den Mittelpunkt der pädagogischen Bearbeitung des Lebenslangen Lernens. Allerdings müssen die Ziel-, Inhalts- und Methodenentscheidungen nun – bezogen auf das veränderte Lernverständnis – neu konzipiert werden.

Im Folgenden sollen die grundlegenden Veränderungen dargestellt werden, die im Zusammenhang mit der Hinwendung zum Lebenslangen Lernen für die praktische Konzeption und

---

[1] Zu den erziehungswissenschaftlich-theoretischen Implikationen der Hinwendung zum Lebenslangen Lernen vgl. Kap. 5.

Gestaltung von Lernumgebungen diskutiert werden (vgl. hierzu auch Harrison u. a. 2002). Dabei orientiert sich die Darstellung an den verschiedenen Dimensionen des Konzepts »Lebenslanges Lernen« und damit an der schon angesprochenen zeitlichen, räumlichen und sachlichen Ausdehnung des Lernens.

## 3.1 Zeitliche Ausdehnung des Lernens

Die Hinwendung zum Lernen als lebenslangem Prozess geht – ähnlich wie dies im bildungspolitischen Diskurs schon ausgeführt wurde – einher mit einem *neuen Verständnis von Lernen*. So hatte die Pädagogik in den 1960er und 1970er Jahren ihren Beitrag zum Ausbau lebenslanger Lernprozesse noch in einem Ausbau von Bildungsinstitutionen gesehen. Lebenslanges Lernen wurde demnach begriffen als Verlängerung organisierten Lernens. Die Umsetzung dieser Perspektive zeigt sich nicht nur darin, dass sich erst einmal allein die Erwachsenenbildung für das Lebenslange Lernen zuständig fühlte (vgl. z. B. Knoll 1974), sondern manifestiert sich auch in der massiven Vermehrung von Institutionen der Erwachsenen- und Weiterbildung. Auch auf die Hinwendung zu Fragen der Alten- und Altersbildung ist hinzuweisen, denn sie veranschaulicht sehr klar, dass die zeitliche Ausdehnung des Lernens zur »Entdeckung« einer neuen Zielgruppe geführt hat (vgl. Iller 2009, Becker u. a. 2000, S. Kade 2007).

Die Vorstellung, dass sich Lebenslanges Lernen durch einen Ausbau des Bildungssystems realisieren ließe, ist allerdings vielfach kritisiert worden. Insbesondere Geißler hat auf die Gefahr der Kolonialisierung der Lebenswelt durch Weiterbildung hingewiesen (Geißler 2003). Entsprechende Vorbehalte konnten erst in dem Moment entkräftet werden, in dem sich ein Lernverständnis durchsetzt, das Lernen nicht mehr primär als Reaktion auf Belehrt-Werden, sondern als subjektive Verarbeitung von Erfahrungen begreift (Leicester/Parker 2001, Harrison 2002, Longworth 2004).

Damit einhergehend entsteht auch ein *neues Bild des Lernenden*. Das »traditionelle« Bild vom Erwachsenen, als einem Menschen, der ab einem bestimmten – sozial definierten – Alter »fertig und reif für die Übernahme von Rechten und Pflichten sei« (Seitter

2001, S. 85), ging einher mit der Grundvorstellung, »dass sich das Leben eines Bürgers einer zivilisierten Gesellschaft in zwei Phasen aufteilt. In einer ersten Phase erwarb man sich jenes Maß an Bildung, das für den erwählten Beruf und den erstrebten sozialen Status erforderlich war; in einer zweiten Phase konnte man dann mit dem erworbenen Bildungskapital arbeiten« (Picht 1976, S. 20). Einhergehend mit der Vorstellung, dass der Erwachsene mit dem schulischen Reifezeugnis alles relevante Wissen und Können gelernt habe und in die Selbstständigkeit und Eigenständigkeit entlassen werden könne, wurden Lernzumutungen als mit der gesellschaftlichen Rolle des Erwachsenen unvereinbar angesehen (Schulenberg 1968). Heute wird – zumindest in der Theorie – ein dynamischer Begriff des Erwachsenenseins vertreten: »Mit der Diversifizierung der Erwachsenenrollen im Prozess der Modernisierung ist auch deren Ungleichzeitigkeit verbunden. Der Erwachsene ist gleichzeitig in ganz unterschiedliche lebensweltliche und gesellschaftliche Beziehungen eingespannt, die ihn einmal als fertige, das andere Mal als unfertige Person fordern, in denen er einmal Führungskraft, einmal Ratsuchender, einmal Ratgebender ist« (Arnold 1996, S. 8). Die Gleichzeitigkeit unterschiedlicher Rollensegmente entspricht unterschiedlichen ›Fertigkeits‹-Graden – was wiederum zu einer differenzierteren Betrachtung des Erwachsenen als Lerner führt. Einhergehend mit der Differenzierung des Bildes vom Erwachsenen werden vielfältige Lernmöglichkeiten und -notwendigkeiten herausgestellt und betont, dass der Lernprozess nie abgeschlossen ist, sondern im Verlauf des Lebens weiter geführt wird. »Die lebenslange Lernbereitschaft und Lernpraxis korrespondiert nun mit einem Bild des Erwachsenen als einem sich ständig (neu) entwerfenden Menschen, der in der Verflüssigung des festgefügten Selbst seinen eigenen Lebenslauf dauernd rekonstruiert und neu schreibt« (Seitter 2001, S. 93).

Diese neue Sicht auf das Lernen und den Lernenden verändert auch die Orientierung an der *pädagogischen Gestaltung des Lehr-Lern-Prozesses*. Während die traditionelle Didaktik – ebenso wie das Instructional Design – die Intentionen und Aktivitäten der Lehrenden in den Mittelpunkt stellte (vgl. Hof 2009b), beachten aktuelle pädagogische Konzepte zunehmend die verschiedenen Momente dieser sozialen Praxis. Damit rücken die Ideen, Erwartungen und Ziele der Akteure ebenso ins Zentrum wie ihre routinisierten Aktivitäten (Hof 2001b).

Im pädagogisch-programmatischen Diskurs werden die Inhalte, die Prozesse und die grundlegenden Überzeugungen unter dem Label der Lehr-Lernkultur thematisiert (Schüßler/Thurnes 2005, S. 20). Und eine »Neue Lernkultur« gilt ganz allgemein als eine Form der Gestaltung von Lehr-Lern-Prozessen, die sich konträr zur traditionell belehrenden, stark anleitenden Lehrkultur verhält. Stattdessen soll das selbstorganisierte, reflexive Lernhandeln in einer komplexen Lernumgebung eine größere Rolle spielen (vgl. Wiesner/Wolter 2005, S. 27f.). Die Hinwendung zu neuen Lehr-Lern-Kulturen geht einher mit einer Hinwendung zu Fragen des Lernprozesses. Entsprechend rückt die inhaltliche Planung des Lehrenden und seine Auswahl von Lerninhalten in den Hintergrund zugunsten der Gestaltung von Kommunikations- und Interaktionsprozessen und der subjektiven Aneignung (vgl. Arnold/Schüßler 1998, Schüßler/Thurnes 2005, Heuer/Botzat/Meisel 2001). Schlagwortartig wird hierbei oft eine Ermöglichungsdidaktik (Arnold 2003, Arnold/Gómez Tutor 2007) gefordert, die das Konzept der Instruktionsdidaktik ablösen solle. Konzeptionell wird die Hinwendung zu einer stärker subjektorientierten Bildungsarbeit sowie zur Förderung selbstgesteuerten Lernens gefordert.

### 3.1.1 Konzepte subjekt- und biographieorientierter Bildungsarbeit

In der Weiterentwicklung der didaktischen Diskussion, die seit den 1920er Jahren das Prinzip der Teilnehmerorientierung propagiert, in den 1980er Jahren den Lebensweltbezug und den Deutungsmusteransatz entwickelte und in den 1990er Jahren den Konstruktivismus bzw. die Holzkampsche Lerntheorie rezipierte, werden gegenwärtig verschiedene didaktische Konzepte propagiert, die sich unter dem Stichwort »subjektorientiert« zusammenfügen lassen (Ludwig 2009). Sie zeichnen sich dadurch aus, dass die je individuelle Situation des Einzelnen zum Ausgangspunkt pädagogischer Arbeit gewählt und Lernen als Kompetenzentwicklung verstanden wird. Dabei wird mit dem Konzept der Kompetenz das individuelle Handlungssubjekt mit seinem Wissen, seinen Fähigkeiten und seinen Handlungskontexten in den Mittelpunkt der erwachsenenpädagogischen Reflexion gerückt.

Die Berücksichtigung lebenslanger Lernprozesse geht somit einher mit einer Fokussierung des pädagogischen Blicks auf den Einzelnen und seine biographischen Vorerfahrungen und Deutungen. Dabei wird besonderer Wert gelegt auf die bewusste Herbeiführung der Reflexion bislang latenter oder unthematisierter Erfahrungsbestände und die Ermöglichung ihrer Transformation in Erfahrungswissen (Kreimeyer 2004, S. 55). Professionellen Erwachsenenpädagogen kommt dabei die Aufgabe zu, den Einzelnen dabei zu unterstützen, »Brüche in der Lebensführung und Differenzerfahrungen aufgrund gesellschaftlicher Modernisierungen mit lebensgeschichtlichem Sinn zu verbinden« (Brödel 1998, S. 4). Dies kann nicht nur durch die reflexive Durchdringung der eigenen Deutungen geschehen, sondern auch durch eine Bildungsarbeit, die analysierend an konkreten Problemsituationen und subjektiven Lernbegründungen ansetzt (Ludwig 2000, Müller 1998, 2003).

Mit dem Konzept des Lebenslangen Lernens tritt damit die Biographie des einzelnen Erwachsenen in den Mittelpunkt der Aufmerksamkeit. »Sie wird zum Bezugspunkt für Lernprozesse, gleichgültig, in welcher Form oder an welchem Ort sie stattfinden« (Egloff/Kade 2005, S. 4). Im Kontext des pädagogischen Interesses an der Gestaltung und Unterstützung von Lern- und Bildungsprozessen führt die Einsicht, dass Bildungsprozesse immer im Horizont der Gesamtheit biographischer Erfahrungen und Erwartungen der Lernenden stattfinden (Alheit 1993) zu einer Aufwertung der Methoden biographischen Lernens. Biographisch orientierte Erwachsenenbildung beschränkt sich dabei nicht darauf, die biographischen Erfahrungen der Teilnehmenden als Hintergrund organisierter Lernprozesse zu berücksichtigen und Situationen anzusprechen, in denen etwa die Verknüpfung biographischer Erfahrungen und aktueller Lernanforderungen nicht gelingt. Biographisch orientierte Erwachsenenbildung greift vielmehr die Lebens- und Lerngeschichte explizit als Gegenstand der Bildungsarbeit auf, um dadurch das eigene Leben bewusster reflektieren zu können und eine »biographisch fundierte Handlungsfähigkeit zu entwickeln« (Dausien/Alheit 2005, S. 31).

Derartige Lern- und Bildungsprozesse basieren dabei nicht nur auf biographisch realisierten Erfahrungen, sondern auch auf bislang ungelebten Dimensionen der Biographie – wie dies Alheit unter dem Stichwort »Biographizität« beschreibt:

> »Biographizität bedeutet, dass wir unser Leben in den Kontexten, in denen wir es verbringen (müssen), immer wieder neu auslegen können und dass wir diese Kontexte ihrerseits als ›bildbar‹ und gestaltbar erfahren. Wir haben in unserer Biographie nicht alle denkbaren Chancen, aber im Rahmen der uns strukturell gesetzten Grenzen stehen uns beträchtliche Möglichkeitsräume offen. Es kommt darauf an, die ›Sinnüberschüsse‹ unseres biographischen Wissens zu entziffern, und das heißt: die Potenzialität unseres *ungelebten Lebens* wahrzunehmen« (Alheit 2003, S. 16, Hervorhebung im Original).

Die Einbeziehung der Biographie in die Bildungsarbeit verdeutlicht somit nicht nur, dass Bildung eingebunden ist in (individuelle und soziale) Geschichten und dass sie nicht linear und deterministisch verläuft, sondern eine Menge an Handlungs- und Entwicklungsmöglichkeiten enthält. Diese können durch biographisches Lernen offen gehalten werden (vgl. auch Alheit 2004, S. 388ff.).

Während in den hier exemplarisch angesprochenen Konzepten der Schwerpunkt auf die biographischen und lebensweltlichen Kontexte des Aneignungsprozesses gelegt wurde, rückt mit dem Thema der Selbststeuerung der kognitive Prozess des Lernens in den Vordergrund.

### 3.1.2 Konzepte zur Förderung Selbstgesteuerten Lernens

Mit dem Begriff des Selbstgesteuerten Lernens wird eine Lernform beschrieben, in der »der Handelnde die wesentlichen Entscheidungen, ob, was, wann, wie und woraufhin er lernt, gravierend und folgenreich beeinflussen kann« (Weinert 1982, S. 102). Abgegrenzt wird dieses Lernen vom fremdgesteuerten Lernen, in der Lernende durch eine systematische Unterrichtsplanung angeleitet werden. Innerhalb der Erwachsenenbildung hatte Knowles (1980) Selbstgesteuertes Lernen ins Zentrum seiner Überlegungen gestellt. Er beschreibt es als einen Prozess, bei dem

»… der Lerner – mit oder ohne Hilfe anderer – initiativ wird, um seine Lernbedürfnisse festzustellen, seine Lernziele zu formulieren, menschliche und dingliche Ressourcen für das Lernen zu identifizieren, angemessene Lernstrategien zu wählen und zu realisieren und um die Lernergebnisse zu evaluieren« (Knowles 1980, S. 18).

Innerhalb des Diskurses um das Lebenslange Lernen hat das Selbstgesteuerte Lernen vor allem im Anschluss an die Arbeiten von Dohmen eine größere Aufmerksamkeit bekommen. Er hatte als Antwort auf die Frage, wie die Grundlagen und Motivationen für lebenslange Lernprozesse verbessert werden können und eine »Mobilisierung aller Kompetenzen und kreativen Problemlösungspotentiale in der gesamten Bevölkerung erreicht werden könne« (Dohmen 1996, S. 2, im Orig. kursiv), die These entwickelt, dass das Lebenslange Lernen die »natürliche Grundfunktion menschlichen Lebens« (1996, S. 5, in Orig. kursiv) darstelle. Entsprechend dieser keinesfalls neuen lerntheoretischen Einsicht (schon Dewey (1994, 2000) beschrieb das gesamte Leben als Lern- und Erfahrungsprozess) betonte er, dass das Bemühen um eine Verbesserung lebenslanger Lernprozesse ein Anknüpfen an die Struktur ›natürlicher Lernprozesse‹ erforderlich mache. Diese zeichnen sich nicht nur dadurch aus, dass sie innerhalb *und* außerhalb formaler Bildungsorganisationen angesiedelt sind, sondern sind vor allem auch dadurch zu charakterisieren, dass sie in konkreten Lebenssituationen stattfinden und die Erfahrungen direkt reflektiert werden. Eine pädagogische Förderung Lebenslangen Lernens habe an diesen Merkmalen natürlichen Lernens anzusetzen und die konkreten Lebenserfahrungen und Kompetenzen sowie die Interessen des Lernenden an den Anfang des Lernprozesses zu stellen. »Die Frage ›Was, wann, wie, warum und mit welchen Ergebnissen lernen Menschen heute von sich aus?‹ ist eine Schlüsselfrage zur Entwicklung des Lebenslangen Lernens« (Dohmen 1996, S. 5, im Orig. kursiv).

Günther Dohmen, der durch seine verschiedenen Gutachten für das Bundesministerium für Bildung und Forschung (BMBF) eine zentrale Position im Diskurs über die pädagogische Umsetzung des politischen Konzepts innehat, plädiert dafür, lebenslange Lernprozesse in pädagogischen Einrichtungen durch die Ermöglichung selbstgesteuerten Lernens zu unterstützen (Dohmen

1999). Mit dem Verweis auf die Selbststeuerung des Lernens wird gefordert, dass die »Beeinflussung der Lernprozesse durch Unterstützungsmaßnahmen von außen ... nicht über das Maß dessen hinausgehen (sollte), was auch beim Erfahrungslernen im Lebenszusammenhang an Anstößen und Bedingungen für das Lernen vorgegeben ist. Und das heißt zugleich: Auch die im Gesamtzusammenhang des Lebenslangen Lernens angebotenen planmäßig angeleiteten Lernprozesse sollen sich strukturell und methodisch mehr am ›natürlichen‹, lebensbezogenen Lernen orientieren« (Dohmen 1996, S. 47f.)

Diese Perspektive, die auch in die Formulierung bildungspolitischer Leitlinien eingegangen ist (z. B. BLK 2004), verkennt allerdings, dass das Selbstgesteuerte Lernen ganz bestimmte Kompetenzen erfordert. Denn:»Selbstgesteuertes Lernen ist eine zielgerichtete Tätigkeit Lernender, die Entscheidungen *und* Bewertungen einschließt, wobei der Lernende mindestens über Wege zum Lernziel entscheidet und über den Erfolg des Lernergebnisses sowie den Prozess seiner Lerntätigkeit reflektiert. Darüber hinaus können Entscheidungen über Ziele, Inhalte, Lernorte und -zeiten beim Lernenden selbst liegen« (Kruse/Wiesner 2002, S. 160f.).

Diese Form des Lernens basiert auf der Kompetenz, sich systematisch Informationen zu beschaffen, diese selbständig auszuwerten und sich nachhaltig anzueignen, sowie im Anschluss daran die Erkenntnisse zu präsentieren bzw. im Austausch mit anderen zu vermitteln. Neben der Fähigkeit zur Selbstmotivation erfordere dies auch eine strategische Planung und Organisation des Lernprozesses unter zeitlichen, inhaltlichen und strukturellen Gesichtspunkten (Arnold 2001).

Aufgrund all dieser Anforderungen, die das Selbstgesteuerte Lernen an den Einzelnen stellt, kann sich die pädagogische Forderung nach Selbststeuerung – wie Forneck/Springer (2005) deutlich machen – nicht darin erschöpfen, Lernende über Lernthemen, Zeiten und Orte selbst entscheiden zu lassen. Denn die Reduktion von externer Steuerung führe nicht automatisch zu Selbststeuerung. Dies würde Selbststeuerungskompetenzen erfordern, die bei den Teilnehmern von Weiterbildung heute nicht selbstverständlich vorausgesetzt werden können (vgl. hierzu auch Kapitel 4).

In diesem Zusammenhang sind insbesondere die subjektiven Lehr-Lern-Theorien hinderlich: »Für die Mehrzahl der Lernenden und der Lehrenden ist noch immer die Aneignung und Vermittlung von Fachkompetenzen bei der Bewertung der Qualität von Weiterbildungsmaßnahmen entscheidend« (Kruse/Wiesner 2002, S. 172). Auch die Untersuchungen in Kaiser (2003) konnten zeigen, dass die Teilnehmenden in erster Linie auf den Lerninhalt ausgerichtet waren und kein Interesse hatten, sich mit dem Lernprozess zu befassen. Forneck/Springer (2005) propagieren demzufolge eine ganz gezielte externe Steuerung. Wichtig sei der Einsatz von didaktisch-methodischen Designs, die eine aktive Realisierung individueller Lernprojekte überhaupt ermöglichen und die Lernenden aus ihrer häufig eher konsumptiven Lernhaltung herausholen.

Ergänzen lässt sich diese Forderung durch das Plädoyer für den Ausbau ganzheitlicher Lehr-Lernkonzepte, in denen individuelle, selbstgesteuerte Lernphasen mit Phasen systematischen Aufbaus kohärenter Wissens- und Einstellungsstrukturen korrespondieren (Tippelt 2003, S. 36).

Andere Autoren heben hervor, dass das Selbstgesteuerte Lernen neben der Bereitschaft, lernen zu wollen, auch spezifische Fähigkeiten und Fertigkeiten auf der Seite des Lernenden erfordert. Diese Dispositionen des Individuums werden als Selbstlernkompetenzen bezeichnet (vgl. Kruse/Wiesner 2002, Kaiser 2003, Mandl/Krause 2002). Diese gelte es einzuüben und zu habitualisieren, um dadurch aktive, selbstgesteuerte Lernprozesse zu ermöglichen. Institutionell unterstützt werden sollen selbstgesteuerte Lernprozesse durch Lernberatung. Denn: wenn »Lernende stärker Verantwortung für ihr Lernen übernehmen sollen bzw. wollen und ggf. auch unabhängig von Bildungsinstitutionen Lernprojekte verfolgen, dann benötigen sie Transparenz über geeignete Lern- und Unterstützungsangebote von Bildungseinrichtungen. Wer selbst gesteuert seinen Lernprozess organisieren will, muss eine begründete Auswahl aus geeigneten Angeboten treffen können« (Dietrich/Herr 2005, S. 65; zum Thema Lern- und Bildungsberatung vgl. ausführlich Kapitel 6).

Insgesamt ist an dieser Stelle festzuhalten, dass die zeitliche Ausdehnung des Lernens dazu geführt hat, dass der Lebenslauf zu einer zentralen erwachsenenpädagogischen Kategorie avanciert (Arnold 1996). Dies impliziert zum einen, dass das Lebenslange Lernen nun nicht mehr ausschließlich auf das Lernen, die Lernbereitschaft und Lernfähigkeit Erwachsener in Weiterbildungsinstitutionen bezogen wird, sondern auf die Gesamtheit aller Lernprozesse von der Kindheit bis in das Alter und damit auf die Gesamtheit des institutionellen Gefüges des Bildungssystems, auf das Lernen von Personen, Organisationen und sogar Regionen (vgl. Wolter o. J., S. 5). Dies impliziert aber zugleich auch eine Abkehr von der starren altersbezogenen Unterscheidung der Bildungsinstitutionen, wie sie etwa in der Abgrenzung des Kindergartens, der Jugend- und der Erwachsenenbildung vollzogen war (eine Auflösung dieser Trennung deutet sich in den neuen Bildungs- und Erziehungsplänen der Bundesländer an, vgl. z. B. Fthenakis 2007). Der Fokus wird nun darauf gerichtet, Bildungsangebote über die gesamte Lebensspanne anzubieten. Mit der Hinwendung zu lebenslangen Lernprozessen tritt auch die Frage der Vernetzung von Organisationen in den Vordergrund (hierzu z. B. die Überlegungen zu einem nationalen Bildungsbericht Rauschenbach u. a. 2004, auch Döbert/Avenarius 2007).

Das Lebenslange Lernen beschränkt sich in dieser Perspektive nicht mehr auf die pädagogische Gestaltung von Lernmöglichkeiten für Erwachsene in Weiterbildungsinstitutionen, sondern beschreibt ein übergreifendes Prinzip. »Mit Lebenslangem Lernen verbindet sich die Vision eines relativ offenen, flexiblen und transparenten Systems mit vielfältigen Eingängen und Ausgängen, mit zahlreichen Übergängen und Verbindungslinien, mit hoher Durchlässigkeit und ohne Sackgassen« (Wiesner/Wolter 2005, S. 22). Dabei verschiebt sich der Bezugspunkt von der Frage nach curricularen Angeboten von Institutionen hin zur individuellen Nachfrage nach Bildung.

In diesen Zusammenhang gehören auch die Thematik der Pluralisierung der Lernorte und der Aufwertung informellen Lernens. Sie werden im Folgenden behandelt.

## 3.2 Räumliche Ausdehnung des Lernens

Das Konzept des Lebenslangen Lernens impliziert nicht nur eine zeitliche Ausweitung des Lernens auf alle Lebensphasen, sondern auch die räumliche Entgrenzung des Lernens. Die für viele pädagogische Aktivitäten grundlegende Orientierung an der Definition des deutschen Bildungsrats (1970), der Weiterbildung als die Fortsetzung organisierten Lernens im Anschluss an eine abgeschlossene erste Bildungsphase beschrieben hatte, erfordert damit eine Erweiterung. Zwar hatte die Kultusministerkonferenz (KMK 2001) neben das organisierte Lernen auch das Selbstlernen gestellt, aber darüber hinaus gilt es auch andere Formen der pädagogischen Institutionalisierung von Lernmöglichkeiten zu berücksichtigen. Mit anderen Worten impliziert das Lebenslange Lernen, dass nicht nur in Bildungseinrichtungen, sondern auch in anderen Lebensbereichen und anderen Organisationen lernförderliche Lernumgebungen geschaffen werden.

### 3.2.1 Institutionelle Entgrenzung

Verschiedene Entwicklungen haben dazu geführt, dass die Pädagogik ihren Blick ausgeweitet hat von der Gestaltung des Lernens in Organisationen hin zur Unterstützung von Lernprozessen auch außerhalb klassischer Bildungseinrichtungen.

So zeigt ein Blick in das Institutionengefüge des quartiären Sektors des Bildungswesens, dass hier in den letzten Jahren vielfache Veränderungen stattgefunden haben. Insbesondere der institutionelle Ausbau dieses Bereichs seit den 1960/70er Jahren hat zu einer massiven quantitativen Ausweitung von Bildungsangeboten geführt (Giese/Wittpoth 2009). Lernen Erwachsener findet – so wurde zunehmend deutlich – nicht allein in explizit dafür ausgewiesenen Bildungseinrichtungen – etwa der Volkshochschule – statt. Vielmehr ist eine Vielzahl anderer Lernorte zu erkennen, an denen Erwachsenen Wissen vermittelt wird: »Fast an jeder Ecke kann und soll man etwas lernen, immer wieder wird einem gesagt, was man alles noch nicht weiß und doch besser wissen sollte, überall trifft man auf ausgeklügelte didaktische Arrangements, mit deren Hilfe die eigenen Defizite überwunden und neues Wissen bzw. neue Erfahrungen vermittelt werden sollen« (Kade 1997a, S. 20). Die Vermittlungsformen sind dabei nicht mehr auf professionelle Anleitung in personalen Interaktionen begrenzt. Vielmehr finden sich zunehmend (multi-)mediale und erlebnisbezogene Lernangebote. Auch sind die Akteure nicht mehr allein die professionellen Pädagogen, sondern auch Fernsehmoderatoren, Manager und Reiseleiter – um nur einige Beispiele zu nennen – beteiligen sich an der Gestaltung von Lehr-Lern-Prozessen. Einhergehend damit verschwindet auf normativer Ebene die primäre Ausrichtung auf Bildung. Neben solchen Angeboten, die in erster Linie die Bildung ihrer Adressaten intendieren, finden sich auch pädagogisch strukturierte Vermittlungs- und Aneignungsverhältnisse, die neben der Wissensvermittlung auch auf die Optimierung ökonomischer Ziele ausgerichtet sind. Diese Veränderungen wurden unter dem Stichwort der Entgrenzung des Pädagogischen beschrieben (Lüders/Kade/Hornstein 2006, Kade 1996, Kade/Egloff 2005).

Damit ist ausgesprochen, dass pädagogisch intentionale Aktivitäten zur Förderung von Lernen nicht (mehr) nur in Einrichtungen statt finden, die sich ausschließlich als Bildungsinstitutionen verstehen, sondern auch in solchen Organisationen, die neben Bildung auch kulturelle, ökonomische oder unterhaltende Ziele verfolgen. Einhergehend mit dieser Ausweitung entstehen neue Formen pädagogisch strukturierter Vermittlungs- und Aneignungsverhältnisse, die als »hybride Settings« (Seitter 2001, Dinkelaker 2008) beschreibbar sind und andere Modi des Umgangs mit Wissen aufweisen (vgl. die Detailstudien in Kade/Seitter 2007).

Die Kategorien, mit denen diese Lernorte beschrieben werden, sind unterschiedlich. Sie reichen von polarisierenden Gegenüberstellungen – etwa zwischen pädagogisch strukturiertem Lernen und sozialisatorischem Lernen (Kade 1997b), Lernen ›on the job‹ und Lernen ›off the job‹ (z. B. Dybowski u. a. 1999, S. 242) – über eine Dreiteilung – etwa Simons Differenzierung zwischen Lernen in Schulen oder Kursen, Lernen ›on the job‹ oder am Arbeitsplatz und Lernen an anderen Orten (Simons 1994) – bis hin zum Vorschlag von Erpenbeck/Sauer (2000), die das Lernen in Bildungseinrichtungen, das Lernen im Prozess der Arbeit, Lernen mit (neuen) Medien und das Lernen im sozialen Umfeld voneinander abgrenzen.

## 3.2.2 Ausweitung der Lernformen: Formales, nonformales und informelles Lernen

Einhergehend mit der Entgrenzung der pädagogischen Perspektive vom Lernen in Bildungseinrichtungen hin zum Lernen an unterschiedlichen Lernorten vollzieht sich auch eine Differenzierung verschiedener Lernformen.

Das *formelle Lernen* – verstanden als Lernen, das in Bildungsveranstaltungen stattfindet, in denen festgelegte Lerninhalte und Lernziele in organisierter Weise vermittelt und geprüft werden – wird nur noch als *eine* Form menschlichen Lernens angesehen. Besondere Aufmerksamkeit wird – im Kontext des bildungspolitischen Diskurses um das Lebenslange Lernen – dem *informellen* Lernen gewidmet (schon Faure 1973, Dohmen 1996, 2001, BLK 2004). Als Grundlage für die Verbesserung lebenslanger Lernprozesse gilt eine Orientierung an den ›natürlichen Lernprozessen‹, an Lernprozessen, die aufgrund der Tatsache, dass sie nicht in formalen Bildungsinstitutionen, sondern »ungeregelt im Lebenszusammenhang« stattfinden (Dohmen 1996, S. 29), auch als informelles Lernen bezeichnet werden.

Die Einsicht, dass das Lernen des Individuums faktisch innerhalb *und* außerhalb formaler Bildungsorganisationen stattfindet, führt dazu, dass eine pädagogische Unterstützung lebenslanger Lernprozesse sich sowohl auf formelles als auch auf informelles Lernen zu beziehen habe (Dohmen 1996). In diesem Zusammenhang wird besondere Hoffnung auf die Möglichkeiten der modernen Informations- und Kommunikationstechnologien gelegt (Dohmen u. a. 1999).

Mit der Hinwendung zum informellen Lernen werden also Formen des Lernens in den Vordergrund gerückt, die nicht in organisierte Zusammenhänge eingebunden sind (Overwien 2005). Allerdings hat sich bislang keine einheitliche Definition dieser Lernform etablieren können. Differenzen gibt es insbesondere im Hinblick auf die Frage der Bewusstheit des Lernprozesses. So begreifen einige Autoren informelles Lernen als beiläufiges, inzidentielles Lernen, das nicht notwendigerweise bewusst als Lernen wahrgenommen wird, sondern routinemäßig eingebettet ist in ›Communities of Practice‹ (Lave/Wenger 1991, Winkler/Mandl 2005, Marsick/Volpe/Watkins 1999).

Andere beschreiben informelles Lernen als einen bewussten, intentional geplanten Prozess, bei dem der Lernende sich selber – also außerhalb formaler Institutionen – Lernziele setzt, Lerninhalte auswählt und den Lernprozess organisiert und steuert (z. B. Livingstone 1999, R. Kaiser 2007, Kirchhöfer 2001). So definiert Livingstone (1999, S. 68f.) informelles Lernen als

»... jede mit dem Streben nach Erkenntnissen, Wissen oder Fähigkeiten verbundene Aktivität außerhalb der Lehrangebote von Einrichtungen, die Bildungsmaßnahmen, Lehrgänge oder Workshops organisieren. (...) Die grundlegenden Merkmale des informellen Lernens (Ziele, Inhalt, Mittel oder Prozesse des Wissenserwerbs, Dauer, Ergebnisbewertung, Anwendungsmöglichkeiten) werden von den Lernenden jeweils einzeln oder gruppenweise festgelegt. Informelles Lernen erfolgt selbständig, und zwar individuell oder kollektiv, ohne dass Kriterien vorgegeben werden oder ausdrücklich befugte Lehrkräfte dabei mitwirken. Informelles Lernen unterscheidet sich von Alltagswahrnehmungen und allgemeiner Sozialisierung insofern, dass die Lernenden selbst ihre Aktivitäten bewusst als signifikanten Wissenserwerb einstufen. Wesensmerkmal des informellen Lernens ist die selbständige Aneignung neuer signifikanter Erkenntnisse oder Fähigkeiten, die lange genug Bestand haben, um im Nachhinein noch als solche erkannt zu werden« (Livingstone 1999, S. 68f.).

Das informelle Lernen, das er auch als »any activity involving the pursuit of understanding, knowledge or skill which occurs without the presence of externally imposed curricular criteria« beschreibt (Livingstone 2001, S. 4), zeichnet sich demnach dadurch aus, dass das Wissen bzw. die Lerninhalte nicht didaktisch vorstrukturiert sind, sondern es sich um ein situatives Wissen handelt.

Zwischen dem formellen und dem informellen Lernen siedelt die Forschergruppe um Livingstone (NALL: New Approaches to Lifelong Learning) das *nonformale Lernen* an, das sich auf alle organisierten Lehr-Lern-Arrangements bezieht, die ihren Platz außerhalb des formalisierter Bildungssystems haben und durch kürzere Lernphasen sowie Freiwilligkeit gekennzeichnet sind. Genannt werden beispielsweise Sprach- und Kochkurse, Fahrschulen und Tennisunterricht.

Diese Dreiteilung verstärkt noch einmal die Problematik der Abgrenzung, denn damit ergeben sich unterschiedliche Zuordnungsmöglichkeiten, je nachdem, ob das Kriterium der Vergabe eines Zertifikats bzw. eines formalen Abschlusses, die bewusste curriculare und didaktische Steuerung des Lernprozesses oder die Systematik bzw. Situativität des Wissens betrachtet wird (vgl. hierzu auch Livingstone 2001).

Allerdings wird auch im Rahmen der Kommission der Europäischen Gemeinschaft die Differenz zwischen formalem, nonformalem und informellem Lernen verwendet:

> »Formales Lernen findet in Bildungs- und Ausbildungseinrichtungen statt und führt zu anerkannten Abschlüssen und Qualifikationen. Nicht-formales Lernen findet außerhalb der Hauptsysteme der allgemeinen und beruflichen Bildung statt und führt nicht unbedingt zum Erwerb eines formalen Abschlusses. Nicht-formales Lernen kann am Arbeitsplatz und im Rahmen von Aktivitäten der Organisationen und Gruppierungen der Zivilgesellschaft (wie Jugendorganisationen, Gewerkschaften und politischen Parteien) stattfinden. Auch Organisationen oder Dienste, die zur Ergänzung der formalen Systeme eingerichtet wurden, können als Ort nichtformalen Lernens fungieren (z. B. Kunst-, Musik- und Sportkurse oder private Betreuung durch Tutoren zur Prüfungsvorbereitung). Informelles Lernen ist natürliche Begleiterscheinung des täglichen Lebens. Anders als beim formalen und nicht-formalen Lernen handelt es sich beim informellem Lernen nicht notwendigerweise um ein intentionales Lernen, weshalb es auch von den Lernenden selbst unter Umständen gar nicht als Erweiterung ihres Wissens und ihrer Fähigkeiten wahrgenommen wird« (Europäische Kommission 2000, S. 9f.).

Skeptisch gegenüber der Vorstellung, dass sich mit dieser Begriffsverwendung eine definitorische Klarheit entwickeln wird, verweist Overwien auf Versuche, das informelle Lernen im Rahmen eines Kontinuums vom informellen hin zum formalen Lernen zu beschreiben (Overwien 2005). Dadurch könnte eine Linie vom eher zufälligen und unbeabsichtigten inzidentiellen Lernen über ein problembezogenes Lernen und selbst initiiertem Wissenserwerb bis hin zur intentionalen Teilnahme an Coaching- und formalen Ausbildungsprogrammen gezogen werden. Die Berücksichtigung dieser verschiedenen Lernformen eröffne vielfältige Ansatzpunkte für das Bemühen um eine pädagogische Gestaltung von Lernmöglichkeiten – die allerdings noch in keiner Weise systematisch ausformuliert sind.

### 3.2.3 Gestaltung unterschiedlicher Lernkontexte innerhalb und außerhalb pädagogischer Einrichtungen

Aus einer pädagogischen Perspektive stellt sich in einer Situation der Entgrenzung des Pädagogischen nicht mehr allein die Frage, wie Lehr-Lern-Arrangements in Bildungseinrichtungen zu konzipieren sind. Stattdessen rückt die Frage in den Vordergrund, wie pädagogische Situationen jenseits pädagogischer Organisationen zu gestalten sind. Damit aber wandelt sich der Fokus der Aufmerksamkeit von der pädagogischen Organisation hin zur pädagogischen Kommunikation (vgl. Kade/Seitter 2007). In den Mittelpunkt rückt somit die Frage, wodurch sich pädagogische Kommunikation und Interaktion auszeichnet. In praktischer Absicht stellt sich dementsprechend die Aufgabe, dem Bedarf nach einer Gestaltung lernförderlicher Strukturen in verschiedenen Lernkontexten zu entsprechen. »Die Intentionalität didaktischer Strukturierung bezieht sich hier auf die Aufgabenbestimmung (Findung und Begründung von Lernzielen und Inhalten), auf die Sicherung organisatorischer Rahmenbedingungen und auf die methodisch-konzeptionelle Ausgestaltung der Lernschritte im einzelnen« (Schäffter 2000, S. 74). Es geht – mit anderen Worten – um eine pädagogische Strukturierung, in der Lernen in den Mittelpunkt planvoll professionellen Handelns gestellt wird.

> »In ihr wird neben einer situativ zu bewältigenden ›Aufgabe‹ immer auch so etwas wie ein situationsübergreifender ›Lerngegenstand‹ erkennbar, der nicht notwendigerweise als Inhalt, Lehrstoff oder als ›Thematik‹ gefasst sein muss, aber traditionellerweise so beschrieben wird. Über inhaltsbezogenes Lernen hinaus kann sich der Lerngegenstand z. B. von biographischem Lernen auf den eigenen Lebenslauf beziehen. ... Derartige reflexive oder prozessförmige ›Lerngegenstände‹ haben einen völlig anderen Charakter als curricularisierte Bildungsinhalte in der Schule, als der fachliche Lehrstoff systematischer Qualifizierung oder als viele der thematischen Angebote in der institutionalisierten Erwachsenenbildung« (Schäffter 2000, S. 76).

Typologisch lassen sich hier pädagogische Strukturierungen von Lernkontexten im sozialen Umfeld, im Kontext von Medien und im Kontext von Arbeitsprozessen unterscheiden.

*Arrangement von Erfahrungsmöglichkeiten im sozialen Umfeld*
Im sozialen Umfeld findet sich eine Form der Gestaltung von Lernumgebungen, die als Arrangieren von Erlebnis- und Erfahrungsmöglichkeiten beschrieben werden kann. Dies zeichnet sich dadurch aus, dass die »Lehrenden« hier nicht selber die Präsentation von Wissen und Fertigkeiten übernehmen, sondern Situationen gestalten, in denen die Adressaten Erfahrungen machen können. Als Beispiele können hier exemplarisch erlebnispädagogische Programme im Kontext von Führungskräftetrainings, der Besuch eines Hochseilgartens oder die Durchführung von Exkursionen genannt werden. Die Aktivitäten und Zuständigkeiten der Lehrenden weiten sich hier aus von der direkten persönlichen Instruktion oder der bewussten Gestaltung von Lehrmedien hin zur Schaffung von direkten Erlebnismöglichkeiten, die dann zu Erfahrungen verarbeitet werden sollten. Schäffter (2000, S. 84f.) spricht in diesem Zusammenhang von Lehre als organisatorischem Arrangement bzw. als Kontextsteuerung und verweist damit auf die intentionale bzw. lernförderliche Ausgestaltung von zeitlichen, räumlichen, sachlichen und sozialen Rahmenbedingungen für Lernen. Durch diese werden Verhaltensräume limitiert und erwünschte Handlungen begünstigt. Zugleich aber zeichnet sich ein solches Lernarrangement dadurch aus, dass die neuen Wissensbestände, die es reflexiv anzueignen gilt, noch nicht zuvor als externe gesellschaftliche Wissensbestände verfügbar waren und nur didaktisch aufbereitet werden mussten. Das hier relevante Wissen wird erst in der pädagogischen Situation generiert (vgl. auch Schäffter 2001).

Darüber hinaus sind aber auch Freizeitparks (Brinkmann 2003), Museen und Science Centers (Freericks 2006) als moderne Lernorte zu nennen (vgl. Diedrichsen/Theile/Nahrstedt 2003).

*Konzeption medialer Lernumgebungen*
Mediales Lehren zeichnet sich einmal durch das Fehlen direkter Interaktion unter Anwesenden aus. Die Funktion der Schaffung von Lerngelegenheiten, der Steuerung des Lernprozesses und der

Strukturierung der Lehr-Lern-Situation (vgl. hierzu Hof 2001a) wird an Lernmedien gegeben. Dabei werden in der Moderne insbesondere Massenmedien bzw. sog. Moderne Kommunikationsmedien fokussiert, die durch die Merkmale der Multimedialität, Multimodalität und Multicodierung charakterisiert sind (vgl. Weidenmann 2002).

Die Funktion, die die Medien im Lehr-Lern-Prozess dabei einnehmen, ist damit noch nicht näher bestimmt. Grob unterschieden wird

- das *Learning by distributing*, bei dem die Medien die Funktion der Verteilung bzw. Distribution lernrelevanter Informationen übernehmen. Ein Lehrender im klassischen Sinne ist hier nicht erforderlich;
- das *E-Learning by interacting*, bei dem die Funktion der Medien darin besteht, didaktisch aufbereitete Informationen anzubieten, damit der Lernende sich diese ohne personelle Hilfe erarbeiten kann. Der Lehrende übernimmt hier die Aufgabe der Aufbereitung der Informationen. Darüber hinaus kann er als Lernberater oder Tele-Tutor tätig werden;
- das *E-Learning by collaborating* basiert auf einer Lernumgebung, in der durch die Medien eine virtuelle Kleingruppe geschaffen wurde, in der nun die Lernenden kommunizieren und gemeinsame Problemlösungen erarbeiten können. Die Funktion der Medien besteht demnach darin, eine Kollaboration zwischen den Lernenden anzustoßen. »Aus der *Sicht des Lerners* besteht diese Form des E-Learning darin, relativ eigenständig neues Wissen in der Lernumgebung zu konstruieren und dies vor allem im Prozess des sozialen Problemlösens zu tun« (Reinmann-Rothmeier 2002, S. 8). Ein Lehrender als Initiator und Moderator von Lernprozessen gilt dabei als unabdingbar.

Insgesamt zeichnet sich das mediale Lehren dadurch aus, dass der Adressat nicht als »Objekt einer Intervention« angesehen wird, sondern als »Subjekt, das sich aus dem allseits Offerierten das aussuchen kann, was seiner Disposition, seinen Interessen, Bedürfnissen, Neigungen, Kenntnissen und Fähigkeiten am nächsten kommt, und das die Freiheit hat, unaufmerksam zu sein, zu unterbrechen oder aber auch immer dasselbe wahrzunehmen« (Nolda 2002, S. 161). Entsprechend sind die Anforderungen an die Gestaltung medialer Lernumgebungen sowohl für die Lernenden als auch für die Lehrenden bzw. die Mediengestalter sehr unterschiedlich.

| Leitfunktion der Medien | E-Learning durch | Anforderungen an den **Lernenden** | Aufgaben des **Entwicklers/Mediengestalters** | Rolle des **Lehrenden** |
|---|---|---|---|---|
| **Distribution** von Information | Rezeption und selbst gesteuerte Informationsverarbeitung | Selbststeuerungsfähigkeit; Medienkompetenz; hohes Vorwissen | Lernfreundliche Informationsgestaltung | Keine Personen in der Rolle des Lehrenden erforderlich |
| **Interaktion** zwischen Nutzer und System | angeleitete Informationsverarbeitung und selbst organisiertes Üben | Motivation; Fähigkeit zur Selbstorganisation | Lernfreundliche Informationsgestaltung und Gestaltung von Instruktionen, Übungen, Aufgaben, Feedback + Antworten | Lernberater oder Teletutor möglich |
| **Kollaboration** zwischen Lernenden | eigenständige Wissenskonstruktion und soziales Problemlösen | Selbststeuerungsfähigkeit, Medienerfahrung, soziale Fähigkeiten | Lernfreundliche Informationsgestaltung und Gestaltung von inhaltlichen und sozialen Kontexten | Lehrender als Initiator und Moderator notwendig |

Abb. 1: Drei Varianten im E-Learning (nach Reinmann-Rothmeier 2002, S. 26)

*Unterstützung von Lernen im Prozess der Arbeit*
Beschäftigt man sich mit dem Lernen im Prozess der Arbeit, dann kann erst einmal grundsätzlich gefragt werden, ob es sich jeweils um *explizit* gestaltete lernförderliche Arbeitsbedingungen handelt oder nicht (Kohl/Molzberger 2005). Im Kontext des Bemühens um eine pädagogische Gestaltung von Lernumgebungen steht damit die Frage der intentionalen und expliziten Gestaltung lernförderlicher Arbeitsbedingungen im Zentrum. Die Analyse aller Rahmenbedingungen für Lernen im Prozess der Arbeit – wie sie insbesondere auch im Kontext arbeitspsychologischer Studien durchgeführt wird (z. B. Bergmann 2004) – ist dabei notwendige Hintergrundinformation.

Dehnbostel (2001) beschreibt fünf verschiedene Formen des Lernens im Prozess der Arbeit.

(1) Lernen durch Arbeitshandeln im realen Arbeitsprozess. Hier findet das Lernen in Form eines ›learning by doing‹, durch Versuch und Irrtum bzw. durch Imitation statt. Gelernt wird durch Zusehen, Nachmachen, Mitmachen, Helfen und Probieren. Dieses Lernen, das insbesondere in ethnographischen Studien anschaulich beschrieben wurde, ist eingelagert in die je konkrete Situation und zeichnet sich dadurch aus, dass nicht nur Wissen und Fähigkeiten, sondern auch Gewohnheiten, Einstellungen und Werte erworben werden.

(2) Lernen durch systematische Unterweisung am Arbeitsplatz. Diese Lehr-Lern-Form wird dadurch beschrieben, dass ein Ausbilder einem Auszubildenden gezielt etwas beibringt. In der Berufsbildung wird dabei das Konzept der Vier-Stufen-Methode propagiert, das aus den Handlungen Vorbereiten, Vormachen, Nachmachen und Üben besteht.

(3) Lernen durch Integration von informellem und formellem Lernen. Diese Lernform zeichnet sich dadurch aus, dass Erfahrungslernen und organisiertes Lehren verbunden werden. Favorisierte Lernorte sind Lerninseln und Lernstationen, in denen die Lernenden konkrete Arbeitsaufgaben erledigen sollen. Das pädagogisch geplante und strukturierte Lehren geschieht hier also im Rahmen des unmittelbaren Arbeitsprozesses – so dass auch vom »Structured Learning on the Job« (Jacobs 1999) gesprochen wird.

(4) Lernen durch Hospitationen und betriebliche Erkundungen. Dieses Lernen zeichnet sich dadurch aus, dass Einblick in neue Arbeits- und Handlungsfelder gewährt wird. Diese Erlebnisse können dann Grundlage für neue Einsichten auf Seiten des Lernenden sein. So können durch Hospitationen andere Arbeitsbereiche, die mit dem eigenen Arbeitsplatz direkt oder indirekt in Verbindung stehen, besucht oder andere Arbeitsmethoden und Organisationsprozesse kennen gelernt werden. Dabei bleibt die Verarbeitung der Erlebnisse zu Erfahrungen allerdings dem Einzelnen überlassen.

(5) Lernen durch Simulation von Arbeitsprozessen. In Produktionsschulen, Lehrgängen, Übungsfirmen oder Bildungszentren werden konkrete Arbeitsaufträge bearbeitet. Die Arbeit findet dabei zwar nicht im Betrieb selber statt, aber unter Bedingungen, die hinsichtlich der Arbeitsorganisation und den räumlichen wie ökonomischen Bedingungen möglichst realitätsnah sein sollen. Diese Lernform dient, wie Dehnbostel ausführt, insbesondere der Aneignung komplexer Qualifikationen und Erfahrungen. Auch soll es die Reflexion ermöglichen.

Diese Beschreibung möglicher Formen des Lernens im Prozess der Arbeit verdeutlicht nicht nur die Unterschiedlichkeit und Vielfältigkeit dieses Lernortes, sondern zeigt auch, dass der Diskurs noch sehr stark berufspädagogisch geprägt ist und dementsprechend die Gestaltung der Berufsausbildung in den Blick nimmt. Gerade im Hinblick auf die Schaffung arbeitsbezogener Lernmöglichkeiten in unterschiedlichen Kontexten müsste die Perspektive differenziert werden. So bedarf es etwa einer viel stärkeren Berücksichtigung der Heterogenität und Vielfältigkeit der Arbeitstätigkeiten (Volkholz/Köchling 2001, Volkholz/Köchling/Langhoff 2004).

### 3.2.4 Schaffung geeigneter institutioneller Rahmenbedingungen

Der pädagogische Fokus auf lebenslange Lernprozesse richtet sich nicht nur auf die Gestaltung von Lernumgebungen, sondern auch auf die Schaffung geeigneter institutioneller Rahmenbedingungen für Lebenslanges Lernen. In diesem Zusammenhang wird besonderes Augenmerk auf die Förderung der Durchlässigkeit und Transparenz des Bildungssystems gelegt. Dieser Wunsch geht zurück auf die bereits beschriebene »Vision eines relativ offenen, flexiblen und transparenten Bildungssystems mit vielfältigen Ein- und Ausgängen, zahlreichen Übergängen und Verbindungslinien (....) und ohne Sackgassen« (Wiesner/Wolter 2005, S. 22), das individuelle chancengerechte Zugänge schafft und neue Lernformen integriert. Die Modularisierung von Bildungsangeboten kann ein Weg sein, um diese Ziele zu verfolgen und das System zu flexibilisieren. Die Vernetzung und Kooperation auf allen Ebenen ist eine wichtige Voraussetzung, um diesen Prozess zu unterstützen.

*Vernetzung*
Insbesondere die Politik erhofft sich durch eine Vernetzung der vorhandenen Bildungsinstitutionen die Schaffung einer Infrastruktur, die eine sinnvolle und effiziente Nutzung durch die individuellen Lerner erlaubt. Sowohl die einzelnen Bildungsstufen als auch die Bildungsangebote und -möglichkeiten auf einer Ebene müssten verstärkt aufeinander bezogen sein. Außerdem sollten die Bildungsinstitutionen für die Einbeziehung informellen und nicht-formalen Lernens offen sein (vgl. BLK 2004, S. 15).

Der Kerngedanke besteht also darin, dass im Zuge einer solchen Vernetzung zunächst alle Formen des Lernens bzw. der Bildung aufeinander bezogen werden. Auf dieser Basis sind die jeweils vorhergegangenen Lernerfahrungen mit den nachfolgenden individuell und organisatorisch abstimmbar (vgl. Tippelt 2003, S. 39). In einem umfassenderen Sinne betrifft das aber nicht nur die Ebene des konkreten Bildungskontextes. Vernetzung findet ebenso auf der Meso- wie auch auf der Makroebene statt. So wurde beispielsweise mit dem Programm der Lernenden Regionen eine Vernetzung von Institutionen auf regionaler Ebene vorangetrieben (vgl. Longworth 2006, Nuissl u. a. 2006, Schreiber-Barsch 2007). Begründet wird die Notwendigkeit von Vernetzung damit, dass Netzwerke eine organisatorische Antwort auf die zunehmende Komplexität der Lebens- und Bedarfslagen pädagogischer Zielgruppen darstellen. Mehrdimensionale Problemlagen erfordern vermehrte Zusammenarbeit, Kommunikation und ein aufeinander abgestimmtes Vorgehen. Über die Schaffung von Synergieeffekten und eine gezielte, professionelle Aufgabenteilung kann Vernetzung zu mehr Effektivität und Qualitätssicherung beitragen (Dietsche/Meyer 2004, S. 43). Dabei weist der Vernetzungsgedanke über die häufig in diesem Zusammenhang geäußerte Notwendigkeit des Aufbaus von Kooperationen hinaus. Die Entwicklung von Kooperationen ist wichtig, um einen Austausch herzustellen und bereits bestehende Strukturen zu optimieren. Auf konkreter Ebene können sie so die Vernetzung von Inhalten, Personen, Institutionen und Regionen unterstützen. Vertikale Vernetzung bezieht sich dabei auf die verschiedenen Bildungsstufen (z. B. Kindergarten, Schule, Ausbildung, Weiterbildung etc.), die horizontale Vernetzung auf die Verbindungen zwischen verschiedenen Einrichtungen und Institutionen auf einer Bildungsstufe (vgl. BLK 2004, S. 33).

*Modularisierung*

Ebenso wie dem Aspekt der Vernetzung kommt im Kontext des Lebenslangen Lernens auch dem Konzept der Modularisierung eine zentrale Rolle zu. Zunächst gilt es aber zu klären, was mit dem Begriff tatsächlich gemeint ist. Das BLK-Papier definiert den Begriff folgendermaßen:

> »Modularisierung ist die Zusammenfassung von Stoffgebieten zu thematisch und zeitlich abgerundeten, in sich abgeschlossenen und mit Leistungspunkten versehenen, abprüfbaren Einheiten. Sie zielt auf mehr Flexibilität und Öffnung im Rahmen einer Gesamtqualifikation. Transparenz, Vergleichbarkeit und Durchlässigkeit sind dabei zentrale Voraussetzungen. So beschreiben z. B. Weiterbildungsmodule Kompetenzbereiche eines Berufsbildes oder Qualifikationsprofils mit dem Ziel, Handlungskompetenz für diesen Bereich zu erwerben. Module werden durch Zertifikate abgeschlossen. Sie ermöglichen den schrittweisen Erwerb von Abschlüssen. Modularisierung kann von daher einen wesentlichen Beitrag zur Förderung Lebenslangen Lernens leisten« (BLK 2004, S. 33).

Vor diesem Hintergrund kann die Modularisierung durch den Einbezug aller Lernformen und neuer didaktischer Konzepte zu einer Modernisierung und Flexibilisierung des bestehenden Bildungssystems beitragen. Bezugspunkt ist auch hier wieder das Individuum mit seinen spezifischen Lernvoraussetzungen und

-erfahrungen, so dass gleichzeitig der Forderung nach mehr Individualisierung und Chancengerechtigkeit für alle Menschen Rechnung getragen wird.

Somit lassen sich solche Konzeptionen auch relativ vielfältig einsetzen und reichen von der klassischen Ausbildung bis zur beruflichen Weiterbildung. Ein modularisiertes System setzt vielfältige Veränderungen in den unterschiedlichen Bildungsbereichen voraus, gewährleistet dafür aber auch – so die Hoffnung – die zeitnahe Anpassung an veränderte berufs-, arbeitsinhaltliche und -organisatorische Anforderungsstrukturen. Damit könne die Modularisierung eine angemessene Reaktion auf die immer schneller fortschreitende *Entwertung von Qualifikationen/Zertifikaten* und die abnehmende Halbwertzeit beruflichen Wissens sein. Auf individueller Ebene schaffe Modularisierung neue Zugänge zu Bildung, weil sie an den unterschiedlichen Lernvoraussetzungen und Ausgangsqualifikationen anknüpft und auf diese Weise eine zielgerichtete (Weiter-) Qualifikation in den einzelnen (Arbeits-) Bereichen ermöglicht werde. Auf struktureller und institutioneller Ebene setze sich dieser Prozess durch die vertikale und horizontale Verknüpfung von Bildungsgängen fort, die Übergänge erleichtern und damit ein Instrument sind, um Benachteiligungen entgegenzuwirken. Die starre Reglementierung der etablierten Bildungssysteme und engen Berufskonzepte werden so tendenziell in Frage gestellt und der Weiterbildungsbereich erhält eine neue Dynamik.

Dadurch, dass Modularisierung, als Bausteinformat, nur punktuell und sehr gezielt auf spezielle Qualifikationen hin wirkt, sind bei der Implementierung dieser Programme auf politischer Ebene keine großen Abstimmungsprozeduren und Veränderungen in den Bildungsverordnungen mehr notwendig. Dies reduziert den organisatorischen Aufwand und eröffnet neue Formen der Verteilung von Bildungskosten (vgl. auch Dietsche/Meyer 2004, S. 45).

Das Problem eines derartig flexibilisierten Systems betrifft die Frage nach den Schnittstellen und trennscharfen Unterscheidungen in einer gewachsenen Organisationsform von Bildungsbereichen sowie die Frage nach der Vergleichbarkeit von modular erworbenen Zertifikaten und traditionellen Bildungsabschlüssen und Ausbildungsnachweisen (ebd. S. 46).

*Beratungsangebote*
Als zentrale Form der Unterstützung individueller Lernprozesse wird erst seit jüngster Zeit die Beratung ›entdeckt‹ (Schiersmann 2008). Begründet wird dies einmal mit der Vervielfältigung möglicher Bildungs- und Berufsverläufe. Dies bringt die Individuen in die Situation, sich nicht mehr an normierten Bildungs- und Berufsverläufen orientieren zu können, sondern individuelle Entscheidungen treffen zu müssen. Aus diesem Grund wächst der Bedarf an *Bildungsberatung*, die eine personenbezogene Orientierungshilfe für die Auswahl passender Bildungsangebote anbietet. Zum zweiten erhöhen sich die Anforderungen an die Lernkompetenzen der Menschen. Um der Tatsache entgegenzuwirken, dass bildungsungewohnte Personen dadurch vom Lernen abgehalten werden, wird eine *Lernberatung* gefordert, die Unterstützung bietet bei der Suche nach lerntypgemäßen Bildungsangeboten (vgl. hierzu auch Kaiser u. a. 2007). Drittens führt die Hinwendung zu nonformalen und informellen Lernprozessen dazu, dass auch solche Kompetenzen beachtet werden, die nicht durch formale Zertifikate belegt sind. Allerdings ist es weiterhin erforderlich, dass diese Kompetenzen dokumentiert, anerkannt und zertifiziert werden – eine politische Forderung, die zur Notwendigkeit professioneller *Unterstützung von Kompetenzidentifizierungsmaßnahmen und -entwicklungsstrategien* führt. Und schließlich wird zunehmend auch die *Qualifizierungsberatung für Betriebe* gefordert. Denn der technische Wandel fordert nicht nur von Individuen, sondern auch von Betrieben Strategien und Aktivitäten zur Kompetenzentwicklung.

## 3.3 Inhaltliche Ausdehnung des Lernens

Das Feld der Erwachsenen- und Weiterbildung zeichnet sich dadurch aus, dass es inhaltlich kaum begrenzt ist. So lassen sich seit dem 20. Jahrhundert so gut wie alle Wissensinhalte nachweisen: allgemeine, politische, berufliche, kulturelle, soziale und gesellige Bildung mit ihren je spezifischen Inhalten prägen das thematische Universum der Erwachsenenbildung (Seitter 2009). Auch hinsichtlich der Form des Wissens ist von einer Pluralität auszugehen. So steht die Vermittlung wissenschaftlicher Erkenntnisse neben dem Training praktischer Fertigkeiten und Methoden, die Auseinandersetzung mit sozialen Werten und Normen neben der Thematisierung persönlicher Selbst- und Fremdbilder (vgl. Schrader 2003, Hof 2002a). Dennoch ist mit der Hinwendung zum Lebenslangen Lernen eine Veränderung zu konstatieren: Wissen wird nun stärker unter einer Prozessperspektive betrachtet. Dies führt zu Veränderungen in der pädagogischen Gestaltung von Lernumgebungen, die im Folgenden angesprochen werden sollen.

### 3.3.1 Von der Popularisierung zum Doing Knowledge

Nicht nur im 19. Jahrhundert wurde der Verbreitung wissenschaftlich fundierten Wissens durch Institutionen der Erwachsenenbildung besondere Aufmerksamkeit gewidmet; auch mit der Diagnose einer modernen Wissensgesellschaft (Bell 1985) wurde noch auf die besondere Relevanz wissenschaftlichen Wissens für die Organisation moderner Gesellschaften aufmerksam gemacht. »Die nachindustrielle Gesellschaft ist in zweifacher Hinsicht eine Wissensgesellschaft: einmal weil Neuerungen mehr und mehr von Forschung und Entwicklung getragen werden (oder unmittelbarer gesagt, weil sich auf Grund der zentralen Stellung des *theoretischen* Wissens eine neue Beziehung zwischen Wissenschaft und Technologie herausgebildet hat); und zum anderen, weil die Gesellschaft (…) immer mehr Gewicht auf das Gebiet des Wissens legt« (Bell 1985, S. 219). Dies aber führt – folgt man den Analysen von Daniel Bell – dazu, dass die Teilhabe an wissenschaftlichem – genauer: technischem – Wissen eine zunehmende Relevanz für die sozialstrukturelle Verortung der Gesellschaftsmitglieder habe. Für die Erwachsenenbildung wurde daraus das Programm einer Popularisierung wissenschaftlichen Wissens abgeleitet (hierzu z. B. Conein 2004, Hof 2005).

Wenn allerdings aus der Diagnose eines rasanten Zuwachses von wissenschaftlichem Wissen die Notwendigkeit einer »Zunahme von wiederholten Lernanstrengungen« (Nolda 2004, S. 30) abgeleitet wird, so sind damit die Herausforderungen der gegenwärtigen wissenstheoretischen Debatte (vgl. Hof 2009a) in keiner Weise aufgenommen. Denn mit der Rezeption wissenssoziologischer und konstruktivistischer Perspektiven wurde die

Gleichsetzung von Wissen und Wissenschaft – die schon seit Ende des 19. Jahrhunderts diskutiert wird (siehe z. B. Hof 1996, 2009a) – problematisiert. In der Erwachsenenbildung führte dies zu einer Berücksichtigung verschiedener Wissensformen. Mit der Gegenüberstellung von wissenschaftlichem Wissen und Alltagswissen sowie der Unterscheidung von Fakten- und Methodenwissen, Orientierungs- und Handlungswissen (vgl. hierzu z. B. Report 45, Hof 2002a) rückt die These von der Pluralität der Wissensformen in den Mittelpunkt erwachsenenpädagogischer Reflexion. Auch wird im Zuge der Rezeption konstruktivistischer Perspektiven in der Didaktik (Arnold/Siebert 1995, Gerstenmeier/Mandl 2005, Siebert 2003) der individuelle Prozess der Produktion von Wissen betont. Aus dieser Perspektive bezieht sich Wissen weniger auf eine geprüfte, »wahre« Aussage, sondern vielmehr auf ein individuelles Vermögen, auf die »Handlungskapazität« (Stehr 1994, S. 242) des Menschen. Das Wissen ist für die Pädagogik damit nicht nur Inhalt von Lehr-Lern-Prozessen, sondern auch eine Tätigkeit – ein »doing knowledge« (Degele 1999, vgl. auch Alheit/Dausien 2002, in historischer Perspektive Hof 1996). Dieses »doing knowledge« hat dabei der Einsicht Rechnung zu tragen, dass wir nicht mehr von einer Sicherheit – oder auch nur einer großen Wahrscheinlichkeit – des Wissens ausgehen können. Dennoch aber muss das Wissen »public, objective and testable« (Aspin 2001, S. 18) sein:

> »We know we have to objectify our knowledge claims: public communication and the claims are liable to error, constestation or correction: and that is why, paradoxically, when we claim 'to know' something, we are also thereby tacitly inviting our interlocutors to share but yet to critically scrutinise and check what we say for possible error.« (Aspin 2001, S. 19)

Dieser Perspektivenwechsel führt dazu, dass die pädagogische Konsequenz der Entstehung einer modernen Wissensgesellschaft nicht mehr allein in der Popularisierung von Wissenschaft gesehen werden kann. Es sind auch Strategien und Techniken der Legitimation von Aussagen sowie zur Bewältigung von Wissensexplosion bzw. Informationsflut erforderlich (Willke 1998, S. 355).

## 3.3.2 Von der Wissensvermittlung zur Kompetenzentwicklung

Die erläuterte Veränderung im Verständnis von Wissen führt auch dazu, dass eine Entwicklung von der Weiterbildung zur Kompetenzentwicklung diagnostiziert wird (Arnold 1997). An die Stelle lehrzielorientierter Wissensvermittlung wird die subjektorientierte Kompetenzentwicklung gestellt (Hof 2002b). Der Begriff der Kompetenz bezieht sich dabei auf die Anlagen, Fähigkeiten und Bereitschaften, die eine Person hat, um eine Tätigkeit auszuführen (z. B. Erpenbeck/Heyse 1999). Kompetenzen gelten als Handlungsvoraussetzungen. Sie umschreiben das, »was einen Menschen wirklich handlungsfähig macht« (Bernien 1997, S. 24) – und dies zeigt sich immer erst im Kontext konkreter Situationen. Kompetenz bezieht sich demzufolge immer auf die situationsangemessene Umsetzung von Wissen und Fertigkeiten (Hof 2002b, Klieme 2007).

Die Hinwendung zu Fragen der Kompetenzentwicklung hat mithin zwei zentrale Neuerungen mit sich gebracht:

Zum einen steht nicht mehr in erster Linie die Frage der Vermittlung umfassender Kenntnisse über die Welt oder von für die Durchführung konkreter Arbeiten erforderlichen Qualifikationen im Mittelpunkt der erwachsenenpädagogischen Reflexion, sondern das individuelle Handlungssubjekt mit seinen spezifischen Erfahrungen und Intentionen.

Zum zweiten wird die Frage der Anwendbarkeit des Wissens akzentuiert. Wissen erscheint damit nicht mehr als (theoretische) Voraussetzung für (praktisches) Handeln, sondern als konkreter Umgang mit Wissen innerhalb und außerhalb pädagogischer Situationen.

Im Kontext der pädagogischen Gestaltung von Lernumgebungen rückt dabei die Frage nach den Kompetenzen zum Umgang mit Wissen in den Vordergrund. Arnold/Lermen (2005, S. 47) sprechen in diesem Zusammenhang von »Kräfteschulung statt Wissensmast«. Denn die Menschen müssten zum Auffinden, Auswählen, Bewerten und Anwenden von Wissen befähigt werden. An die Stelle einer stofforientierten Vermittlungsdidaktik, die darauf abzielt, die Menschen mit Fachwissen zu versorgen, habe die Vermittlung von Handlungskompetenzen zu treten (kritisch zur Gegenüberstellung von Wissen und Kompetenz vgl. Hof 2002b). Betont werden dabei die Metakognition (Kaiser/Kaiser 2007), die Selbstregulations- und Selbstorganisationskompetenz (Brödel 2004, S. 9), die Reflexionskompetenz (z. B. Schüßler/Thurnes 2005, S. 32), die Problemlösekompetenz (Klieme 2001) und die Kompetenz zum Umgang mit Ungewissheit (Helsper/Hörster/Kade 2003, Kurtz 2006).

Insgesamt ist festzuhalten, dass die Hinwendung zum Lebenslangen Lernen in besonderem Maße deutlich macht, dass Lernen sich nicht darauf beschränkt, in institutionalisierten Lehr-Lern-Situationen Neues hinzuzulernen, sondern dass das Lernen selbst reflexiv wird. In den Blick kommt das Lernen innerhalb und außerhalb pädagogischer Organisationen, das Lernen für den Beruf ebenso wie das Lernen für die Bewältigung neuer Lebenssituationen. Man lernt, um Neues zu erfahren, aber auch um alte Erfahrungen neu zu interpretieren. Lernen bezieht sich auf die Aneignung von deklarativem Wissen ebenso wie von Fertigkeiten zum Umgang mit Informationen, auf die Kompetenz, in Anwendungssituationen lernen zu können, wie auf die Fähigkeit, altes Wissen zu vergessen.

# 4 Verbreitung und Bedeutung Lebenslangen Lernens – Empirische Befunde

Mit der Hinwendung zum Lebenslangen Lernen verändern sich auch die Perspektiven der empirischen Forschung. Da nun Lernen als permanenter, nicht auf bestimmte Alters- und Lebensphasen begrenzter Prozess angesehen wird, untersuchen die Forscher nicht mehr nur Lern- und Bildungsprozesse in Kindheit, Jugend und Erwachsenenalter, sondern richten ihre Aufmerksamkeit zunehmend auch auf ältere Personen. Der Fokus der Forschung lag dabei lange Zeit in der Untersuchung expliziter Bildungseinrichtungen (4.1). Mit der Einbeziehung von Lernprozessen auch jenseits formaler Bildungsinstitutionen und der Hinwendung zum Lernen in nonformalen und informellen Zusammenhängen weiten sich die Forschungsfragen aus (4.2). Die traditionelle Teilnehmerforschung, die sich den Lernenden in Weiterbildungseinrichtungen gewidmet hat, wird ergänzt durch die Analyse von Lernprozessen, die in anderen Institutionalisierungsformen stattfinden. Auf diese Ausweitung der Perspektive hat die Weiterbildungsforschung dahingehend reagiert, dass sie nicht mehr die Institutionen als Bezugspunkt der Analyse wählt, sondern die Subjekte. So fragt etwa der nun auch in Deutschland eingesetzte *Adult Education Survey* nach den Lernaktivitäten der Menschen – und nicht nach der Teilnahme an Bildungsangeboten. (4.3).

Insbesondere die quantitativen Erhebungen zum Lebenslangen Lernen zeigen, dass große Unterschiede in den Lernaktivitäten der Menschen bestehen – Befunde, die die Suche nach Erklärungen herausfordert. Dabei lassen sich personale und soziale Analyseperspektive unterscheiden (4.4).

## 4.1 Lernen in formalen Kontexten

Der Versuch einer Erfassung lebenslanger Lernprozesse hat in der bundesdeutschen Bildungsforschung eine lange Tradition in der Adressaten- und Teilnehmerforschung. Durch die Generierung entsprechender verallgemeinerbarer Aussagen über Bildungsaktivitäten und Lerninteressen verschiedener gesellschaftlicher Teilgruppen soll die Planung von Weiterbildungsangeboten verbessert werden – etwa um neue Adressatengruppen anzusprechen und damit bisherige Nicht-Teilnehmer in das Weiterbildungssystem integrieren zu können. So wurden schon im Rahmen der Universitätsausdehnungsbewegung des 19. Jahrhunderts Hörerstatistiken angelegt und die Teilnahmemotive der Zuhörer erfragt. Im 20. Jahrhundert wurden darüber hinaus soziodemographische Merkmale erhoben und Teilnehmertypologien erstellt. Das Wissen um Bildungsverhalten, Lernvoraussetzungen und Bildungsbedürfnisse Erwachsener wird seit den 1950er Jahren durch verschiedene Studien ergänzt, die allesamt den Zusammenhang von sozialer Lage und Bildungsverhalten sowie den grundlegenden Einstellungen zu Bildung und Weiterbildung und den subjektiven Interessenlagen herausarbeiten konnten.

Allerdings orientieren sich all diese Studien an dem Verständnis von Weiterbildung, wie es vom Deutschen Bildungsrat 1970 formuliert wurde, als »Fortsetzung oder Wiederaufnahme organisierten Lernens nach Abschluss einer unterschiedlich ausgedehnten ersten Ausbildungsphase« (Deutscher Bildungsrat 1970, S. 197). Die Fokussierung auf das organisierte Lernen bringt es mit sich, dass nur solche Bildungs- und Lernaktivitäten erfasst werden, die in Bildungseinrichtungen stattfinden. Lernen im Prozess der Arbeit, im Kontext sozialen Engagements in Vereinen, in Kulturinstituten ist damit ebenso ausgeklammert wie selbstorganisiertes Lernen mit Medien. Mit anderen Worten: all das, was in der neueren Diskussion zum Lebenslangen Lernen als Lernen in non-formellen oder informellen Lernkontexten angesprochen wird, ist aus den repräsentativen statistischen Erhebungen der Teilnehmer- und Adressatenforschung weitgehend ausgeklammert. In dieser Tradition stehend ermittelt das vom Bundesministerium für Bildung und Forschung finanzierte *Berichtssystem Weiterbildung*

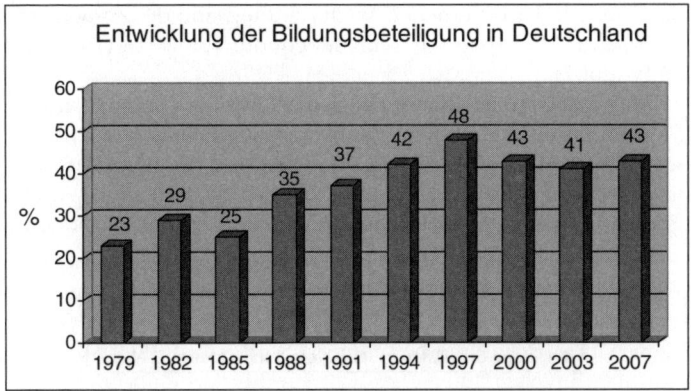

Abb. 2: Teilnahme der erwachsenen Bevölkerung an Weiterbildung 1979–2007 in % (Daten: BSW + Rosenbladt/Bilger 2008)

(Kuwan u. a.) seit 1979 in regelmäßigem Abstand aktuelle Daten über die Weiterbildungsbeteiligung.[1] Im 3-Jahresturnus wird eine repräsentative Stichprobe der deutschsprachigen Bevölkerung (7000 Personen) im Alter von 19 bis 64 Jahre über ihre Weiterbildungsaktivitäten befragt. Im Zentrum steht dabei der Kernbereich der Weiterbildung: Kurse, Lehrgänge, Seminare. Bezogen auf diese Bildungsangebote ist ein kontinuierlicher Anstieg der Teilnahmequote von 1979–2000 zu erkennen. Im Jahre 2007 lag sie bei 43 %, das entspricht einer Zahl von rund 22 Mio. Weiterbildungsteilnehmern.

Das Berichtssystem Weiterbildung unterscheidet dabei zwischen allgemeiner und beruflicher Weiterbildung. Es ermittelt, dass die Teilnahmequote in der allgemeinen Weiterbildung von 16 % im Jahre 1979 auf 27 % im Jahr 2007 angestiegen ist. Für

---

1 Die Entwicklung der Weiterbildungsbeteiligung insgesamt wird anhand der so genannten »Gesamtteilnahmequote des letzten Jahres« gemessen. Die Teilnahmequote gibt den Prozentanteil der Teilnehmer an den befragten Personen wieder. Dabei gelten alle Personen als Teilnehmer, die sich im Kalenderjahr 2003 in einem oder mehreren der Weiterbildungssektoren (allgemeine oder berufliche Weiterbildung) beteiligt haben: d. h. jeder Teilnehmende wird nur einmal erfasst – gleichgültig wie oft er teilgenommen hat!

den Bereich der beruflichen Weiterbildung sind die Zahlen entsprechend: Hier stieg die Teilnahmequote von 10 % (1979) auf 26 % (2007).

Fragt man nun detaillierter nach den Personen, die an formeller Weiterbildung teilnehmen, dann zeigen sich hier beträchtliche soziale Unterschiede. Unterrepräsentiert sind vor allem Personen mit niedriger schulischer und beruflicher Qualifikation, Ältere, Frauen, Arbeiter, Ausländer und nicht erwerbstätige Personen.

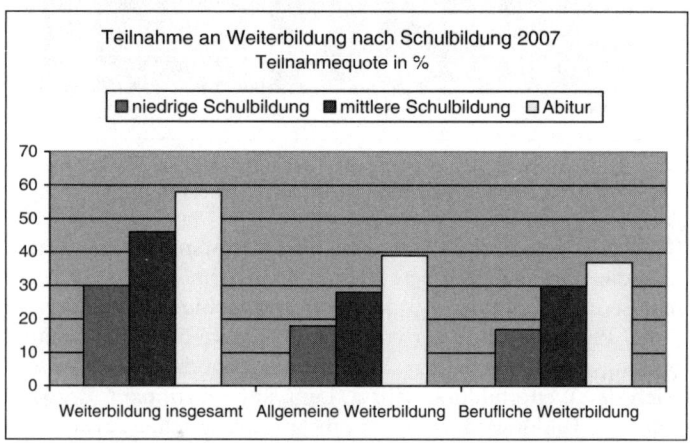

Abb. 3:   Teilnahme an Weiterbildung nach Schulbildung 2007 (Daten: BSW)

Das als sog. »Matthäusprinzip« (wer hat, dem wird gegeben) bekannte Ergebnis der Adressaten- und Teilnehmerforschung, besagt, dass eine hohe Korrelation zwischen Schichtzugehörigkeit und der Wahrscheinlichkeit einer Teilnahme an Weiterbildung festzustellen ist. So nehmen insbesondere diejenigen Personen an Weiterbildung teil, die bereits über hohe Schulabschlüsse verfügen (zu ähnlichen Ergebnissen kommt auch die Studie von Schiersmann 2006; Baethge/Baethge-Kinsky 2004).

Blickt man auf Europa, dann sind die Zahlen ähnlich. Auch hier zeigt sich, dass die Beteiligung an Weiterbildung abhängig ist vom Bildungsabschluss.

Diese Ergebnisse zeigen nicht nur, dass die Teilnahme an lebenslangen Lernprozessen sozial und regional unterschiedlich

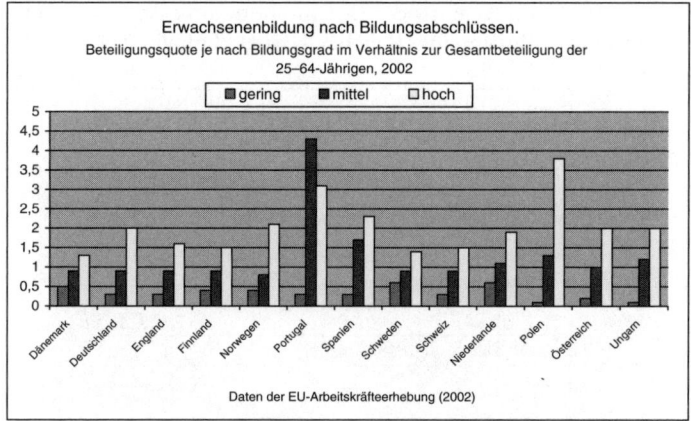

Abb. 4: Erwachsenenbildung nach Bildungsabschlüssen (Daten aus OECD 2005, S. 24)[2]

verteilt ist, sie weisen auch auf die Notwendigkeit hin, genauere Untersuchungen durchzuführen.

Eine Weiterentwicklung hat die Adressaten- und Teilnehmerforschung durch die Einbeziehung des Milieu-Konzepts erfahren. So haben die Bildungsforscher um Tippelt in verschiedenen Studien (Tippelt u. a. 2003, Barz/Tippelt 2004) das Konzept der sozialen Milieus (vgl. www.sinus-milieus.de) herangezogen und die ›objektiven‹ soziodemographischen Daten der Weiterbildungsteilnehmer durch die Einbeziehung von ›subjektiven‹ Perspektiven und Einschätzungen der Befragten ergänzt: »Das Konzept der sozialen Milieus berücksichtigt neben traditionellen Kriterien sozialer Lage wie Einkommen, Berufsstatus und Bildungsabschluss auch grundlegende Wertorientierungen, Lebensauffassungen und Lebensstile und bietet damit – im Vergleich zu ›herkömmlichen‹ Modellen der Sozialstrukturanalyse – eine dif-

---

2 Der Wert 1 beschreibt die durchschnittliche Bildungsbeteiligung in dem jeweiligen Land. Ein Wert von unter 1 verweist damit auf eine geringere Beteiligungsrate als der nationale Durchschnitt und ein Wert über 1 entsprechend auf eine höhere Beteiligungsrate.

ferenzierte Grundlage für die Beschreibung und Analyse gesellschaftlicher Teilgruppen« (Reich-Claassen/Tippelt 2009).

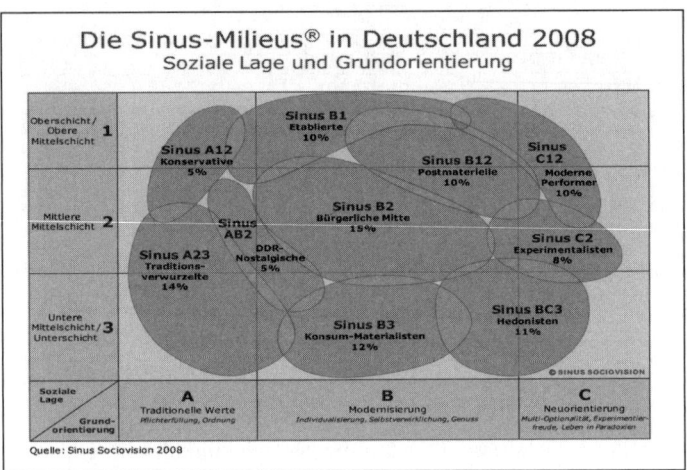

Abb. 5:  Milieustruktur der BRD 2007 (http://www.sinus-milieus.de)

Soziale Milieus sind dabei verstanden als typische, durch Klassifikation und Konstruktion gewonnene Muster der Lebensführung. Sie verkörpern Großgruppen innerhalb der Gesellschaft, die über ähnliche Wertorientierungen verfügen und ähnliche Einstellungen zu zentralen Bereichen der Lebensführung aufweisen (z. B. Arbeit, Beruf, Familien, Partnerschaft, Bildung etc.).

Im Ergebnis zeigt sich, dass die verschiedenen sozialen Milieus sich nicht nur in ihren sozialisatorischen Bildungserfahrungen und Weiterbildungsbarrieren, sondern auch in den aktuellen Bildungsvorstellungen, in ihren Weiterbildungsinteressen und Erwartungen an die Bildungsanbieter sowie in ihren Ansprüchen an Lehr-Lern-Methode und Ambiente unterscheiden (vgl. Barz/Tippelt 2004, Bd. 2).

Diese Differenzen manifestieren sich auch in der Beteiligung. So sind die Gruppen der Postmateriellen, der modernen Performer, der Experimentalisten, aber auch der Konsum-Materialisten in besonders hohem Maße an (beruflichen und allgemeinen) Weiterbildungsangeboten interessiert (65–70 % Teilnahmequote).

Die Traditionsverwurzelten und die Konservativen bleiben wie auch die DDR-Nostalgischen eher fern (ca. 30 % Teilnahmequote) und die Bürgerliche Mitte sowie die Etablierten siedeln sich in der Mitte an (57–58 % Teilnahmequote) (vgl. Reich-Claassen/Tippelt 2009, S. 876).

Differenziertere Einsichten zur Erklärung der unterschiedlichen Teilnahmequoten erhoffte man sich durch Untersuchungen zu den sog. Nicht-Teilnehmern, also denjenigen Personen, die nicht zu den Weiterbildungseinrichtungen kommen. Entsprechende Studien zu Nicht-Teilnehmern an beruflicher Weiterbildung untermauerten die Erkenntnis, dass der Erwerbsstatus, der Beruf und die berufliche Position einen zentralen Schlüssel zur Teilnahme an Weiterbildung darstellen und demzufolge Arbeitslose, gering Qualifizierte und in einfachen bzw. ausführenden Positionen Tätige weniger an Weiterbildung teilnehmen (Bellmann 2003, Harney 2003, Kuwan 2004, Schröder/Schiel/Aust 2004, Willkens 2005).

In qualitativen Detailstudien wurde die These entwickelt, dass die subjektive Verarbeitung der Informationen und Deutungsmuster aus der Lebenswelt zu einer individuellen Kosten-Nutzen-Überlegung über die Weiterbildungsteilnahme führen (Bolder/Hendrich 2000).

## 4.2 Lernen jenseits formaler Bildungseinrichtungen

Auf der institutionell-organisatorischen Ebene hat sich in den letzten vier Jahrzehnten ein rapider Institutionalisierungsprozess vollzogen, in dessen Verlauf für alle Lebensphasen Einrichtungen etabliert worden sind, die mehr oder weniger lebenslaufspezifische Bildungs- und Lernangebote machen und damit Menschen jeden Lebensalters die Gelegenheit zum erneuten oder fortführenden Lernen bieten. Im Rahmen dieses Institutionalisierungsschubs hat sich nicht nur das Feld pädagogischer Institutionen stark ausdifferenziert und auf eine Vielzahl neuer Themen und Adressaten ausgeweitet. Auch Einrichtungen, die sich nicht als pädagogische, sondern als kulturelle und kommerzielle Einrichtungen verstehen, bieten inzwischen eine nicht mehr übersehbare

Vielfalt von Aktivitäten an, die mit einem mehr oder weniger offenen Lernanspruch auftreten und als Klientel potentiell alle Bevölkerungsschichten ansprechen. Insgesamt ist das breite Spektrum institutioneller Anbieter zunehmend marktförmig organisiert mit vielfältigen Kombinationen, Versprechungen und Mischungen aus Lernen, Freizeit, Geselligkeit, Unterhaltung und Konsum. Hinsichtlich des Lerncharakters weist dieser Lern- und Weiterbildungsmarkt ganz unterschiedliche Verbindlichkeitsgrade und Rekrutierungsmechanismen mit stark von einander abweichenden Lernkontexten auf.

Auf diese Expansion von Lernorten hat auch die neuere Teilnehmerforschung reagiert. So bemühen sich die großen repräsentativen Erhebungen nicht nur um eine Erfassung von Teilnahmequoten an den klassischen Weiterbildungseinrichtungen der allgemeinen und beruflichen Weiterbildung, sondern möchten auch die verschiedenen Formen non-formellen und informellen Lernens erfassen (vgl. Baethge/Baethge-Kinsky 2004, BSW IX, http://epp.eurostat.ec.europa.eu).

Bei der Umsetzung dieser Intention zeigt sich allerdings in besonders ausgeprägtem Maße, in welcher Weise die empirische Erfassung Lebenslangen Lernens mit der Frage der definitorischen Klärung dieses Konzepts zusammen hängt (vgl. Ioannidou 2006). So nimmt beispielsweise das Berichtssystem Weiterbildung Fragen zum nicht-formalen Lernen auf, trennt dabei aber weiterhin zwischen beruflichem und allgemeinem, außerberuflichem Lernen. Das informelle Lernen außerhalb des Berufs wird unter dem Stichwort Selbstlernen thematisiert. Auf die Frage »Haben Sie sich im letzten Jahr einmal selbst etwas beigebracht, außerhalb der Arbeitszeit und außerhalb von Lehrgängen/Kursen oder Seminaren?« (Kuwan u. a. 2006 IX, S. 58) antworten 35 % mit ja – was umgekehrt bedeutet, dass sich 65 % nicht als Selbstlerner bezeichnen.

Um die informellen Formen von beruflicher Weiterbildung zu erfassen, fragte das Berichtssystem Weiterbildung nach der Lektüre von Fachliteratur, nach der Teilnahme an Kongressen, nach Selbstlernen oder Unterweisung am Arbeitsplatz, Nutzung medialer Lernangebote sowie nach der Teilnahme an Coaching, Jobrotation und Qualitätszirkeln (vgl. Kuwan u. a. 2006, S. 52f.). Im Ergebnis zeigt sich, dass 61 % der Erwerbstätigen an einem oder mehreren dieser informellen Arten des beruflichen Kenntniserwerbs beteiligt waren. Besonders häufig werden Selbstlernen durch Beobachten und Ausprobieren am Arbeitsplatz und Lesen berufsbezogener Fachliteratur genannt (38 % bzw. 35 %), gefolgt von der Unterweisung durch Kollegen (25 %) oder durch Vorgesetzte (22 %).

Wiederum zeigt sich, dass die Beteiligung an diesen Formen beruflichen Kenntniserwerbs sozial unterschiedlich verteilt ist. Relevant sind hier die Ausbildung, die Nationalität und die berufliche Stellung. So zeigen die Ergebnisse, dass sich nur 44 % der Personen ohne Berufsausbildung, nur 43 % der un- und angelernten Arbeiter und nur 46 % der Ausländer an informellem Lernen beteiligen. Dagegen nutzen 78 % der Hochschulabsolventen, 62 % der Deutschen und 79 % der leitenden Angestellten diese Art des Lernens.

Insgesamt kommt das *Berichtssystem Weiterbildung* zu dem Schluss, »dass die Reichweite der informellen Arten des beruflichen Kenntniserwerbs wesentlich höher ist als die Beteiligung an formal-organisierten Lehrgängen oder Kursen zur beruflichen Weiterbildung. Informelle Arten des Kenntniserwerbs erreichen eine höhere Zahl von Personen aus unterrepräsentierten Gruppen als formal-organisierte berufliche Weiterbildung. Die Grundrichtung der gruppenspezifischen Unterschiede ist in der differenzierten Betrachtung bei formal-organisierter beruflicher Weiterbildung und informellen Arten des beruflichen Kenntniserwerbs jedoch meist sehr ähnlich« (Kuwan u. a. 2006, S. 57).

Diese Befunde könnten darauf hinweisen, dass dem Thema der Nichtteilnehmer bzw. der bildungsfernen Gruppen noch mehr Aufmerksamkeit zu schenken ist – sie könnte aber auch Ergebnis der Tatsache sein, dass die empirische Erfassung informellen Lernens noch nicht zufrieden stellend gelungen ist. In diese Richtung argumentiert Livingstone (2001, 2006). Er geht davon aus, dass informelles Lernen beschreibbar ist als »any activity involving the pursuit of understanding, knowledge, or skill that occurs without the presence of externally imposed curricular criteria« (Livingstone 2001, S. 206, im Original kursiv). In dieser Weise verstanden sei das informelle Lernen bislang allerdings kaum erfasst. So wiesen zwar viele Studien auf die reale Größe des unerkannten Teils informellen Lernens hin, aber es bliebe oft unklar, was die einzelnen Untersuchungen unter informellem Lernen verstehen (ebd., S. 209ff). So schlössen die Fragen zum informellen Lernen oft an Fragen zum formellen/schulischen Lernen an, wodurch es für die Befragten nahe liege, als informelles Lernen nur anzugeben, was einem Kurs gleicht. Auch würden in Erhebungen zu wenige Beispiele für informelles Lernen benannt, an denen die Befragten eigene Erfahrungen aufschlüsseln und für die Erhebung zugänglich machen könnten. Nicht zuletzt werde den Befragten oft zu wenig Zeit gegeben, um über Art und Umfang ihres informellen Lernens zu reflektieren.

In Abhebung zu den kritisierten Forschungsergebnissen verfuhr die kanadische Untersuchung im Rahmen des Forschungsnetzwerks »New Approaches on Lifelong Learning« (NALL, vgl. Livingstone 2001) so, dass den in Telefoninterviews befragten Personen eine klare Definition informellen Lernens gegeben und beispielhafte Bereiche informellen Lernens benannt wurden. Dann wurden detaillierte Fragen danach gestellt, ob und in welchem Umfang informelles Lernen in den Bereichen Arbeitswelt, Gemeinschaft, Haushalt, Hobbies stattfinde.

Im Ergebnis zeigte sich, dass 95 % der kanadischen Erwachsenen in Formen informellen Lernens involviert sind und hierfür durchschnittlich 15 Stunden/Woche aufgewendet werden. Zwar korreliert eine höhere Schulbildung mit einer höheren Weiterbildungsbeteiligung, die Schulbildung korreliert aber nicht mit Art und Ausmaß des informellen Lernens.

Die Teilnahme an organisierter Weiterbildung hängt von der Möglichkeit der Zertifizierung informell erworbener Kompetenzen ab. Im Rückschluss könnte also angenommen werden, dass verstärkte Anerkennung informell erworbener Kompetenzen eine höhere Weiterbildungsbeteiligung bei bestimmten Bevölkerungsgruppen befördern könnte. Allerdings verweisen die Interviews auch darauf, dass gerade Personen mit höherer Schulbildung die Zertifizierung informell erworbener Kompetenzen nutzen, um ihre Ziele (noch) schneller zu erreichen.

Ausgehend von diesen Ergebnissen zum informellen Lernen gelte es detaillierter nach den Inhalten und den zeitüberdauernden Mustern informellen Lernens zu forschen. Auch sei es wichtig, dem Verhältnis zwischen formellem und informellem Lernen weiter auf den Grund zu gehen. Denn – so Livingstone – ein vermehrtes Wissen über informelles Lernen könnte dabei helfen, eine höhere Beteiligung an Bildung sowie den lebens- und arbeitsnäheren Einsatz von Wissen zu ermöglichen.

Festzuhalten ist hier, dass – trotz der Schwierigkeit der Operationalisierung informeller Weiterbildung (vgl. hierzu auch die Beiträge in Feller 2006) – die Ergebnisse insgesamt darauf hinweisen, dass bei der formellen wie auch der informellen Weiterbildung vergleichbare Segmentierungsmuster deutlich werden: Ältere, (tendenziell) Frauen, weniger gut Ausgebildete und Personen mit niedrigem beruflichen Status, vor allem aber Arbeitslose sind in formellen wie auch informellen Weiterbildungsprozessen unterrepräsentiert. »Die in der formellen Weiterbildung benachteiligten Gruppen suchen bzw. erfahren offenbar keine Kompensation in informellen Lernprozessen. Vielmehr scheinen beide Formen der Weiterbildung in einer Komplementärbeziehung zueinander zu stehen, die die in der institutionalisierten Weiterbildung begünstigten Gruppen weiter privilegiert und die benachteiligten Gruppen zusätzlich beeinträchtigt« (Wilkens 2005, S. 520).

Diese Einschätzung wird noch untermauert durch Untersuchungen, die das Verhältnis formaler Weiterbildung und Selbstlernaktivitäten behandeln. So stellte etwa das Berichtssystem Weiterbildung die Frage, ob Personen, die selbst lernen, auch an anderen Formen von Weiterbildung teilnehmen. Es kommt dabei zu dem Ergebnis, dass es verkürzt wäre, die Teilnehmenden an formaler Weiterbildung von den Selbstlernern zu differenzieren. Vielmehr finden sich vielfache Kombinationen von Lernformen. Die wichtige Unterscheidung ist demzufolge nicht die zwischen formalem und non- bzw. informellem Lernen, sondern die Unterscheidung zwischen lernaktiven und nicht lernaktiven Personen.

Etwas differenzierter widmet sich die Auswertung von Baethge/Baethge-Kinsky (2004) der Kompetenz zum Lebenslangen Lernen im Kontext des arbeitsbezogenen Lernens. Die Autoren gehen davon aus, dass sich die Kompetenz für Lebenslanges Lernen in drei Dimensionen zeigt: erstens der Fähigkeit, »erwartbare Entwicklungen von Anforderungen auf den Arbeitsmärkten und in der Berufswelt in ein Verhältnis zu den eigenen Qualifikationen zu setzen und seinen eigenen Lernbedarf zu be-

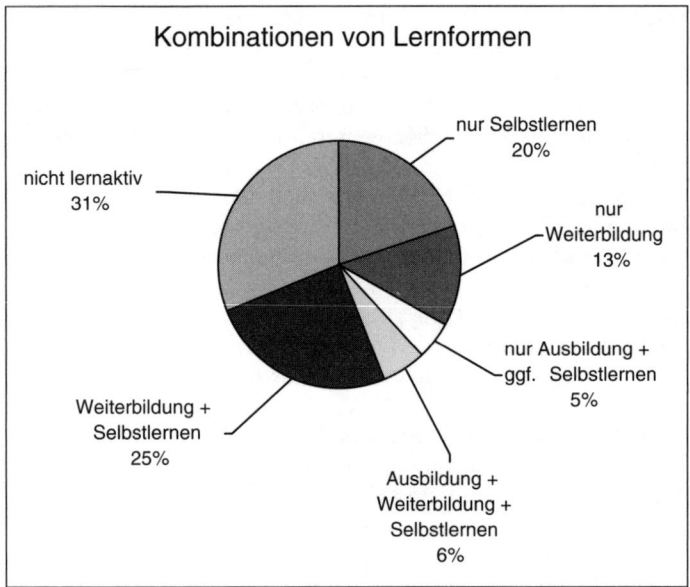

Abb. 6: Kombination von Lernformen bei den befragten Personen (Datengrundlage: BSW und AES 2007, vgl. Rosenbladt/Bilger 2008, S. 61)

stimmen« (ebd., S. 47) (Dimension der Antizipation). Zweitens die Bereitschaft und Fähigkeit zu selbstgesteuertem Lernen (= Selbststeuerungsdisposition) und drittens die berufsbezogene Weiterbildungs- bzw. Lernaktivität (= Kompetenzentwicklungsaktivität).

Auf der Basis dieser Dimensionierung erarbeiten sie drei verschiedene Lernniveaus: hoch – mittel – niedrig. Nach den vorgelegten Daten weisen 27 % der Befragen eine niedrige Lernkompetenz auf, 47 % eine mittlere und 26 % eine hohe Lernkompetenz (ebd., S. 58).

In einem weiteren Schritt wird nach dem Zusammenhang zwischen der Lernkompetenz und dem für die Befragten bedeutsamen Lernkontext gefragt. Dabei unterscheiden sie zwischen einem formalisierten, einem medialen, einem arbeitsbegleitenden und einem privaten Lernkontext.

Die Ergebnisse zeigen, dass Personen mit unterschiedlichen Lernniveaus auch unterschiedliche Lernkontexte bevorzugen: »Entgegen der durch die Diskussion um das ›informelle Lernen‹ genährten Erwartung zeichnen sich insbesondere diejenigen durch eine niedrige Lernkompetenz aus, die das Lernen im privaten Umfeld bzw. das arbeitsbegleitende Lernen als ihre beruflich wichtigsten Lernkontexte bezeichnen. Umgekehrt zeichnen sich diejenigen überdurchschnittlich oft durch ausgeprägte Lernkompetenzen aus, die das mediale oder das formalisierte Lernen als die Felder bezeichnen, in denen sie am meisten gelernt haben« (ebd., S. 60; im Original hervorgehoben). Die Autoren folgern daraus, dass dem Zusammenhang zwischen Lernkontext und der Entwicklung von Lernkompetenz vermehrte Aufmerksamkeit zu schenken ist.

Wenn nun aber vielen Menschen die Lern- und Selbststeuerungskompetenzen fehlen, die sie für ein erfolgreiches Lernen in formalisierten und medialen Lernkontexten bräuchten, dann müsse darüber nachgedacht werden, wie in arbeitsbezogenen Lernkontexten diese Lernkompetenzen zu fördern seien. Es gilt ihres Erachtens nach stärker die Möglichkeit zu schaffen, »dass die Betroffenen die Praxissituationen als Lernerfahrungen reflektieren und in Kompetenz umsetzen können« (ebd., S. 61). Da derartige Lernmöglichkeiten vor allem im Kontext einer lernförderlich gestalteten Arbeit zu finden sind, sprechen sie im Titel ihrer Untersuchung auch von der »*Arbeit als zweiter Chance*«[3] (vgl. zur Differenzierung verschiedener Arbeitstätigkeiten auch Volkholz/Köchling 2001, Volkholz/Köchling/Langhoff 2004).

## 4.3 Lernen im Lebensverlauf

Die Hinwendung zum Lebenslangen Lernen führte auch auf der Ebene der empirischen Erhebung von Grunddaten zu Bildung und Erziehung zu größeren Veränderungen. Diese beziehen sich nicht nur darauf, dass die Lernaktivitäten der Menschen nun auch unter einer Lebenslaufperspektive betrachtet werden – und inso-

---

3 Zum Konzept der Lernförderlichkeit der Arbeit vgl. auch Bergmann (1994).

fern eine Hinwendung zu Längsschnittuntersuchungen auszumachen ist. Die Veränderungen betreffen auch sehr grundlegend die konzeptionellen Grundlagen der Bildungsberichterstattung. Dies lässt sich an der Ablösung des Berichtssystems Weiterbildung durch die Einführung des Adult Education Survey beschreiben (vgl. hierzu auch Gnahs/Kuwan/Seidel 2008). Beide Berichtskonzepte intendieren eine repräsentative Befragung der Bevölkerung im Erwerbsalter, also zwischen 19 und 64 Jahren, und sie fragen nach den Weiterbildungsaktivitäten der letzten 12 Monate. Allerdings unterscheidet sich die Art und Weise, in der nach dem Lernen im Erwachsenenalter gefragt wird, grundlegend: Das Berichtssystem Weiterbildung orientierte sich noch an einem Verständnis von Erwachsenenbildung bzw. Weiterbildung als einer zielgerichteten, organisierten Form des Lernens, die meist in Form von Kursen, Lehrgängen, Seminaren und Veranstaltungen stattfindet. Zwar wurde in den letzten Jahren auch das Selbstlernen außerhalb institutionalisierter Weiterbildung einbezogen, aber im Großen und Ganzen war das Berichtssystem Weiterbildung von einem Begriffsverständnis getragen, das Lernen im Kontext von Institutionen fokussierte – eine Perspektive, die im englischen Sprachgebrauch als ›Adult Education‹ beschrieben wurde.

Mit der Hinwendung zum Lebenslangen Lernen veränderte sich die Perspektive dahingehend, dass nicht mehr von *Adult Education*, sondern von *Adult Learning* gesprochen wird.

Anknüpfend an das damit erweiterte Verständnis vom Lernen Erwachsener als Lernen, das diesseits und jenseits pädagogischer Einrichtungen stattfindet, fragt der Adult Education Survey nun nicht mehr nach der Teilnahme an organisierten Weiterbildungsveranstaltungen, sondern nach den Lernaktivitäten der Menschen. In diesem Zusammenhang wird unterschieden zwischen *formal education*, *non-formal education* und *informal education* (vgl. Rosenbladt/Bilger 2008).

Damit enthält der Adult Education Survey nicht mehr in erster Linie Informationen zur Weiterbildungsteilnahme an beruflicher oder allgemeiner Weiterbildung, sondern stellt vielmehr eine ›Erhebung zum Lernen im Erwachsenenalter‹ dar.

Die Ergebnisse der Befragung informieren nun nicht mehr über den Ort der Weiterbildung (berufliche oder allgemeine Erwachsenenbildungseinrichtung bzw. Lernen außerhalb des traditionellen Bildungssystems), sondern darüber, welche Lernform (operationalisiert an unterschiedlichen Veranstaltungsarten) gewählt wurden und ob berufliche oder private Motive ausschlaggebend waren. Die damit einhergehenden Veränderungen in der Bildungsberichterstattung sind nicht unumstritten (vgl. die Beiträge in Gnahs/Kuwan/Seidel 2008) und werden wohl – weil die Ergebnisse als Grundlage für politische Entscheidungen verwendet werden – weiterhin Gegenstand der Diskussion bleiben.

Die Hinwendung zum Lernen im Lebenslauf führte aber nicht nur zu einer Veränderung der begrifflichen Grundlagen der Bildungsberichterstattung – und damit zu einer Hinwendung zu allen Lernaktivitäten der Menschen über den gesamten Lebenslauf –, sondern auch zu Auswertungsstrategien, die versuchen, die vorhandenen statistischen Daten zur Weiterbildungsbeteiligung auch unter einer Lebenslaufperspektive zu betrachten (vgl. Rosenbladt/Bilger 2008, S. 132ff.). Sie kommen dabei zu dem Ergebnis, dass die Beteiligung an betrieblicher Weiterbildung bei

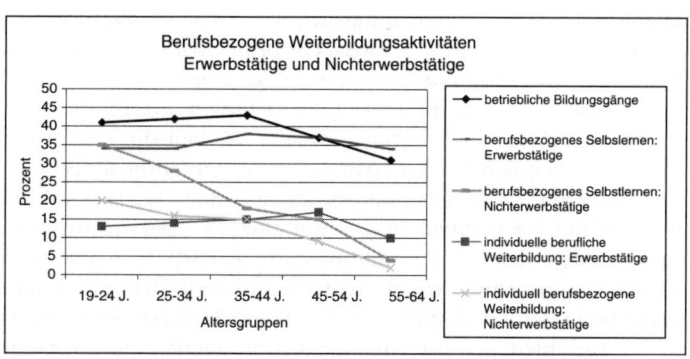

Abb. 7: Berufsbezogene Weiterbildungsaktivitäten (Datengrundlage: AES 2007, vgl. Rosenbladt/Bilger 2008, S. 132ff)

den 19- bis 45-Jährigen mit gut 40 % gleichbleibend hoch ist und danach leicht zurückgeht. Von den 55- bis 64-Jährigen nehmen noch mehr als 30 % an betrieblicher Weiterbildung teil.

Dabei zeigt sich bei der Auswertung der Teilnahme an individueller beruflicher Weiterbildung eine leicht ansteigende Teilnahmequote von etwa 13 % bei den 19- bis 24-Jährigen und von bis zu 16 % bei den 45- bis 54-Jährigen. Danach fällt die Quote auf 10 % zurück. Das berufsbezogene Selbstlernen ist demgegenüber bei den Erwerbstätigen weitgehend gleichbleibend hoch, sinkt dagegen bei den Nichterwerbstätigen mit dem Alter rapide ab von etwa 35 % bei den 19- bis 24-Jährigen bis zu etwa 3 % bei den 55- bis 64-Jährigen.

Damit wird – wie erwartet – deutlich, dass das beruflich-betriebliche Lernen in besonderem Maße von der Erwerbstätigkeit abhängig ist. Anders dagegen die nicht berufsbezogene Weiterbildung. Hier zeigt sich bei den formalen Weiterbildungen ein Rückgang von etwa 18 % bei den 19- bis 24-Jährigen zu 10 % bei den 25- bis 34-Jährigen, ein Wert der dann bis zu den 80-Jährigen weitgehend stabil bleibt. Dagegen wird die Quote für das nicht berufsbezogene Selbstlernen bei allen Altersgruppen mit über 25 % angegeben – wobei die Selbstlernaktivitäten bei den über 55-Jährigen noch weiter ansteigen.

Insgesamt muss darauf hingewiesen werden, dass die Ergebnisse nur als Tendenzaussagen gewertet werden können, da hier die Daten einer Querschnittsuntersuchung als Quasi-Verlauf beschrieben werden; ein Verfahren, das problematisch ist und insbesondere im Zusammenhang mit der Verwerfung der sog. Defizithypothese der Lernfähigkeit Erwachsener massiv kritisiert wurde (vgl. Kap. 4.4.1). Dennoch aber können die Ergebnisse wiederum deutlich machen, dass die soziale Situation der Befragten – hier in Gestalt der Erwerbstätigkeit – einen wichtigen Einfluss auf die Lernaktivitäten hat. Außerdem zeigen die Auswertungen, dass das nicht berufsbezogene Lernen eine über die Lebensspanne stabile, wenn nicht zunehmende Bedeutung hat. Aus diesem Befund, dass Ziele, Formen und Kontexte des Lernens in den verschiedenen Altersphasen unterschiedlich sind, lässt sich schließen, dass Lebenslanges Lernen »biographisch sinnvolles Lernen« (ebd., S. 138) ist – ein Befund, der allerdings mit den vorliegenden statistischen Ergebnissen kaum weiter erhellt werden kann, sondern wohl der Durchführung qualitativer Studien bedarf.

Landläufige Vorstellungen von der zurückgehenden Beteiligung an Bildungs- und Weiterbildungsmaßnahmen mit fortschreitendem Alter werden damit bestätigt durch statistische Zahlen, die eine Abnahme der Teilnahme an Weiterbildungsveranstaltungen ab 55 Jahren dokumentieren. Dem steht allerdings ein umgekehrter Verlauf bei den nicht berufsbezogenen Selbstlernaktivitäten gegenüber. Denn diejenigen, die sich nach eigenen Angaben Wissen und Fertigkeiten ohne den Besuch einer Bildungseinrichtung beigebracht haben, werden mit zunehmendem Alter mehr. Der Anteil dieser Selbstlerner steigt von 10 % in der jüngsten bis zu 29 % in der ältesten Altersgruppe. Insofern ist zwar mit fortschreitendem Alter ein Rückzug aus institutionalisierten Bildungsangeboten auszumachen – der aber nicht gleichzusetzen ist mit dem Ende des aktiven Lernverhaltens dieser Menschen (vgl. Rosenbladt/Bilger 2008, S. 138).

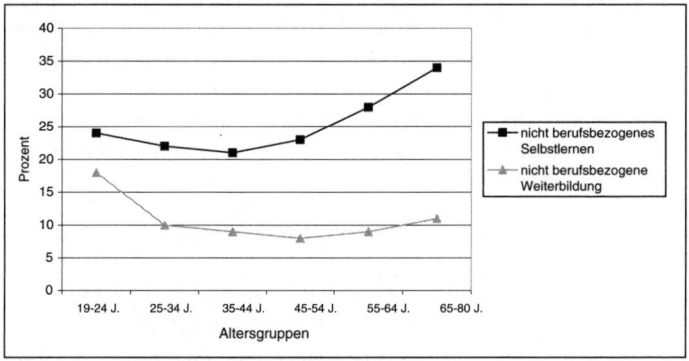

Abb. 8: Nicht berufsbezogene Weiterbildungsaktivitäten (Datengrundlage: AES 2007, vgl. Rosenbladt/Bilger 2008, S. 138)

Ein detaillierterer Blick auf die Lernaktivitäten verdeutlicht somit, dass Ziele, Formen und Kontexte des Lernens in den verschiedenen Altersstufen unterschiedlich sind. So erscheint es nahe liegend, dass berufsbezogene Weiterbildungsaktivitäten nur für Menschen in einer bestimmten Lebensphase zugänglich und relevant und in anderen Phasen biographisch gar nicht mehr sinnvoll sind. Dagegen nehmen nicht berufsbezogene Lernaktivitäten in der nachberuflichen Phase zu – ein Befund, der aber nur dann sichtbar wird, wenn das Lebenslange Lernen als Lernen im Kontext von Lebenssituationen betrachtet wird und auch nach der biographischen Bedeutung des Lernens gefragt wird. Insgesamt fordern diese ersten Befunde dazu auf, das Lernen im Lebenslauf aus mannigfaltigen Perspektiven zu betrachten (vgl. hierzu etwa die Beiträge in Sutherland/Crowther 2006).

## 4.4 Auf der Suche nach den Bedingungen Lebenslangen Lernens

### 4.4.1 Individuelle Voraussetzungen

Zur Erklärung der Unterschiede in den Fähigkeiten, Bereitschaften und Aktivitäten zum Lernen *über die gesamte Lebensspanne* werden unterschiedlichste theoretische Konzepte bemüht, wobei ein Schwerpunkt der Analysen im Bereich der Psychologie und unterdessen auch in den Neurowissenschaften zu verorten ist.

Insbesondere die Lernpsychologie erklärt Unterschiede im Lernverhalten durch den Einfluss der Motivation, der subjektiven Lern- und Wissenstheorie und dem individuell vorherrschenden Attribuierungsmuster, das zur Begründung des Lernerfolgs oder -misserfolgs herangezogen wird (vgl. Kaiser 2009). Darüber hinaus wird der Entwicklung der geistigen Leistungsfähigkeit besondere Aufmerksamkeit geschenkt.

*Geistige Leistungsfähigkeit als Grundlage für Lebenslanges Lernen*
Ganz allgemein wird die geistige Leistungsfähigkeit als Grundlage für Lebenslangens Lernen angesehen. In diesem Zusammenhang ist lange Zeit die so genannte Adoleszenz-Maximum-These vertreten worden, die davon ausging, dass der Höhepunkt der Lernfähigkeit des Menschen in der Adolezenz liegt und ab dem Alter von 25 Jahren eine Abnahme zu verzeichnen sei. Diese These wird heute als widerlegt angesehen. Vielmehr ist davon auszugehen, dass sich vor dem 60. Lebensjahr kein genereller Abbau der kognitiven Leistungsfähigkeiten nachweisen lässt (Faltermaier u. a. 2002, S. 22).

Interessant ist in diesem Zusammenhang ein genauerer Blick auf die empirische Basis der Annahme einer altersbezogenen Abnahme der kognitiven Leistungsfähigkeit: Denn diese Einschätzung basierte auf Querschnittuntersuchungen, in denen seit Anfang des 20. Jahrhunderts bei verschiedenen Bevölkerungsgruppen (Rekruten und Offiziersanwärter, ältere und jüngere Krankenhauspatienten und 13-jährige Schüler sowie ihre Eltern) die kognitiven Fähigkeiten gemessen wurden. Die Ergebnisse der Intelligenztests wurden nun miteinander verglichen und zeigten einen erheblichen Leistungsabfall mit zunehmendem Alter. Das Problem eines derartigen Vorgehens besteht allerdings darin, dass die jeweilige Ausgangssituation der Menschen nicht beachtet wird. Denn die Ergebnisse wurden auf der Basis einer Querschnittuntersuchung gewonnen. Entsprechend wurde die kognitive Leistungsfähigkeit von Menschen unterschiedlichen Alters verglichen – ohne in Rechnung zu stellen, dass etwa Bildungsstand oder sozio-ökonomische Situation der Befragten stark variierte.

Längsschnittstudien, in denen die Entwicklung einzelner Menschen beleuchtet wurde, führten denn auch zu einer Widerlegung der Defizithypothese. Jetzt wurde deutlich, dass die Ausgangsintelligenz, die Schulbildung, die berufliche Tätigkeit und das soziale Milieu viel wichtigeren Einfluss auf die kognitive Leistung haben als das Alter.

Ob ältere Menschen überhaupt noch lernen wollen und wie gut sie noch lernen können, hängt demzufolge in hohem Maße von ihren Bildungserfahrungen ab. Die Voraussetzungen und die Bereitschaft dafür, erfolgreich an Bildungsveranstaltungen teilzunehmen, sind nicht primär im Zusammenhang mit dem kalendarischen Alter einer Person zu sehen. Sie korrelieren vielmehr eng mit ihrer Bildungspartizipation in der Jugend und im weiteren Lebensverlauf und sind abhängig von erworbenen Erfahrungen, Einstellungen und Urteilen in Bezug auf Lehr-Lern-Situationen.

Darüber hinaus ist sich heute die Forschung einig, dass nicht von einer generellen Leistungsveränderung oder -verminderung zu sprechen ist, sondern von einem Wandel der Leistungsfähigkeiten auf kognitiver und physischer Ebene. Diese Einsicht hängt eng zusammen mit einer differenzierteren Perspektive auf die Intelligenz. Sie zeigt sich in der Konzeption des so genannten Zwei-Komponenten-Modell der Intelligenz (Baltes/Dittmann-Kohli/Dixon 1984). Es stellt die biologisch bestimmte »Mechanik« der kulturell geprägten »Pragmatik« der Intelligenz gegenüber. Die Mechanik bezieht sich auf die neurophysiologische Architektur des Gehirns, und damit auf die elementaren Eigenschaften unseres kognitiven Apparates – etwa die Geschwindigkeit und Präzision der Basisprozesse der Informationsverarbeitung: Unterscheidungs-, Vergleichs- und Klassifikationsprozesse. Dieser Bereich der Intelligenz wird auch als fluide Intelligenz bezeichnet (Baltes 1990). Sie bezieht sich auf die kognitiven »Grundlagen« der Anpassung an neue Situationen, z. B. auf Reaktionsgeschwindigkeit, logisches Denken und Gedächtnisspanne.

Empirische Befunde zeigen im Bereich der kognitiven Mechanik bzw. der fluiden Intelligenz einen Rückgang der Leistungsfähigkeit ab etwa einem Alter von 60 Jahren (Baltes/Lindenberg/Staudinger 1998). Dieser Leistungsabbau ist allerdings nicht als biologisch determiniert anzusehen, er hängt von Umweltbedingungen ab. So lassen sich die basalen kognitiven Fähigkeiten der Informationsverarbeitung gut trainieren (vgl. hierzu Staudinger 2000, S. 93, Reiserer/Mandl 2001, Schmidt 2009, Kruse 2008).

Die kognitive Pragmatik repräsentiert den inhaltlich fundierten, kulturell bestimmten Aspekt der Intelligenz. In ihr zeigt sich das Wissen, das Individuen im Lauf ihres Lebens erworben haben. Dieser Bereich der Intelligenz wird auch als kristalline Intelligenz bezeichnet (Baltes 1990). Sie beschreibt Fertigkeiten, in denen sich die Effekte vorangegangenen Lernens »kristallisiert« haben. Sie zeigt sich etwa in sprachlichen Fähigkeiten, alltäglichem Problemlösen, Lebenserfahrung oder beruflichem Spezialwissen. In diesem Bereich wird von einem ansteigenden Verlauf bis ins mittlere Erwachsenenalter ausgegangen und danach von einer Stabilität bis ins hohe Alter (Staudinger 2000, S. 94).

Die empirische Beschreibung dieser zwei Komponenten der Intelligenz lässt sich dahingehend zusammenfassen, dass mit zunehmendem Alter eine Abnahme »funktionaler Fähigkeiten« (Muskelkraft, Seh- und Hörvermögen) und eine Zunahme prozessübergreifender Fähigkeitsdimensionen (Erfahrung) feststellbar ist.

Insgesamt herrscht darüber Einvernehmen, dass die Entwicklung der geistigen Leistungsfähigkeit im Lebensverlauf auf einem komplexen Zusammenspiel biologisch bedingter Einbußen und kulturell vermittelter Zugewinne beruht (Baltes/Lindenberger/Staudinger 1998). Dies führt dazu, dass Individuen und Fähigkeiten in sehr unterschiedlicher Weise sich entwickeln und eben auch altern. Manche Personen sind noch bis ins hohe Alter sehr kreativ und kognitiv aktiv, bei anderen lassen die kognitiven Fähigkeiten stark nach. Auch hinsichtlich der Fähigkeiten ist keine eindeutige Entwicklung auszumachen: »Zum Beispiel lässt die Geschwindigkeit, mit der wir Wahrnehmungs- und Denkaufgaben durchführen, in der Regel mit dem Alter nach (z. B. Lindenberger/Baltes 1994). Fähigkeiten hingegen, die auf Wissen und Lebenserfahrung aufbauen, können bis ins hohe Alter Zugewinne aufweisen« (Staudinger 2000, S. 91).

Die Altersforschung hat sich damit von der Defizithypothese abgewendet und statt dessen die Annahme eines »differentiellen Alters« in den Vordergrund gestellt: Sowohl die Lebensgeschichte als auch die Lebenslage, die soziale Situation, der Lebensstil, der Zeitpunkt, in welchem Alter und in welcher Lebensphase zeitgeschichtliche Ereignisse stattfanden, die Zugehörigkeit zu einem Kulturkreis, zu Religion, zu Geschlecht prägen Menschen und wirken sich auf das Erleben und Verhalten der Menschen in der Lebensphase Alter aus (vgl. KBE-Kommission »Altenbildung«, 2002).

*Persönlichkeitsmerkmale als Grundlage Lebenslangen Lernens*
Neben den kognitiven Voraussetzungen werden die persönlichkeitsbezogenen Voraussetzungen Lebenslangen Lernens betont. In diesem Zusammenhang wird zwischen strukturellen Persönlichkeitsmerkmalen (etwa der Grad an Neurotizismus, Extraversion, Offenheit, Umgänglichkeit, Zuverlässigkeit), der Art der Selbstdefinition und prozessualen Merkmalen, wie etwa den Emotionsmustern, Bewältigungsformen, Bewertungs- und Attributionsstilen, unterschieden. Auch hier wird betont, dass Entwicklung nicht individualistisch, sondern nur in Bezug auf die Kontexte zu verstehen ist (Baltes 1997). Entsprechend wird darauf hingewiesen, dass das Zustandekommen oder Ausbleiben Lebenslangen Lernens nicht nur von kognitiven Variablen und strukturellen Persönlichkeitsmerkmalen abhängt, sondern es weitere Einflussfaktoren zu berücksichtigen gilt. In diesem Zusammenhang wird die Plastizität psychologischer Merkmale herausgestellt. Diese verweist darauf, dass die individuelle Entwicklung nicht von Geburt an determiniert ist, sondern vielmehr von einem enormen Einfluss der Umwelt bzw. der je individuellen Ver-

arbeitung der Umweltbedingungen auszugehen ist (Lindenberger 2000).

Sehr deutlich wird an dieser Stelle, dass die Frage der individuellen Bedingungen lebenslangen Lernens nicht allein aus einer psychologischen Perspektive betrachtet werden darf, sondern vielfache fördernde und hemmende Bedingungen für das Lebenslange Lernen in Betracht gezogen werden müssen. Genannt seien hier nicht nur Motivation und Interesse (Krapp 2000), der Einfluss der Selbstwirksamkeitsüberzeugungen (Bandura 1997) und das Vorhandensein von Lernstrategien (Mandl/Friedrich 2006), sondern auch der Einfluss der Vorbildung und der beruflichen Tätigkeit – und damit verbunden die Existenz alltäglicher Herausforderungen zur Lösung von Problemen.

Neben der Bedeutung der personalen, materiellen und sozialen Rahmenbedingungen wird zunehmend auch der Einfluss der gesellschaftlichen Vorstellungen über das Lernen einbezogen. Solche Vorstellungen können sich etwa darauf beziehen, welche Lernaktivitäten von bestimmten Lebensaltern erwartet werden und welche Aktivitäten von Männern bzw. Frauen gezeigt werden sollen (Schäffer 2009, Staudinger 2000).

*Einstellungen gegenüber Lernen und Weiterbildung als Grundlage für Lebenslanges Lernen*

Strzelewicz/Raapke/Schulenberg haben 1966 gefragt: »Hätten Sie Lust, sich noch einmal in irgend einer Weise weiterzubilden?« (S. 62). Die Antwort fiel eindeutig aus: 70 % der Befragten antworteten mit Nein und nur 30 % formulierten Interesse an Weiterbildung.

Ein halbes Jahrhundert später fragt das CEDEFOP (2005) nach den Einstellungen der erwerbstätigen Bürger der europäischen Staaten. Die Aussage »Lebenlanges Lernen ist nicht wichtig« wurde dabei – unabhängig von den Unterschieden in den einzelnen Ländern – von einem Großteil der Befragten verneint (oder die Personen hatten keine Meinung dazu). Damit zeigt sich, dass die Bedeutung lebenslangen Lernens nicht nur auf der politisch-programmatischen Ebene, sondern auch in den Überzeugungen der Menschen zugenommen hat.

Bei genauerer Betrachtung zeigt sich allerdings, dass die Einstellungen gegenüber der Weiterbildung differenziert zu betrach-

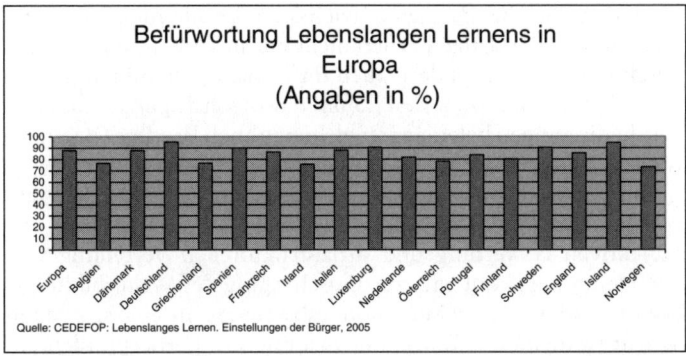

Abb. 9: Befürwortung Lebenslangen Lernens in Europa (Daten: CEDEFOP 2005)

ten sind. So zeigen etwa Barz/Tippelt (2004, S.110ff.), dass das Bildungsverständnis – und damit auch die Erwartungen an Lernen und Bildung – milieuspezifisch differiert. Die Auffassung, dass sich ›Bildung‹ in einem allgemein verbindlichen Wissensvorrat manifestiert, ist eher in traditionellen konservativen und materialistisch orientierten Milieus vorherrschend, wogegen die Erwartung, dass Bildung sich auf die gesamte Lebensspanne erstreckt und daher als Prozess zu begreifen ist, eher in den modernen Milieus der Experimentierer und Postmaterialisten – aber auch in der Bürgerlichen Mitte – vertreten wird. Die Qualifikationsdimension von Bildung – und damit die Erwartung, dass Bildung eng mit dem Erwerb von Bildungszertifikaten und institutionellen Laufbahnen verbunden ist – kommt besonders in den Mittel- und Unterschichtmilieus zum Tragen. In den Oberschichtmilieus gelten Zertifikate als notwendige, aber nicht hinreichende Grundlage für Bildung. In ihnen wird Bildung darüber hinaus noch mit »kulturellem Kapital« im Sinne von Bourdieu (1983) assoziiert.

Auf Basis einer repräsentativen Befragung der deutsch sprechenden Bevölkerung im Alter von 19 bis 64 Jahren widmet sich eine Studie von Schiersmann (2006) der Deskription der persönlichen Einstellungen und Verhaltensweisen der Menschen im Bezug auf Weiterbildung. Indem sie nach den persönlichen Bereitschaften und Kompetenzen für selbstorganisiertes Lernen sowie nach den für die Befragten wichtigen Lernkontexten fragte, wurde das Lebenslange Lernen nicht nur in seinem sozioökonomischen Rahmen, sondern auch im Kontext der Bildungs- und Berufsbiographie sowie den konkreten Beschäftigungs- und Arbeitsbedingungen beleuchtet (vgl. hierzu auch Baethge/Baethge-Kinsky 2004, S. 25ff.).

Die Auswertung Schiersmanns präsentiert dabei eine Vielzahl von Informationen zur Selbststeuerung des Lernverhaltens, zur subjektiven Bewertung und sozialstrukturellen Verteilung verschiedener Lernkontexte, zur Einschätzung des Weiterbildungsbedarfs und zu den Weiterbildungsbarrieren. In einem zweiten Schritt werden diese Einzelinformationen zu Lernerprofilen gebündelt. Clusteranalytisch werden dabei weiterbildungsbewusste und weiterbildungsdistanzierte Lerner differenziert. Die weiterbildungsbewussten Lerner zeichnen sich grob gesagt dadurch aus, dass sie in den verschiedenen formalen und informellen Lernkontexten hohe Lernaktivität zeigen, dass sie gesellschaftliche und betriebliche Veränderungen wahrnehmen und selber eine große Eigenverantwortung bei der Planung von Weiterbildung übernehmen (vgl. Schiersmann 2006, S. 79).

Neben allgemeinen Einstellungen gegenüber Weiterbildung und Lebenslangem Lernen haben auch spezifische Erwartungen an Bildungsangebote Einfluss auf das Bildungsverhalten. So haben Merriam/Lumbsden (1985) vier Lerntypen rekonstruiert:

- Lernende, die formale und strukturierte Lernumgebungen bevorzugen,
- Lernende, die projektorientiert selbstständig arbeiten,
- Lernende, die von der Mitarbeit an Projekten profitieren,
- Lernende, die nur wenig (aktives) Interesse am Lernen haben.

Andere Autoren differenzieren die Weiterbildungsinteressen entsprechend den Lebenssituationen der Menschen. So können Tippelt/Schmidt zeigen, dass Arbeitsuchende interessiert sind an praxisorientierter Weiterbildung, über 75-Jährige wünschen sich Hilfe bei der Alltagsbewältigung und die befragten Frauen der ländlichen Region heben soziale Motive hervor und wünschen sich Austausch in Kleingruppen (vgl. Schmidt 2009).

## 4.4.2 Soziokulturelle Bedingungen

Zwar befassen sich die bislang angesprochenen Studien zu den Bedingungen lebenslangen Lernens in erster Linie mit dem Einfluss persönlichkeitsbezogener Merkmale, zugleich aber wird immer wieder deutlich, dass die Gestaltung des Lernens im Lebenslauf nicht allein als individuelles Projekt anzusehen ist, sondern auch in seinen gesellschaftlichen Strukturen betrachtet werden muss (vgl. Rabe-Kleberg 1993).

*Lebenslauftheoretische Ansätze*
Der Frage der sozialstrukturellen Einbettung individueller Lebens- und Bildungsverläufe widmet sich insbesondere die soziologische Lebenslaufforschung (Sackmann 2007). Im Zentrum steht dabei die Frage, ob und in welchem Ausmaß Lebensverläufe durch Herkunft, Geschlecht, Alter und Ethnizität beeinflusst sind. Ein Forschungsbereich bezieht sich dabei auf das Lernen im Lebensverlauf (vgl. Mayer 2002). Zur Untersuchung dieses Phänomens wurden in verschiedenen Ländern groß angelegte Längsschnittuntersuchungen durchgeführt, die das Lernen der Individuen in ihren verschiedenen Bildungsphasen erfasst (vgl. Kristen u. a. 2005). So wurden beispielsweise in England zwei Kohorten (1958 und 1970) über viele Jahre in ihrer kognitiven, emotionalen und sozialen Entwicklung beschrieben und die je spezifischen Lebensbedingungen beleuchtet (vgl. Bynner/Schuller/Feinstein 2003). Dadurch konnten grundlegende Informationen über den Einfluss von sozialstrukturellen Faktoren und den konkreten Lebens- und Sozialisationsbedingungen auf die Lern- und Bildungsverläufe der Kinder herausgearbeitet werden.

In Deutschland existieren solche Untersuchungen nicht. Abhilfe schaffen soll hier ein nationaler Bildungspanel, der allerdings erst in Vorbereitung ist (Blossfeld u. a. 2008). Die vorhandenen Untersuchungen zum Lernen im Lebenslauf sind sehr viel kleiner dimensioniert. Hier gibt es keine groß angelegten Längsschnittstudien, die auch Aussagen über Bildungsverläufe gestatten würden. Dennoch wird auch hier immer wieder der Zusammenhang zwischen sozialer Herkunft und dem Niveau der Bildungsbeteiligung bzw. der erworbenen Bildungsabschlüsse herausgestellt (vgl. zusammenfassend Sackmann 2006, S. 101ff.). Bezüglich der

Frage nach den zugrunde liegenden Wirkmechanismen für die Differenzen im Bereich der Weiterbildung werden die Unterschiede in den Ressourcen sowie die Unterschiede in der Motivation besonders herausgestellt. So gilt ein hoher Bildungsabschluss als Ressource für Weiterbildungsteilnahme, weil man in den vorangegangenen Bildungsgängen nicht nur mannigfaltiges Wissen, sondern auch die Kompetenz zur Aneignung weiteren Wissens erworben habe. Darüber hinaus geht der Erwerb eines höheren Bildungsabschlusses einher mit dem Interesse und der Neugier für den Erwerb neuen Wissens. Insofern werde mit dem Erwerb eines höheren Bildungsabschlusses auch eine Bereitschaft zu Lebenslangem Lernen habitualisiert. Darüber hinaus gilt hier die Tatsache, dass die Teilnahme an Weiterbildung nicht verpflichtend ist, sondern von vielfältigen individuellen, organisatorischen und sozialen Faktoren und Zufällen abhängt als Grundlage für die hohe Selektivität dieses Bildungsbereiches. Neben dem Bildungsabschluss ist auch der Einfluss der Kategorie Gender auf die Bildungsbeteiligung dokumentiert (Born/Krüger 2001, Dausien 2001, Friebel 2004, 2006).

Einen Schwerpunkt der Forschung bilden bisher die Analysen des Zusammenhangs zwischen den gesellschaftlichen (Groß-)Institutionen wie Arbeit und Familie einerseits und dem individuellen Lebenslauf andererseits. So untersucht etwa Fend 2006 mit der sog. Life-Studie (Lebensverläufe ins frühe Erwachsenenalter) die Frage, wie sich die Erfahrungen von Jugendlichen, in der Zeit von etwa 12 bis 16 Jahren auf einer Hauptschule, einer Realschule oder einem Gymnasium gewesen zu sein, auf die weitere Lebensgeschichte auswirkt.

Werden Bildungs- und Erziehungsinstitutionen, insbesondere für Erwachsene, untersucht, dann beschränkt auf die Bereiche des formellen, organisatorisch verfassten Lernens Erwachsener. So werden etwa für bestimmte Kohorten markante Effekte der frühkindlichen Familienstruktur auf die (institutionelle) Bildungskarriere der Kinder nachgewiesen, wie überhaupt der Einfluss familiärer Sozialisationsbedingungen auf den relativen Bildungserfolg belegt wird. Dass die Bildungsungleichheit im Lebensverlauf zunimmt, ist ein weiterer, die Phase des Lernens, insbesondere im Kontext der Weiterbildung, fokussierender zentraler Befund (vgl. Becker 1991, Friebel/Ebskamp/Knobloch 2000, Hillmert/Mayer 2004, Meulemann 1995).

Ein anderer Forschungszugang analysiert die Unterschiede zwischen den individuellen Lern- und Sozialisiationsbedingungen. So wurde beispielsweise der Einfluss der Geschwister- und Familienkonstellationen auf den Bildungserfolg untersucht (Grundmann 1990) und der markante Effekt der frühkindlichen Familienstruktur auf die (institutionelle) Bildungskarriere der Kinder nachgewiesen. Darüber hinaus wurden die Folgen sozialer Ungleichheit für die Bildungsbeteiligung errechnet (vgl. etwa Meulemann 1999). Dabei zeigt sich, dass die Bildungsexpansion zwar nachweislich eine höhere Beteiligung aller sozialen Schichten mit sich gebracht hat – eine genauere Betrachtung zeigt allerdings, dass es sich hier nur um einen Niveau-, nicht um einen Struktureffekt handelt (vgl. zusammenfassend Becker/Lauterbach 2004).

Fragt man nach den Gründen für die in allen Studien diagnostizierten Bildungsungleichheiten, dann ist davon auszugehen, »dass statt einer Monokausalität eine Vielzahl von Ursachen, eine komplexe Wechselwirkung verschiedener Einflüsse, vorliegt« (Becker/Lauterbach 2004, S. 21).

Hinweise zur Entwicklung empirisch fundierter Hypothesen zur Erklärung dieses komplexen Phänomens verspricht die erziehungswissenschaftliche Biographieforschung, die Lern- und Bildungsprozesse aus einer stärker subjektorientierten Perspektive betrachtet. Durch das Verfahren der qualitativen Einzelfallanalyse erlaubt es dieser Zugang, die konkreten Handlungssituationen sowie die Interpretationen der Subjekte zu rekonstruieren.

So haben beispielsweise Friebel/Ebskamp/Knobloch (2000) auf der Grundlage einer, die Übergänge zwischen Schule, Berufsausbildung, Erwerbstätigkeit und auch Weiterbildung fokussierenden Langzeituntersuchung die genannten Ergebnisse bestätigt. In einer daran anschließenden qualitativen Untersuchung zeigen Friebel u. a. hinsichtlich der Bedeutung, die die Weiterbildungsteilnahme hat, auf, dass in ihr im Gegensatz zur vorhergehenden Bildungskarriere in Schule und Hochschule »Selbst-Entdeckung und Sinn-Herstellung ... verschmelzen« (ebd., S. 322). Erst nach dem Schulabschluss beginnt für viele eine »interessierte und erkennende Selbsttätigkeit«. Damit weist Friebel auf die Notwendigkeit hin, die Praxis Lebenslangen Lernens nicht nur vor dem Hintergrund der Lebenssituation und institutionellen Gelegenheitsstrukturen zu sehen, sondern auch die biographischen Relevanzen detaillierter zu berücksichtigen (vgl. Friebel 2008, S. 130).

*Biographietheoretische Ansätze*
Das Individuum steht im Mittelpunkt der erziehungswissenschaftlichen Biographieforschung. Biographien gelten als subjektive Konstruktionen des Lebenslaufs bzw. der Lebensgeschichte. Da in Autobiographien bzw. in biographischen Erzählungen nicht nur beschrieben wird, *was* die Einzelnen gelernt haben, sondern auch *wie und unter welchen Umständen* sie sich neues Wissen angeeignet haben, sind entsprechende Texte besonders gut geeignet, um »die Gesamtheit des lebenslangen Lernens in den Blick zu nehmen« (Ecarius 2006, S. 96).

Theodor Schulze, der den Bereich des biographischen Lernens vielfach untersucht hat, geht davon aus, »dass sich die unterschiedlichen Konzeptionalisierungen individuellen Lebens zurückführen lassen auf verschiedene Lernprozesse, die die Auseinandersetzung des einzelnen mit seiner Umwelt, seine Initiativen, auf diese Umwelt einzuwirken, und seinen Anstrengungen, das Leben zu bewältigen, in unterschiedlicher Weise bestimmen und herauszufordern« (Schulze 1993, S. 195). Lebensgeschichten werden damit als Lerngeschichten betrachtet. Biographische Erzählungen sind daher besonders gut geeignet, »Prozesse des Lernens, Umlernens und Verlernens mikrologisch am konkreten Fall« zu untersuchen (Marotzki/Nittel 1997, S. 7). Der Blick wird dabei gerichtet auf die innere Erfahrung und speziell auf identitätskonstituierende Erfahrungszusammenhänge (Ecarius 2006, S. 98).

Die für das Lebenslange Lernen, insbesondere das Lernen im Erwachsenenalter relevanten biographietheoretisch fundierten Studien haben ihr pädagogisches Zentrum in der Regel in einer Institution der Weiterbildung. So geht es um Teilnehmer und Kursleiter von Volkshochschulkursen (vgl. Kade 1989, 1992), in der allgemeinen Erwachsenenbildung (vgl. Egger 1995), in einem Weiterbildungsstudiengang (vgl. von Felden 2003). Analysiert wird, in welcher Weise die in diesen Kontexten stattfindenden

Bildungs- und Lernprozesse individuelle Biographien beeinflussen und welche biographischen Muster sich dabei herausbilden.

Darüber hinaus gibt es aber auch Studien, die das Lebenslange Lernen in einem gesamtbiographischen Zusammenhang rekonstruieren. So beleuchteten Kade/Seitter (1996) längerfristige Lern- und Bildungsprozesse auf der Basis biographischer Interviews mit langjährigen Teilnehmerinnen und Teilnehmern am Funkkolleg. Sie rekonstruieren die individuellen Formen der Aneignung von pädagogisch organisierten Lern- und Bildungsangeboten und analysierten den Stellenwert, den die längerfristige Teilnahme an Bildungsveranstaltungen für die Subjekte hat. Die detaillierten Fallanalysen verdeutlichen nicht nur die Pluralität individueller Bildungs- und Lernrealitäten, sondern zeigen auch, dass die Lern- und Bildungsprozesse im Zusammenhang mit der je konkreten Lebenssituation, den biographischen Phasen und dem institutionell vorhandenen Bildungsangebot gesehen werden muss.

In Finnland fragte Ari Antikainen (1998) nach Lernerfahrungen, die den Lebensweg und die Identität der Person geformt haben. Er arbeitet heraus, dass die kulturellen Ressourcen einen entscheidenden Einfluss auf den Bildungsprozess der Menschen haben. Bennetts (2001) untersuchte bedeutende Lernpartnerschaften im biographischen Verlauf. Den Zusammenhang zwischen den gesellschaftlichen Rahmenbedingungen und den individuellen Lernbiographien untersuchen Merrill/Alheit (2004) am Beispiel der Entscheidung von »nontraditional Students« für eine Universitätsausbildung.

Den Einfluss von vorhandenem Wissen und Kompetenzen auf das Lernen im Prozess der Arbeit arbeiten Hodkinson u. a. (2004) heraus. Sie zeigen, dass insbesondere der Habitus der Arbeiter die Art und Weise mitbestimmt, in der Lerngelegenheiten aufgegriffen werden und in der sie mit Kollegen kommunizieren.

Auch Heidrun Herzberg (2005) untersucht lebenslange Lernprozesse im biographischen Zusammenhang. Anhand einer qualitativen Mehrgenerationenstudie arbeitet sie heraus, dass die Art und Weise, wie Menschen ihre Lern- und Bildungsprozesse gestalten, nicht nur von ihrem milieuspezifischen Habitus (vgl. Bourdieu 1989), sondern auch von dem je spezifischen *Lernhabitus* abhängt. Das Konzept des Lernhabitus enthält dabei die Kategorien

- Bildungsaspiration (also die Bildungsbestrebungen einer Person),
- biographische Lern- und Verarbeitungsstrategie (verstanden als die Formen des Umgangs mit der sozialen Welt),
- Deutungshoheit (der Bezugspunkt der eigenen Deutungen, z. B. das Arbeitermilieu),
- Wertorientierungen und
- biographische Reflexivität (als die Fähigkeit, sich reflexiv auf die eigene Biographie zu beziehen).

Das Konzept des Lernhabitus (vgl. hierzu auch Wolf 2007) ermöglicht ihr, einen Beitrag zur Erklärung der immer wieder diagnostizierten Unterschiedlichkeit und Ungleichheit des Lebenslangen Lernens zu leisten – auch wenn die von ihr rekonstruierten Muster eines bewahrenden und eines entwicklungsorientierten Lernhabitus für die weitere empirische Überprüfung möglicherweise noch sehr holzschnittartig sind.

Die biographietheoretisch fundierten Studien sehen das Lebenslange Lernen als Resultat individuell zu erbringender Konstitutionsleistungen. Sie können durch den Ansatz detaillierter Fallanalysen diejenigen Elemente rekonstruieren, die ein lebenslanges Lernhandeln fundierten. Detaillierter als durch standardisierte Befragungen können sie Hinweise darauf geben, welche Aspekte der Vorbildung bedeutsam sind und in welcher Weise sich Lebenserfahrungen auf den Lernprozess auswirken (Merriam/Clark 1993).

Darüber hinaus zeigen die vorliegenden Untersuchungen, dass zur Erklärung von lebenslangen Lernaktivitäten der Subjekte nicht nur die individuelle Lernbereitschaft und Lernfähigkeit Erwachsener (z. B. Kaiser 2009) oder sozialstrukturelle und milieubezogene Einflüsse auf das individuelle Bildungsverhalten (Reich-Claassen/Tippelt 2009) als Bedingung weiterer Lernprozesse anzusehen sind, sondern auch die je subjektive Interpretation der Lebensereignisse (z. B. Illeris 2003, Merriam/Clark 1992, 1993). In diesem Zusammenhang verweist etwa Illeris darauf, dass die Antwort auf die Frage, ob und in welcher Weise Lernangebote für die Adressaten bildungsrelevant werden, abhängig ist von der Lebenssituation der Lernenden, ihrem Hintergrund und ihren Interessen. Die Lebensprojekte der Individuen sieht er als eingebettet in die Lebensgeschichte, die gegenwärtige Situation und die erwartete Zukunft. Sie sind damit eng verbunden mit der persönlichen Identität.

> »This can be a matter of very superficial, short-term interests, something that challenges their curiosity, or which is topical and perhaps provocative. But, more fundamentally, adults usually have some life projects that are relatively stable and long term, for example, a family project that concerns creating and being part of a family, a work project that concerns a personally and financially satisfying job, perhaps a leisure-time project concerning a hobby, a life project to do with fulfilment, or a conviction project that may be religious or political in nature.« (Illeris 2006, S. 21f.).

Damit rückt die Eingebundenheit des Lernens in je individuelle lebensgeschichtliche Verläufe und damit in je unterschiedliche Subjektkonstruktionen und Deutungsmuster in den Vordergrund der Betrachtung (vgl. Alheit/Hoerning 1989, Heinz 2000).

Insgesamt ist festzuhalten, dass es trotz der genannten Studien an einem empirisch differenzierten Wissen über das Lebenslange Lernen mangelt. Dies liegt auch daran, dass die Erforschung lebenslanger Lernprozesse die stärkere Berücksichtigung der Dimension Zeit erfordert. Denn Lebenslanges Lernen ist kein einmaliges Geschehen, sondern ein Prozess, der sich – wie der Name eben sagt – über das gesamte Leben erstreckt. Dies erfordert Studien, die als Längsschnittstudien angelegt sind. Denn erst solche Untersuchungsdesigns ermöglichen es, die Veränderungen im Zeitverlauf zu erfassen (vgl. zur Durchführung einer qualitativen Wiederholungsbefragung zum Lernen im Lebenslauf die Ausführungen in Kapitel 5.3.1).

# 5 Das Lebenslange Lernen als Herausforderung für Erziehungswissenschaft und Bildungsforschung

In den vorangegangenen Kapiteln wurden verschiedene Perspektiven auf das Phänomen des Lebenslangen Lernens unterschieden. Dabei zeigte sich, dass es nicht nur *ein* Verständnis des Lebenslangen Lernens gibt, sondern dass dieses Phänomen – je nach Perspektive – unterschiedlich akzentuiert wird. So wird das Lebenslange Lernen etwa im bildungspolitischen Diskurs nicht auf Lebensphasen bezogen, sondern auf gesellschaftliche Veränderungen (Tennant 2006, S. 38). Im pädagogischen Diskurs stehen didaktische Fragen zur Förderung individueller Lernkompetenzen im Zentrum und im Kontext der empirischen Forschung variiert die Bezugnahme je nach Fragestellung. So fokussiert die Teilnehmerforschung noch die formalen Lernaktivitäten, während die Arbeiten zu den Lernaktivitäten der Subjekte auch das »Lernen en passant« (Reischmann 1995) einbeziehen.

Die Einsicht in die vielfältige Begriffsverwendung veranlasst etwa Aspin/Chatman zu der These, dass eine einheitliche Definition Lebenslangen Lernens nicht möglich ist: »To think that one can find an ›essential‹, ›basic‹ or uncontestable definition of ›lifelong education‹ is to embark upon a search for a chimera. Thus, rather than engaging in a futile search for the real meaning or an uncontested definition of lifelong education and lifelong learning, we would suggest that the best one can do is to follow Wittgenstein's adwise and ›look at the use‹ of these terms in the discourse of those who employ it« (Aspin/Chapman 2000, S. 9).

Orientiert an diesem Vorschlag – und damit auch bezogen auf die Einsicht, dass das Verständnis vom Lebenslangen Lernen je nach Handlungs- bzw. Erkenntnisinteresse variiert und je nach Argumentationskontext einzelne Aspekte des Begriffs hervorgehoben werden – wird der Blick im Folgenden auf die Erziehungswissenschaft gerichtet. Dabei lässt sich zeigen, dass die Hinwendung zum Begriff des Lebenslangen Lernens auch neue Forschungsfragen mit sich bringt.

## 5.1 Lebenslanges Lernen als Thema der Erziehungswissenschaft

Innerhalb der Erziehungswissenschaft ist das Thema »Lebenslanges Lernen« eher langsam aufgegriffen worden (vgl. Böhme 1983, Cropley 1986, Knoll 1974, Olbrich 1974). So wurden die bildungspolitischen Konzepte der 1970er Jahre kaum thematisiert. Die Diskussion in Deutschland war in erster Linie von der Intention geprägt, eine Ausweitung und Verzahnung organisierter Bildungsangebote zu gewährleisten und Weiterbildung als vierte Säule eines Gesamtbildungssystems zu etablieren (vgl. etwa Knoll 1996, S. 364). Im Mittelpunkt standen dabei die Empfehlungen des deutschen Bildungsrats.

> »Der Begriff der ständigen Weiterbildung schließt ein, dass das organisierte Lernen auf spätere Phasen des Lebens ausgedehnt wird und dass sich die Bildungsmentalität weitgehend ändert. Die traditionelle Vorstellung von zwei Lebensphasen, die ausschließlich und voneinander getrennt entweder mit der Aneignung oder mit der Anwendung von Bildung zusammenfallen, wird abgelöst durch die Auffassung, dass organisiertes Lernen sich nicht auf eine Bildungsphase am Anfang des Lebens beschränken kann. Weiterbildung ... ergänzt die herkömmlichen geschlossenen Bildungsgänge und setzt sie unter nachschulischen Bedingungen fort« (Deutscher Bildungsrat 1970, S. 51).

Damit einhergehend bezog sich die Diskussion auf (pädagogisch) institutionalisierte Lernprozesse sowie auf spezifische Bildungseinrichtungen. In diesem Zusammenhang blieb die Differenzierung der verschiedenen Bildungsbereiche (Vorschule – Schule – Hochschule – Berufsbildung und Erwachsenen- bzw. Weiterbildung) Diskurs bestimmend – eine Tatsache, die sich dahingehend auswirkte, dass das Lebenslange Lernen der Erwachsenenbildung zugeordnet wurde (z. B. Brödel 1998, S. 1, Editorial 2006, Jütting/Jung 1983, Knoll 1974).

Zugleich aber wurde eine Ausweitung organisierten Lernens – wie es im Konzept der *recurrent education* enthalten war (vgl. Kapitel 2) – schon seit den 1960er Jahren kritisch gesehen. Die Frage, ob die Programme zum Lebenslangen Lernen das erreichen können, was sie intendieren, bewegte die Gemüter (vgl. Hufer/Klemm 2002, S. 48).

Innerhalb der kritischen Rezeption des Lebenslangen Lernens lassen sich drei Argumentationsstränge unterscheiden:

1. *Institutionenkritik*: Hier wird herausgestellt, dass der Ruf nach einem Ausbau organisierter Bildungsangebote keine Demokratisierung und wirtschaftliche Entwicklung nach sich ziehen werde. Insbesondere Ivan Illich beschreibt pädagogische Institutionen – allen voran die Schule – als das »zentrale mythenbildende Ritual der Industriegesellschaft« (Illich 1971, S. 11). Anders als die OECD mit ihrem Ruf nach einer »Beschulung« der Bevölkerung in wiederkehrenden Phasen intendiert, ermögliche eine Bildungsarbeit, die dem Modell der Schulbildung folgt, keine Verbesserung der Bildungssituation. Gründe hierfür sieht er in dem Zwangscharakter der Schule, dem klassischen Lehrer-Schüler-Verhältnis und der antidemokratischen Binnenstruktur, die durch Lehrpläne, Selektionsmechanismen und Abschlüsse geprägt ist. Zur Behebung der Bildungskrise bedürfe es daher nicht eines Ausbaus, sondern einer Abschaffung der Schule. Interessanterweise ist diese Kritik unterdessen auch empirisch bestätigt worden, indem die Weiterbildungsabstinenz größerer Bevölkerungsgruppen (Bolder 1994) und damit verbunden die Segmentierung der Weiterbildungsbeteiligung nachgewiesen wurde (vgl. hierzu auch Kapitel 4).

2. *Pädagogisch-politische Kritik:* In der Fortsetzung der Entschulungsforderung weisen Dauber/Verne (1976) auf die möglichen Folgen weiterer Bildungsexpansion hin, die sie insbesondere in der Vermehrung sozialer Kontrolle, zunehmender Hierarchisierung und Konkurrenzorientierung sowie in der Entfremdung von eigenen Bedürfnissen und der Instrumentalisierung von Kenntnissen und Fähigkeiten sehen. Im Endeffekt ziele Lebenslanges Lernen darauf, »lebenslang loyale Verhaltensorientierung einzusozialisieren« (ebd., S. 71). Meuler unterstreicht dieses Argument, indem er darauf hinweist, dass mit der Stilisierung des Selbst, wie es im Ruf nach lebenslangem selbstgesteuerten Lernen zum Ausdruck komme, nicht unbedingt eine autonome, selbstbestimmte Bildung des Subjekts gemeint sei: »Geht es in der Erwachsenenbildung um *Bildung des Subjekts,* dann steht der Subjektbegriff als Chiffre

für Widerständigkeit, Selbstbewusstsein und Selbstermächtigung, gerichtet gegen die ausschließliche Funktionalisierung des Menschen für die Belange des Marktes. Bildung zum Subjekt erfolgt dann, wenn es zum Wachstum all jener Kräfte, Fähigkeiten und Fertigkeiten, zur Zunahme von Kenntnissen, Einsichten und Einstellungen kommt, die die bloße Funktionalität übersteigen (...). Das schließt Kritik an Macht und Herrschaft und den Widerspruch gegen Herrschaft ein« (Meueler 2001, S. 100) – und habe damit zu einer Kritik des Lebenslangen Lernens zu führen.
3. *Kulturkritik*: Vor allem Karlheinz Geißler weist immer wieder darauf hin, dass der Zwang zum Lebenslangen Lernen zu einer ›Kolonialisierung der Lebenswelt‹ (Habermas) führe. Die Erwachsenenbildung sei zum attraktiven Ersatz für ein Leben jenseits von Familien und sozialer Tradition geworden. Sie kläre nicht über die Realität auf, sondern produziere eine Realität, die vom Schein der Aufklärung lebe (vgl. Geißler/Orthey 1998, S. 34). Insbesondere durch die Illusionen, die die Erwachsenenbildung verkünde – dass man vom Lernen klug und durch den Besuch von Bildungsveranstaltungen unabhängiger werde, sozial aufsteige und Arbeit bekommen könne –, trage sie zu einer Instrumentalisierung der Bildung bei, die gerade das verhindere, was sie verspricht: Emanzipation und Souveränität. Das Problem des Zwangs zum Lebenslangen Lernen verstärkt sich noch mit der Ausweitung des Lernens auf die gesamte Lebensführung: Denn im Kontext einer »Kultur des neuen Kapitalismus« (Sennett 2000) werde ein flexibler Mensch gefordert, der sich zum Unternehmer seiner eigenen Person entwickele (Voß 2004) und dies nur dadurch bewerkstelligen könne, dass das Lebenslange Lernen Teil der individuellen Lebensführung werde. Dies aber berge die Gefahr eines lebenslangen Gefängnisses (Böhnisch/Schröer 2001).

Seit dem Ende des 20. Jahrhunderts mehren sich aber auch die Stimmen, die das Lebenslange Lernen als theoretisches Konzept propagieren, mit dem die Erziehungswissenschaft die Situation der Bildung in der Moderne angemessen fassen kann. Das Lebenslange Lernen wird dabei als Begriff angesehen, mit Hilfe dessen der Prozess des Lernens als ein prägnantes Merkmal des gesamten menschlichen Lebens gesetzt und alle Bildungs- und Lernerfahrungen aufeinander bezogen werden können. »Der Begriff des lebenslangen Lernens entwirft einen Rahmen, innerhalb dessen Strukturen, Perspektiven und Konzepte entwickelt werden, die dieses Verständnis, diese Forderung in konkrete Strategien umsetzen« (Gerlach 2000, S. 165). Er geht einher mit einer theoretisch-kategorialen Ausweitung erziehungswissenschaftlicher Perspektiven (Wiesner/Wolter 2005):

- mit einer *lebenslauftheoretischen Bedeutungserweiterung* und damit einer Biographisierung des Lernens durch Ausdehnung auf gesamten Lebenszyklus,
- mit einer *systembezogenen Bedeutungserweiterung*, die darauf verweist, dass sich das Bildungssystem – zumindest in der Vision – zunehmend zu einem relativ offenen, flexiblen und transparenten System mit vielfältigen Eingängen und Ausgängen, mit zahlreichen Übergängen und Verbindungslinien, mit hoher Durchlässigkeit und ohne Sackgassen entwickelt (vgl. Wiesner/Wolter 2005, S. 22)
- und mit einer *bildungstheoretischen Erweiterung,* durch die das Lernen nicht nur auf die berufliche Qualifizierung, sondern auch auf die individuelle Persönlichkeitsentwicklung und soziokulturelle Bildung sowie die Entwicklung der zivilgesellschaftlichen Staatsbürgerrolle und damit der Fähigkeit zur Teilhabe am Gemeinwesen bezogen wird.

In programmatischer Perspektive wird das Konzept des Lebenslangen Lernens dabei auch als Chance zur Realisierung einer Lern- und Bildungsgesellschaft propagiert (z. B. Brödel/Siebert 2003, Jütte 2009, Wiesner/Wolter 2005).

Die Hintergründe für diese neue positive Bewertung des Lebenslangen Lernens sind sicherlich vielfältig. Zu nennen ist zum einen die bildungspolitische Aufwertung dieses Konzeptes. Darüber hinaus ist davon auszugehen, dass die in den 1990er Jahren vollzogene Veränderung des Verständnisses vom Lebenslangen Lernen und damit die Hinwendung zum individuellen Lernprozess eine Verbindung mit traditionellen bildungstheoretischen Sichtweisen erleichterte (Kade/Seitter 2007a; vgl. auch Kade/Hof/Peterhoff 2008). So ist der Lern- und Bildungsprozess als Form der Aneignung von Welt zu beschreiben – wodurch an die klassische Bildungstheorie Humboldts (1969) angeknüpft werden kann. Umgekehrt wird die individuelle Formung des Lebenslaufs als Ergebnis von Bildungsprozessen begriffen – eine Sichtweise, die nicht nur empirische Forschung fundieren kann, sondern auch praktische Konzepte zur Gestaltung von Lernumgebungen entwerfen lässt. Damit ist das Lebenslange Lernen anschließbar an grundlagenbezogene wie auch entwicklungsorientierte Forschung. Darüber hinaus ist das Verständnis vom Lebenslangen Lernen als individuelles Lernen innerhalb und außerhalb pädagogischer Institutionen anschließbar an die klassische Idee der Ganzheitlichkeit von Bildung, wie sie etwa in der Einheit von Leben und Lernen betont wird. Und nicht zuletzt wird im Diskurs zum Lebenslangen Lernen das Lernen des Lernens herausgestellt, wie es schon in den bildungstheoretischen Überlegungen Humboldts zu finden ist.

Zu berücksichtigen ist auch, dass das Verständnis des Lebenslangen Lernens als individuellem Bildungsprozess nun auf eine Wissenschaft von der Erwachsenenbildung trifft, die ihre vorherrschende Fokussierung auf eine institutionen- und professionszentrierte Perspektive aufgegeben und sich dem Lernen Erwachsener zugewendet hat (vgl. hierzu Kade/Nittel/Seitter 2007).

Der *institutionenzentrierte Zugang* zeichnete sich dadurch aus, dass er die Bildungsangebote für Erwachsene in pädagogischen Einrichtungen fokussiert. Entsprechend kommt Lernen allein im Kontext von Lehren in den Blick. Dies führt dazu, dass Lernen als Aneignung von pädagogisch aufbereitetem Wissen verstanden wird.

In Abgrenzung vom institutionenzentrierten Zugang beschreibt der bildungszentrierte oder *subjektorientierte Ansatz* eine theoretische Perspektive, die den Erwachsenen nicht als Adressat von professionellen Bemühungen, sondern als Subjekt seiner eigenen Bildungsprozesse betrachtet. Lern- und Bildungsprozesse gelten dabei als Ergebnis der aktiven Auseinandersetzung des Menschen mit seiner Umwelt. Dabei wird die lebensweltlich-biographische Eingebundenheit des Lernens herausgestellt. Auch betont diese theoretische Perspektive, dass das Ergebnis von Lern- und Bildungsprozessen nicht immer den Intentionen der Pädagogen entsprechen muss. Vielmehr wurde die Differenz zwischen

Vermittlung und Aneignung, zwischen Lehren und Lernen herausgestellt und gefolgert, dass es notwendig sei, die Perspektive der Subjekte stärker zu berücksichtigen, um dem Phänomen des Lernens Erwachsener auf die Spur zu kommen. Lernen erscheint hier in erster Linie als Aktivität des lernenden Subjekts.

Im Kontext dieser Subjektorientierung verstärkten sich Forschungsaktivitäten, die sich mit der empirischen Seite des Lernens Erwachsener befassen. Dadurch wurden nicht nur die vielfältigen Formen der Aneignung von Wissen (Kade 1992) und der Entwicklung von Kompetenzen (Brödel/Kreimeyer 2004, Erpenbeck/Hese 2007) deutlich, sondern es kamen zunehmend auch die unterschiedlichen Orte des Lernens Erwachsener in den Blick. Neben dem Lernen im Kontext von Lehr-Arrangements interessiert sich die Forschung zunehmend auch für die vielfältigen Formen des außerinstitutionellen und selbstorganisierten Lernens (vgl. Dinkelaker 2008, Kade/Nittel/Seitter 2007, Kade/Seitter 2007b).

Die als Ergebnis dieser Forschungen formulierte These einer Entgrenzung des Pädagogischen (Kade 1997a, S. 19ff.) führte zu einer Ausweitung des Verständnisses von Erwachsenenbildung als pädagogisch strukturiertes Lernen Erwachsener innerhalb und außerhalb pädagogischer Einrichtungen. Diese Sichtweise aber ermöglichte es, den Begriff der Erwachsenenbildung noch weiter auszudehnen und gar nicht mehr von Erwachsenenbildung, sondern nur noch vom Lebenslangen Lernen zu sprechen (z. B. Nuissl 1997, S. 41). In diesem Sinne stellt auch für Kade/Seitter (2007a) das Konzept des Lebenslangen Lernens die Antwort auf die Frage des Ortes von Bildung unter den Bedingungen eines sich universell ausdifferenzierenden Erziehungssystems dar.

Vor diesem Hintergrund ist Wolter u. a. (o. J.) zuzustimmen, dass das Lebenslange Lernen keineswegs nur ein vages, modisches oder technokratisches Konzept darstelle. Es kann ihm vielmehr »eine produktive Bedeutung als theoretischer Bezugsrahmen für die Erforschung von Bildungs- und Lernprozessen wie als bildungspolitisches Reformkonzept beigemessen werden« (S. 3). Dies setzt aber voraus, dass die Perspektive auf das Lebenslange Lernen im erziehungswissenschaftlichen Diskurs geklärt wird.

## 5.2 Lernen im Lebenslauf als Bezugspunkt erziehungswissenschaftlicher Theorie

Auch wenn die Suche nach einem eindeutigen Verständnis des Lebenslangen Lernens ergebnislos verlaufen mag, so lassen sich dennoch Gemeinsamkeiten in den verschiedenen Vorstellungen und Entwürfen zum Lebenslangen Lernen ausmachen. Wolter spricht in diesem Zusammenhang von einem »inclusive understanding of lifelong learning« (S. 21, zit. nach Wiesner/Wolter 2005, S. 21). Es zeichnet sich dadurch aus, dass das Lernen hier auf die gesamte Lernbiographie bezogen und die menschliche Entwicklung in all ihren Dimensionen berücksichtigt wird.[1] Für die Erziehungswissenschaft bedeutet dies, dass nicht mehr die Bildungs- und Weiterbildungsinstitutionen den Bezugspunkt des Nachdenkens darstellen, sondern das Prinzip des Lebenslangen Lernens im Lebenslauf (vgl. auch Olbrich 2001, S. 393ff). Dadurch verschiebt sich der Bezugspunkt von der Frage nach den curricularen Angeboten der Institutionen hin zur individuellen Nachfrage nach Bildung – ein Perspektivenwechsel, der sich auch als Kompetenzwende beschreiben lässt (Hof 2002).

Das Lebenslange Lernen verweist damit auf den Gesamtprozess menschlichen Lernens in zeitlicher, räumlicher und inhaltlicher Hinsicht.

- In *zeitlicher* Hinsicht bezieht sich das Lernen auf den gesamten Lebenslauf. Das Interesse am Lernen im Lebenslauf beinhaltet damit eine Ausweitung der Perspektive von *einer* kulturell definierten Altersstufe (dem Lernen der Grundschüler, der Jugendlichen, der Erwachsenen) hin zur Betrachtung des Lernens über die gesamte Lebensspanne. Die Lebenslaufperspektive rückt die Bildungsverläufe in den Mittelpunkt.
- In *räumlicher* Hinsicht bezieht sich das Lernen im Lebenslauf auf Lernprozesse innerhalb und außerhalb von Bildungseinrichtungen. Mit der Hinwendung zum Lernen im Lebenslauf ist eine Perspektive verbunden, die das Lernen nicht nur im

---

1 Damit verschwimmt die Trennung zwischen Entwicklung und Bildung – siehe hierzu auch Merriam (2005 a + b).

Kontext von Bildungseinrichtungen und pädagogisch gestalteten Lehr-Lern-Arrangements beleuchtet, sondern das gesamte Spektrum menschlichen Lernens in den Blick nimmt. »Lifelong learning does not see discrete learning stages in isolation but takes a systemic view of relationships between different types of learning over the course of people's lives« (OECD 2003, S. 105f.). Lernen wird also nicht nur im Kontext von Lehren thematisiert, sondern in all seinen Formen diesseits und jenseits pädagogischer Institutionen. Das Interesse am Lernen im Lebenslauf impliziert damit, dass Lernen nicht nur in pädagogischen Institutionen stattfindet, sondern auch an anderen Lernorten. Daraus ergibt sich die Notwendigkeit, theoretisch und empirisch am Konzept des ›lifewide learning‹ (Alheit/Dausien 2002, S. 506, Field 2006) anzuknüpfen. Für die Erziehungswissenschaft ergibt sich daraus die Aufgabe, biographische und institutionelle Übergänge stärker zu beachten.

- In *inhaltlicher* Hinsicht bezieht sich das Lernen im Lebenslauf nicht nur auf die Aneignung relevanter Kulturgüter, sondern auf alle denkbaren Themen und Gegenstände des Lernens wie auch auf Prozesse des Verlernens. Dies wird etwa darin deutlich, dass die Notwendigkeit lebenslanger Lernprozesse nicht nur aus der Beschleunigung der Wissens- und Technikproduktion abgeleitet wird. Auch die Individualisierung von Lebensläufen und die Pluralisierung von Expertenmeinungen gehört zu den soziologischen Gegenwartsdiagnosen, die aus erziehungswissenschaftlicher Sicht die Frage aufwerfen, mit welchem Wissen die Menschen die damit verbundenen Herausforderungen bewältigen.

Dieser weite und gegenüber der traditionellen institutionen- und professionsfokussierten Perspektive der Erwachsenenbildung entgrenzte Begriff des Lebenslangen Lernens beinhaltet allerdings die Gefahr, dass sich die Pädagogik und Erziehungswissenschaft für die gesamte Entwicklung des Menschen zuständig erklärt und ihr dadurch eine professionelle bzw. disziplinäre Fokussierung auf die Frage der Vermittlung und Aneignung verloren geht. In diesem sehr weiten Verständnis begreift etwa Lenzen die ›Sorge um den Lebenslauf‹ als Grundbegriff der Erziehungswissenschaft (vgl. Lenzen 1997, 1999). Spezifischer und dadurch theoretisch ertragreicher erscheint daher eine Fokussierung auf das *Lernen im Kontext des Lebenslaufs.*

Anknüpfen lässt sich dabei einmal an Luhmanns Vorschlag, den Lebenslauf als analytischen Bezugspunkt für die Erziehungswissenschaft heranzuziehen. Er spricht damit – und dies unterscheidet ihn von Lenzen – eine rhetorische Perspektive auf den Menschen an und keine pädagogischen Handlungen. Der Lebenslauf bildet dabei für das Erziehungssystem das »Medium der Personwahrnehmung« (Luhmann 1997, S. 26). Auf der Ebene der Interaktionssysteme stellt sich dann die Aufgabe, konkrete Lebensläufe in ihrer Form zu beschreiben und darüber nachzudenken, welche Auswirkungen bestimmte Aktivitäten für den weiteren Lebenslauf haben könnten. Er geht dabei davon aus, dass der Lebenslauf durch Wissen – und Können – seine grundlegende Form erhält. Entsprechend stellt sich für die Erziehung die Frage nach dem Einfluss von Wissen auf die Ausgestaltung des Lebenslaufs einer Person. Dieser Einfluss kann empirisch rekonstruiert oder praktisch konzipiert werden – womit das grundlegende Problem des Vermittelns weiterhin im Mittelpunkt pädagogischer Theorie und Praxis steht (Kade 1997b, Prange/Strobel-Eisele 2006).

### 5.2.1 Traditionen und Perspektiven lebenslaufbezogener Erziehungswissenschaft

Die Orientierung am Lebenslauf ist – auch wenn dies heute unter Bezug auf die moderne Wissensgesellschaft und das bildungspolitische Programm des Lebenslangen Lernens so erscheint – in keiner Weise neu. So rekurrieren etwa biographie- oder erfahrungsbezogene Ansätze in der Erwachsenenbildung auf die Erfahrung im Lebenslauf (vgl. Behrens-Cobet 2000, Dausien/Alheit 2005, Gieseke 1985). Auch im Kontext anthropologischer Grundlegung der Erziehungswissenschaft gibt es verschiedene Bemühungen, Bildungsprozesse im Verweis auf zentrale Aufgaben im Lebenslauf zu begründen. Entsprechend der Einsicht, dass es nicht möglich ist, eine Anthropologie zu konzipieren, die sich ausschließlich auf ewige und unveränderliche Wesenszüge des Menschen konzentriert, wurden die Lebensaltersstufen als Bezugspunkt für die Beschreibung grundlegender Daseinsthemen und -aufgaben gesehen. Die Untersuchung der gegenwärtigen »soziokulturellen, kulturellen und naturhaften Bedingungen« (Lippitz zit. nach Bock 1984, S. 19) der Kindheit und Jugend, des Erwachsenenalters und des Alters bildeten dabei den normativen Bezugspunkt für die pädagogische Unterstützung von Erziehung und Bildung (z. B. Pöggeler 1964, S. 73ff.; Bock 1984).

Auch klassische entwicklungspsychologische Phasenmodelle (vgl. hierzu etwa den Überblick bei Faltermaier u. a. 2002) werden immer wieder als Grundlage für pädagogisches Handeln herangezogen. So erfährt neuerdings das Konzept der Entwicklungsaufgaben von Havighurst im Programm der Bildungsgangdidaktik neue Beachtung (Havighurst 1953, 1963, Meyer 2005, Trautmann 2004, 2004a).

Dabei wird davon ausgegangen, dass der Mensch sich im Laufe seiner Entwicklung bestimmten Aufgaben stellen und diese lösen müsse, um gesellschaftlich erfolgreich zu sein: Diese Aufgaben sind Ergebnis einer Perspektive, die Entwicklungsverläufe nach einem universellen Muster konzipiert. »A developmental task is a task which arises at or about a certain period in the life of the individual, succesful achievement of which leads to his happiness and to success with later tasks, while failure leads to unhappiness in the individual, disaproval by the society, and difficulty with later tasks« (Havighurst 1953/1965, S. 2). Zwar entstehen – etwa in der Theorie Havighursts – die Entwicklungsaufgaben im Zusammenspiel innerer Ressourcen (physische Reifung, Wachstum oder persönliche Werte und Ziele) und äußerer Kräfte (Forderungen und Erwartungen der Gesellschaft), so dass Individuum-Umwelt-Relationen zum Ausgangspunkt gewählt werden und damit eine Variabilität von Entwicklungs- und damit auch Lernaufgaben unterstellt sein könnte. Da Havighurst aber zugleich von einer Stabilität gesellschaftlicher Anforderungen und schichtspezifischer Wertorientierungen ausgeht, basiert auch sein Ansatz auf der Annahme geringer Variabilität und orientiert sich an der Existenz universeller Entwicklungsaufgaben. Diese treten in je spezifischen Altersphasen auf.

Während die älteren Theorien ihr Augenmerk auf die Kindheit und Jugend gerichtet hatten, befassen sich neuere Ansätze einer Entwicklungspsychologie der Lebensspanne (vgl. Staudinger 2000) zunehmend auch mit dem Erwachsenenalter und dabei

| Altersphase | Zentrale Entwicklungsaufgaben |
|---|---|
| Säuglingsalter | Gehenlernen, Lernen von Nahrungsaufnahme, beginnende Sprachentwicklung |
| Kindheit | Erwerb der Geschlechtsrolle, Lernen von sozialer Kooperation, Erwerb von Basiskompetenzen im Lesen, Schreiben, Rechnen, Entwicklung von Moral und Werten |
| Pubertät/Adoleszenz | Akzeptieren der körperlichen Reifung, Erwerb der Geschlechtsrollen-Identität, Gestalten von Peer-Beziehungen |
| Frühes Erwachsenenalter | Partnerwahl/Ehe, Familiengründung/Kinder, Beginn einer Berufskarriere |
| Mittleres Erwachsenenalter | Kindererziehung, Entwicklung der Berufskarriere, Übernahme sozialer und öffentlicher Verantwortung |
| Spätes Erwachsenenalter | Anpassung an Pensionierung, Anpassung an Nachlassen von Körperkräften, Anpassung an Tod von Lebenspartner |

Abb. 10: Altersphasen und Entwicklungsaufgaben nach Havighurst

insbesondere auch mit der Situation älterer Menschen (Kruse 2008). Auch betonen sie noch stärker die gesellschaftliche Eingebundenheit individueller Entwicklungsprozesse (Faltermaier u. a. 2002, S. 27ff.). Allerdings liegt der Schwerpunkt weiterhin auf der Bearbeitung der Frage, wie äußere Einflüsse – insbesondere normativ-historische oder altersbezogene Erwartungen – auf die Lebensläufe und Entwicklungsmöglichkeiten der Menschen wirken.

Erziehungswissenschaftliche Ansätze berücksichtigen demgegenüber stärker die aktive Auseinandersetzung des Menschen mit seiner Umwelt. So weist Werner Loch (1979, 1998, 2006) auf den grundlegenden Zusammenhang von Lebenslauf und Erziehung hin. Dieser besteht auf der einen Seite darin, dass das Leben des Menschen sich als eine Abfolge verschiedener Lebensereignisse darstellt, die als *curriculum vitae* beschrieben wird. »In ihm kehrt normalerweise bei jedem Menschen zwischen Geburt und Tod, kulturspezifisch modifiziert, eine Reihe von typischen Ereignissen, Stadien und Stationen wieder« (Loch 2006, S. 73). Diese Lebensereignisse bilden die Grundlage für die Darstellung des Lebenslaufs oder die Erzählung biographischer Geschichten. Insofern *ist* – wie Loch es formuliert – der Lebenslauf das Individuum in seiner zeitlichen Gestalt (Loch 2006, auch 1979, S. 99). Allerdings wäre es verkürzt anzunehmen, dass ausschließlich die Lebensereignisse den individuellen Erziehungs- und Bildungsprozess beeinflussen. Vielmehr werden diese Lebensereignisse – und dies ist die andere Seite – auch durch Erziehungs- und Bildungsprozesse mitgestaltet. »Im Horizont von Erziehung wird entschieden, welche Bedeutung der Lebenslauf gewinnt, und im Horizont des Lebenslaufs wird entschieden, welche Bedeutung die Erziehung gewinnt« (Loch 1979, S. 14). Loch verweist dabei – ganz ähnlich wie Luhmann (1997) – darauf, dass Eltern, Lehrer und Sozialpädagogen ihre Kinder nach mehr oder weniger klaren Vorstellungen von dem erziehen, was sie in ihrem künftigen Lebenslauf benötigen werden. Sein Konzept lebenslaufgemäßer Erziehung begreift diese demnach als Lernhilfe: Bezugspunkt sind Lernaufgaben, die sich im Lebenslauf stellen und die die Lernfähigkeit des Individuums aktivieren (vgl. Loch 2006, S. 74). Entsprechend stellt sich dann die Frage, »welche typischen *Lernaufgaben* der Lebenslauf den Menschen heute im Unterschied zu früheren Zeiten stellt, welche typischen *Lernfähigkeiten* zu deren Bewältigung aktiviert werden müssen und welche *Lernhilfen* dabei erforderlich sind, damit negative *Lernhemmungen* behoben und positive bestärkt werden können« (Loch 1998, S. 92).

Mit Blick auf den Lern- und Bildungsprozess besteht die Besonderheit seines Ansatzes darin, dass er von einer Wechselwirkung von Können und Lernen ausgeht: im Lebenslauf hat man sich schon Wissen erworben und dieses Wissen ist die Grundlage für neue (nicht nur pädagogisch zu gestaltende) Lernaufgaben: »Was muß man können, um lernen zu können? Und was muß man lernen, um ein Können entwickeln zu können? Vom Können ausgehend formuliert: Welche Grundfähigkeiten muß der

Mensch normalerweise in seinen verschiedenen Lebensaltern entwickeln, um das lernen zu können, was er im Lebenslauf (unter den kulturellen Bedingungen der Gesellschaft, in der er lebt) zu seiner Selbsterhaltung benötigt?« (Loch 1998, S. 94f.).

Als Hinweis zur Beantwortung dieser Fragen formuliert er 22 Entwicklungsstufen der Lernfähigkeit im Lebenslauf, die er auch curriculare Kompetenzen nennt:

---

Getrostsein (22)
Überlieferungsfähigkeit (21)
Engagierbarkeit (20)
Regenerationsfähigkeit (19)
Wandlungsfähigkeit (18)
Mobilitätskompetenz (17)
Praktische Kompetenz (16)
Wirtschaftenkönnen (15)
Politische Kompetenz (14)
Rollenkompetenz (13)
Berufliche Kompetenz (12)
Selbstdarstellungsfähigkeit (11)
Technische Kompetenz (10)
Denkenkönnen (9)
Leistungsfähigkeit (8)
Regulative Kompetenz (7)
Sprechenkönnen (6)
Spielenkönnen (5)
Nachahmungsfähigkeit(4)
Gehenkönnen (3)
Wahrnehmungsfähigkeit (2)
Einverleibungsfähigkeit (1)

---

Abb. 11: Entwicklungsstufen der Lernfähigkeit (nach Loch 1998, S. 97)

Auch wenn Loch das Wechselverhältnis zwischen Können und Lernen betont und damit den Blick auf die je individuellen Bildungsgeschichten in ihrer Zeitlichkeit richtet, so orientiert er sich – das verdeutlicht auch die Abbildung – noch an der Existenz eines anthropologisch vorgegebenen, generalisierenden Schemas von Lebensstufen und diesen zugeordnete Kompetenzmustern. Damit kann er kaum berücksichtigen, dass mit der zunehmenden Individualisierung der Lebensführung und Pluralisierung biographischer Wege (Beck 1986, Hunt 2005, Hurrelmann 2003) auch die lineare Sequenzierung des Lebenslaufs gemäß der Phasen Schule-Arbeit-Familie-Ruhestand abgelöst wird durch eine »dynamische Parallelisierung« des Lebensverlaufsbildes (Baltes 2001, S. 29). Demzufolge wird betont, dass Biographien nicht mehr in

Phasen verlaufen, sondern dass etwa in der Lebensphase der Arbeit eine Schule besucht wird oder im Ruhestand noch weiter – beispielsweise ehrenamtlich – gearbeitet wird. Für das Lernen im Lebenslauf bedeutet dies, dass die »Entkoppelung von Lernthemen und Lebensphasen« voranschreitet (Siebert 1996, S. 138). Diese Einsicht kulminiert in der Forderung, lebensbegleitendes Lernen als Kompetenzentwicklung zu verstehen, die individualisiert und situationsbezogen erfolgen müsse (Brödel 2004, S. 8).

Die grundlegende Zeitlichkeit von Lebens- und Bildungsprozessen ist damit kaum mehr durch den Bezug auf typische Lebensphasen oder die gesellschaftliche Institutionalisierung des Lebenslaufs zu strukturieren. Vielmehr ist für jeden individuellen Lern- und Bildungsprozess die konkrete Gegenwart zu bestimmen: »Unsere Gegenwart als je momentaner Schnittpunkt von Vergangenheit und Zukunft wird von der vorausgegangenen und nachwirkenden Lebens-, Lern- und Bildungsgeschichte förderlich bzw. hemmend beeinflusst« (Weber 1994, S. 369).

Für die Erziehungswissenschaft folgt daraus die Notwendigkeit, besondere Aufmerksamkeit auf die Entwicklungen und Transformationen von Bildungs- und Lernprozessen im Lebenslauf zu richten. Sie betrachtet – und dies kann man gleichsam als disziplinären Fokus der Erziehungswissenschaft bezeichnen – den Lebenslauf unter dem Gesichtspunkt des Lernens bzw. der Bildung (Siebert 1985). Denn er gilt – wie Erich Weber dies formuliert (vgl. 1994, S. 366) – als der Ort, an dem das Individuum durch subjektive Verarbeitung und Mitgestaltung der objektiven Gegebenheiten und durch Bewältigung der sich lebensgeschichtlich stellenden Aufgaben zu Welt- und Selbstverständnis, aber auch Handlungsfähigkeit und biographischer Identität gelangt.[2] Dies impliziert, dass die Formen, Inhalte und Kontexte des Lernens im Lebensverlauf in den Mittelpunkt der Aufmerksamkeit rücken. Neben den Prozessen des Lernens im Leben ist mit der Hinwendung zum Lebenslauf auch die Frage längerfristiger kontinuierlicher oder auch diskontinuierlicher Bildungsprozesse besonders zu beachten.

---

2 Er ist aber auch der Ort, an dem kontinuierliche Bildungsprozesse und stabile Identitäten scheitern können (vgl. Hof/Kade 2009).

Mit dieser Perspektive grenzt sich die Erziehungswissenschaft ab von anderen Disziplinen und Forschungsrichtungen, die sich auch mit dem Lernen im Lebenslauf befassen. So interessiert sich etwa die Philosophie für den Aspekt der Zeit als grundlegender Bedingung menschlichen Seins (Mittelstrass 1994). Die Entwicklungspsychologie dagegen fokussiert die Frage der phasenspezifischen Bedingungen des Lernens und die Soziologie fragt nach den sozialen und institutionellen Grundlagen von Verläufen und Übergängen im Lebenslauf (Elder 1998, Heinz 1992, Heinz/Marshall 2003, Hoerning 1987, Mortimer/Shanahan 2004, Sackmann/Wingens 2001). Die Neurologie und Hirnforschung wiederum befasst sich mit der Veränderung der neurologischen und hirnphysiologischen Grundlagen des Lernens im Verlauf des Lebens.

Auch wenn damit der Lebenslauf zu einer zentralen erwachsenenpädagogischen Kategorie erklärt wird (Arnold 1996), so ist dennoch festzustellen, dass es an der detaillierten Ausarbeitung der damit verbundenen Implikationen mangelt. Die folgenden Punkte verstehen sich als erste Ansätze zur Formulierung einer Theorie Lebenslangen Lernens

### 5.2.2 Perspektiven einer Theorie Lebenslangen Lernens

Die Hinwendung zum Lernen im Lebenslauf hat auch Implikationen für das Verständnis von Lernen – Implikationen, die allerdings erst in Ansätzen sichtbar werden (vgl. etwa die Beiträge in Herzberg 2008):

> »While there has been much discussion about the nature, extent and significance of lifelong learning as a policy goal, there has been little theoretical discussion specifically of the nature of the learning required to engage with the change processes to which it is meant to be a response« (Edwards/Ranson/Strain 2002, S. 525).

So gibt es zwar eine lange Tradition der Reflexion (Künzli 2004) auf das Lernen – verstanden als relativ stabile Verhaltens- und Wahrnehmungsänderungen, die durch die Verarbeitung von Erfahrungen zustande kommen –, aber die Vielfältigkeit der Perspektiven ist im Zuge der Etablierung der Psychologie weitgehend auf die innerpsychischen Mechanismen der Informationsverarbeitung eingeschränkt worden. Diese Entwicklung wurde zwar begleitet von verschiedenen Hinweisen, die herausstellen, dass die psychologischen Lerntheorien dem Phänomen des Lernens nicht annähernd gerecht werden (Schulze 1993), aber eine Hinwendung zu einer differenzierteren Lerntheorie zeigt sich erst langsam (vgl. etwa die Beiträge in Göhlich/Wulf/Zirfass 2007). Sie zeichnet sich dadurch aus, dass in Abgrenzung zu einer Sichtweise, die das Lernen als Informationsverarbeitung bzw. als kognitive Aneignung der Welt betrachtet, eine erziehungswissenschaftlich fundierte Lerntheorie die Auseinandersetzung mit Welt in den Mittelpunkt stellt. So betonen Göhlich/Wulf/Zirfass (2007) die reflexive Auseinandersetzung der Lernenden mit ihren Erfahrungen:

»Lernen bezeichnet die Veränderung von Selbst- und Weltverhältnissen sowie von Verhältnissen zu anderen, die nicht aufgrund von angeborenen Dispositionen, sondern aufgrund von zumindest basal reflektierten Erfahrungen erfolgen und die als dementsprechend begründbare Veränderungen von Handlungs- und Verhaltensmöglichkeiten, von Deutungs- und Interpretationsmustern und von Geschmacks- und Wertstrukturen vom Lernenden in seiner leiblichen Gesamtheit erlebbar sind; kurz gesagt: Lernen ist die erfahrungsreflexive, auf den Lernenden sich auswirkende Gewinnung von spezifischem Wissen und Können« (ebd., S. 17).

*Lernen als aktive Auseinandersetzung mit Erfahrung*
Lernen gilt dabei als individuelle Handlung. Diese Handlung wird von einem Subjekt vollzogen, das im Laufe seiner bisherigen Biographie schon verschiedene Erfahrungen gemacht und zu Erfahrungs- und Deutungsmustern verarbeitet hat. Diese bilden die Grundlage für die Gewinnung neuen Wissens und Könnens – und damit zugleich auch für neue Lernhandlungen und damit wiederum für die Auseinandersetzung mit weiteren Erfahrungen.

Diesen Hinweis auf den konstitutiven Zusammenhang von Lernen und Erfahrung verdankt die neuere erziehungswissenschaftliche Lerntheorie nicht nur der Rezeption der Arbeiten von John Dewey (1994, 2004) und Günther Buck (1989), sondern auch den phänomenologischen Analysen des Lernprozesses (Meyer-Drawe 2008, Schulze 1993), konstruktivistischen Argumenten (Arnold/Siebert 1995) und subjektwissenschaftlichen Überlegungen (Faulstich/Ludwig 2004, Holzkamp 1995, Ludwig 2001).

Darüber hinaus haben die empirischen Arbeiten aus dem Kontext der Biographieforschung das Wissen über biographische Lernprozesse erweitert, indem sie individuelle Sinnbildungsprozesse rekonstruiert und in ihren lebensweltlichen Zusammenhängen beleuchtet haben (vgl. Alheit 1993, Herzberg 2005, Krüger/Marotzki 2006).

*Lernen als Sinnbildungsprozess*
Die detaillierte Rekonstruktion biographischer Lernprozesse verdeutlichte die Notwendigkeit einer Erweiterung der traditionellen Vorstellung vom Lernen als Aneignung von Wissen oder Veränderung von Verhalten im Anschluss an den Erwerb neuer kognitiver Strukturen. Vielmehr wurde herausgearbeitet, dass Lernen auch die Interpretation und Verbindung von einzelnen Lebensereignissen beinhaltet:

> »Life is a journey and (…) our experiences are episodic and we impose meaning on them as we join them together in telling our story. Not everyone of those episodes are of equal value to our story, however, since there are some moment that are life-changing« (Jarvis 2006, S. 136).

Bettina Dausien (2008) beschreibt diesen Prozess mit dem Bild der Baustelle: »›Das Leben ist eine Baustelle‹, und Lernen ist der konstruktive Prozess, in dem aus Handlungen und Erlebnissen Erfahrungen und Sinn produziert werden. Welcher biographische Sinn, welche Wissenskonfigurationen entstehen, hängt zum einen von dem ›Material‹ und den Werkzeugen ab, die auf der jeweiligen Baustelle verfügbar sind, zum anderen von dem Möglichkeitsraum für konkretes Handeln, für erstmaliges Erproben und immer wieder neues Versuchen (…), für Fehler, Abänderungen und neue Entwürfe; schließlich auch von dem kommunikativen Raum für individuelles und gemeinsames Reflektieren« (Dausien 2008, S. 167). Sie veranschaulicht damit, dass die Lebensgeschichte bestimmte Handlungen und Lernvorgänge disponiert und damit den prinzipiell möglichen Handlungsspielraum auch einschränkt (ebd., S. 166). Umgekehrt bedeutet dies allerdings nicht, dass die Lebensgeschichte allein als Ergebnis von Lernen anzusehen ist. Vielmehr wirkt sie sich auch auf weitere Lernprozesse aus. Die Entwicklung biographischen

Wissens (Alheit/Hoerning 1989) ist somit als Zusammenspiel von Individualität und Sozialität, von Besonderheit und Allgemeinheit zu begreifen. Dieses Wechselspiel wird gestaltet durch die Fähigkeit der Subjekte, einzelne Erlebnisse und Erfahrungen in einen Zusammenhang zu bringen *und* sich reflexiv auf die eigene Lebensgeschichte zu beziehen, eigene Lernprozesse wahrzunehmen und zu bewerten. Dieser Gedanke der Erzeugung von Handeln und Bedeutungskonstruktionen durch Biographie wird auch unter dem Begriff der Biographizität gefasst (Alheit 2003).

*Lernen als Transformationsprozess*
Lernen impliziert also nicht nur Aneignung neuen Wissens und Könnens, sondern auch ein *Um*lernen oder *Ver*lernen. »Dabei können Lernprozesse eine unterschiedliche Reichweite haben, sie können bestehende Sinnstrukturen erweitern, neue Facetten hinzufügen und andere umorganisieren oder ›zurückbauen‹« (Dausien 2008, S. 166). In diesem weiten Verständnis beinhaltet Lernen Erkenntnis, Reflexion und Reflexivität (Eraut 2000, S. 533) und zeichnet sich durch die »transformation of understanding, identity and agency« aus (ebd., S. 534). In der gegenwärtigen Diskussion finden sich unterschiedliche Beschreibungen für Lernprozesse, durch die die biographische Erfahrungsstruktur bzw. das Selbst- und Weltverständnis selbst verändert wird: Mezirow (1997, 2006) spricht von transformativem Lernen, Marotzki von Bildung (Marotzki 1990; vgl. auch Koller 2007, Nohl 2006) und Alheit von transitorischen Lernprozessen (Alheit 1993).

*Lernen als ganzheitlicher Prozess*
Darüber hinaus verweist die Hinwendung zum Lebenslangen Lernen – ebenso wie das Lernen im Lebenslauf – auf eine Relation von Lernen und Leben. Damit einher geht die Einsicht, dass Lernen nicht allein als kognitiver Prozess zu sehen ist, sondern als ganzheitlicher und sozialer Prozess betrachtet werden muss. Jarvis (2006) etwa stellt heraus, dass beim Lebenslangen Lernen der Bezug zwischen Lernen und Leben grundlegend ist. Denn Leben meint nicht einfach nur Existenz, sondern beinhaltet notwendigerweise auch Veränderungen und damit auch Lernen. Le-

benslanges Lernen hat es demzufolge notwendigerweise mit dem Sein und Werden der Person zu tun.

Jarvis folgert daraus, dass das Lernen im Lebenslauf sich auf alle Dimensionen des Menschen bezieht und neben der physischen, der kognitiven und der emotionalen Dimension des Menschen auch Selbstbewusstsein und Reflexion beinhaltet. Er schlägt daher folgende Definition vor: Lifelong learning is the

> »combination of processes throughout a lifetime whereby the whole person – body (genetic, physical and biological) and mind (knowledge, skills, attitudes, values, emotions, beliefs and senses) – experiences social situations, the perceived content of which is then transformed cognitively, emotively or practically (or throughout any combinations) and integrated into the individual person's biography resulting in a continually changing (or more experienced) person« (Jarvis 2006, S. 134).

Wenn Lernen im Lebenslauf aber die je subjektive Verarbeitung von Welt beschreibt, dann impliziert dies, dass eine Theorie des Lernens auch die soziale Situation stärker in den Blick nehmen muss. Entsprechend gilt es, den Blick auszuweiten und Lernen – mit Lave/Wenger (1991, S. 31) – als integralen Bestandteil sozialer Praxis zu beschreiben.

*Lernen als sozial eingelagerter Prozess*
Die Berücksichtigung der Tatsache, dass Lernen innerhalb sozialer Praxen stattfindet, erfordert die stärkere Berücksichtigung der Lernsituation mit all ihren materialen, personalen und interaktiven Bedingungen. Zu dieser sozialen Praxis gehören die Aktivitäten der Beteiligten. Diese basieren – so die grundlegende Prämisse praxistheoretischer Ansätze (vgl. auch Reckwitz 2003) – auf sozial geteilten Selbstverständlichkeiten und Deutungen, die das Handeln der Beteiligten leiten. Lernen findet demnach statt in einer Situation, die durch eine ganz spezifische Verbindung von *doings and sayings*, von Verhaltensakten und Deutungen gekennzeichnet ist. Die Situation konstituiert sich durch die Akteure, die Handlungen und die materielle, raum-zeitlich organisierte Welt. In der dadurch entstandenen Situation bekommt Wissen eine Bedeutung und in dieser Situation findet Lernen statt.

Das aber bedeutet, dass Lern- und Bildungsprozesse einerseits als individuelle Sinnbildungsprozesse betrachtet werden können, andererseits aber auch als Sinnbildungsprozesse im Kontext je spezifischer Möglichkeitsräume. In diesem Zusammenhang weist Schäffter (2008) darauf hin, dass die gesellschaftliche Institutionalisierung des Lebenslangen Lernens einher geht mit der Etablierung und Auf-Dauer-Stellung von konkreten Möglichkeitsräumen für Lerner – etwa in Form der historisch-spezifischen sozialen Praktik des Bibliothekswesens oder des Online-Lernens. Darüber hinaus stellt aber auch die gesellschaftliche Erwartung an Lernaktivitäten nach einer schulischen und beruflichen Grundbildung eine Form der Institutionalisierung dar, die die Bereitstellung ökonomischer Ressourcen etwa für Bildungseinrichtungen oder die Ausbildung von professionellen Weiterbildnern nach sich zieht.

Die damit angesprochene Verschränkung von individueller Lebensführung, Lehr-Lernarrangements und (historisch spezifischen) gesellschaftlichen Verhältnissen lässt sich mit dem Konzept der Bildungsgestalt beschreiben (Kade/Hof/Peterhoff 2008). Gemäß diesem Analysemodell ergeben sich spezifische Bildungsgestalten daraus, wie sich Individuen auf ihre je besondere Weise unter den jeweiligen lebensweltlich-biographischen und soziokulturellen Bedingungen das mit der Entwicklung des Lebenslangen Lernens verbundene Angebot an Lehr-Lerngelegenheiten zu Eigen machen und sich so erst als individuelles Erlebens- und Handlungssubjekt eine gesellschaftlich eingebettete Form geben (vgl. auch Hof/Kade 2009).

Mit der Hinwendung zum Lebenslangen Lernen wird also *erstens* die »bisher noch latente Krise pädagogischer Lerntheorie« (Schäffter 2008, S. 67) besonders deutlich. Denn Lernen ist nicht (mehr) in erster Linie als Ausdruck und Ergebnis einer inneren Entwicklungs- und Veränderungsgeschichte zu begreifen, sondern als (vorläufiges) Resultat einer Konstellation von biographischen Gegebenheiten und sozialen wie auch institutionellen Möglichkeiten. Es gilt demnach die Perspektiven und Deutungen der individuellen Subjekte in ihrer Eingebundenheit in vielfältige gesellschaftliche Einflüsse auf die Gestaltung des Kompetenzentwicklungsprozesses zu sehen.

Eine Theorie Lebenslangen Lernens muss daher die Einseitigkeiten subjektivistischer Lerntheorien überwinden, die Lernen nur als individuellen psychischen Veränderungsprozess ansehen und die soziale Eingebundenheit vernachlässigen. Anzuknüpfen ist entsprechend an Modelle, die die wechselseitige Verschränkung von Individuum und Umwelt herausstellen (hierzu auch Illeris 2006, 2007).

*Zweitens* erweitert der Blick auf das Lernen im Lebenslauf die traditionelle lerntheoretische Perspektive dahingehend, dass nun auch längerfristige Lern- und Bildungsprozesse in den Blick kommen. Dadurch aber wird deutlich, dass Lernen nicht als linearer Prozess anzusehen ist. Es beinhaltet auch sich überlappende oder diskontinuierliche Prozesse. Lernen ist nicht nur als kontinuierliche Erweiterung von Wissen zu beschreiben, sondern impliziert auch Umlernen und Verlernen – damit unter Umständen auch ein Vergessen von Wissen.

Die Beschreibung und Erklärung von Lernen im Lebenslauf erfordert *drittens* auch eine Beschäftigung mit der Frage, welches Wissen eigentlich gelernt oder verlernt wird. Auf diese Frage ist allerdings in der bisherigen erziehungswissenschaftlichen Diskussion noch kaum eingegangen worden. Hier finden sich zwar empirische Analysen zur interaktiven Konstruktion von Wissen in pädagogischen Settings (Dinkelaker 2008, Kade/Seitter 2007b, Nolda 1996) oder zur historischen Veränderung pädagogisch als relevant erachteter Wissensformen (Hof 2009) – aber eine systematische Analyse des Lernens unter einer Berücksichtigung des Wissens fehlt noch.

Und schließlich hat sich eine erziehungswissenschaftliche Theorie des Lernens im Lebenslauf – *viertens* – auch der Frage nach den pädagogischen Institutionalisierungsformen zu stellen. Dabei reicht es – wie Schäffter (2008, S. 73) es formuliert – nicht mehr aus, immer neue Varianten des vertrauten Grundmusters eines themenbezogenen Unterrichts zu entwickeln. Vielmehr sei eine Neubestimmung der gesellschaftlichen Funktion von Erwachsenenbildung und Weiterbildung notwendig, die »der gegenwärtigen strukturellen Transformation der gesellschaftlichen Rahmenbedingungen gerecht wird«. Angesprochen ist damit aber nicht nur die Frage, ob pädagogisch arrangierte Lernangebote in einer Epoche, in der strukturelle Veränderungen zum Selbstläufer werden, die Aufgabe haben, den Subjekten das neue Wissen möglichst effizient weiterzugeben oder ob hier nicht vielmehr die Bedeutung einer Entschleunigung zu betonen ist. Bildungsarbeit mit Erwachsenen habe dann »nicht nur zur Veränderung, sondern auch zur psychosozialen Stabilisierung und zur Wiedergewinnung von gestaltungs- und erlebnisfähiger Gegenwärtigkeit beizutragen« (Schäffter 2008, S. 74). Lebenslanges Lernen wechselt damit aber von einer gesellschaftlichen Reproduktionsfunktion zu einer Reflexionsfunktion (ebd.). Damit ist zum Ausdruck gebracht, dass es nicht nur darum geht, sich notwendiges neues Wissen anzueignen, sondern auch darum, den Lernbedarf zu klären.

Eine Theorie Lebenslangen Lernens habe damit – so Schäffter – in institutionentheoretischer Perspektive den Zusammenhang von individuellen Lernprozessen und den vorhandenen Institutionalisierungsformen des Lernens – und damit den sozialen Praktiken – zu berücksichtigen. Konkret bedeutet dies den Vorschlag, eine Kartographie differenter Lernkontexte auszuarbeiten. Diese sind in ihren je spezifischen Lernpraktiken, aber auch den je besonderen Lerngegenständen zu beschreiben, so dass dann gezeigt werden kann, welche Lernkontexte für welches Lernen besonders geeignet sind.

## 5.3 Lernen im Lebenslauf als Herausforderung für die Bildungsforschung

Die Hinwendung zum Lernen im Lebenslauf hat nicht nur Auswirkungen für die Lerntheorie, sondern auch für die Bildungsforschung. Denn diese hat nun Konzepte und Verfahren zu entwickeln, die es erlauben, das Lernen im Lebensverlauf detaillierter zu beleuchten. Die empirische Analyse des Lebenslangen Lernens kann sich dabei auf drei Ebenen – und ihre Wechselwirkungen – beziehen:

- die individuellen Bildungsverläufe,
- die institutionellen Rahmenbedingungen und
- die gesellschaftlichen Kontexte lebenslanger Lernprozesse.

Bezogen auf diese Analyseebenen gilt es, den Besonderheiten einer Lebenslaufperspektive gerecht zu werden. Dies bedeutet zum einen die Fokussierung von Zeit und zeitlicher Sequenzierung von Lern- und Bildungsprozessen und zum anderen die Hinwendung zu den gesellschaftlichen Voraussetzungen wie auch Wirkungen des Lernens im Lebensverlauf (George 2004). Die Bildungsforschung hat dementsprechend nicht allein die bildungspolitischen Forderungen nach einer Ausweitung des Lernens aufgrund technischer und gesellschaftlicher Veränderungsprozesse zu bedienen, sondern vor allem auch das Lebenslange Lernen in seinen vielfältigen Kontexten zu analysieren. »If we are to understand the directions in which people channel their learning activities, we need to attend to the changing cultural, social and political circumstances in which people create meaning and experience transformation, not just the technological or organisational changes that they face in working life« (Field 2006, S. 4).

### 5.3.1 Analyse von Bildungsverläufen im Lebenslauf

Bislang hat sich die Analyse von Lern- und Bildungsprozessen im Lebenslauf am Paradigma der Biographie orientiert (vgl. hierzu Krüger/Marotzki 2006). Diese Perspektive zeichnet sich dadurch aus, dass die Lebensereignisse in einen *inhaltlichen Zusammenhang* gebracht werden und dadurch das Werden der Person erzählt wird (Alheit/Dausien 2007). Das Thema der Biographie ist das vergangene Leben, das durch die Gegenwart zunächst einmal abgeschlossene Leben, das aus der Sicht der Gegenwart erzählt wird. Zukunft kommt in den Blick – soweit sie überhaupt in den Blick kommt – als Fortsetzung, sie wird unter Umständen auch als Steigerung oder als Verfall gedacht. In Biographien zeigen sich demzufolge biographische Lernprozesse. Diese werden zwar als Ergebnis der aktiven Auseinandersetzung des Subjekts mit seiner Welt begriffen, zeichnen sich aber zugleich dadurch aus, dass sie auf vorangegangenen Lern- und Bildungsprozessen basieren. Biographische Lernprozesse werden demzufolge mit dem Stichwort der Kontinuität versehen. Theoretisch untermauert wird die Kontinuitätsannahme biographischen Lernens auch durch die Sozialphänomenologie (vgl. hierzu auch Delory-Momberger 2007). So hat insbesondere Alfred Schütz (1981) herausgestellt, dass Menschen die Situationen und Erlebnisse zu Erfahrungen verarbeiten. Durch diesen Prozess der Erlebnisverarbeitung bauen sich Individuen im Laufe ihres Lebens einen Wissensvorrat auf, den sie dann zur Interpretation weiterer Erlebnisse verwenden. Dieser Wissensvorrat wird ergänzt durch die Übernahme von Erfahrungen anderer – also etwa durch das Wissen und die Erklärungen der Eltern und Lehrer, durch die Deutungsangebote der Kirche oder der Werbung und die Erkenntnisse der Wissenschaft. Eigene Erlebnisse und übernommene Erfahrungen bilden damit die biographischen Ressourcen, die die Wahrnehmung der Umwelt strukturieren und dem Erleben des Individuums eine Gestalt geben. In dieser Perspektive werden neue Erlebnisse mithilfe des vorhandenen biographischen Wissens interpretiert, so dass erst einmal eine kontinuierliche Erfahrungsaufschichtung unterstellt wird.

Nun haben die bisherigen Ausführungen gezeigt, dass es verkürzt wäre, das Lebenslange Lernen als kontinuierlichen Prozess der Aneignung neuen Wissens zu beschreiben. Vielmehr müssen auch Diskontinuitäten und Brüche in der Lebensführung wie auch in den Sinnbildungs- und Erfahrungsprozessen angenommen werden. In Erweiterung der traditionellen Perspektive der Biographieforschung ist mit der Berücksichtigung des Lernens im Lebenslauf der Fokus der Bildungsforschung auch auf längerfristige Lernprozesse zu richten (von Felden 2006, 2008, Hof/Kade 2009). Damit erweitert sich die Analyse von der Rekonstruktion der subjektiven Bewertung und Verknüpfung von Lernereignissen im Kontext des Lebenslaufs hin zur Frage nach Veränderungen. Diese Veränderungen können sich auf die Inhalte des Lernens, die Lernorte, die Lernformen, die Intentionen und Ziele sowie die Einbettung des Lernens in den biographischen Gesamtzusammenhang ebenso beziehen wie auf den präsentierten Lernhabitus oder die Selbst- und Weltdeutungen der Subjekte.

Sie können mit quantitativen wie mit qualitativen Methoden erfasst werden, das Augenmerk auf institutionelle Unterstützung oder auf die individuelle Gestaltung der Bildungsprozesse gerichtet werden – in jedem Fall aber ist der Prozess in seinem zeitlichen Verlauf zu betrachten.

*Bildungspanel*
Die Hinwendung zum Lernen im Lebenslauf erfordert ein Wissen über Veränderungen von Lernformen und Kompetenzentwicklungen über die Zeit. Ebenso ist es interessant herauszufinden, wie Entscheidungsprozesse – insbesondere an verschiedenen kritischen Übergängen der Bildungskarriere – ablaufen und wovon diese abhängen. Wie und in welchem Umfang werden also Lern- und Bildungsprozesse von der Familie, den jeweiligen institutionellen Bildungsangeboten und Lernmöglichkeiten beeinflusst?

Entsprechende Fragen werden in dem gerade begonnenen Programm eines nationalen Bildungspanels empirisch zu bearbeiten gesucht (vgl. Blossfeld u. a. 2008, http://www.uni-bamberg.de/neps/). Ein zentraler Fokus wird dabei auf die Messung von Kompetenzen gerichtet. Diese bilden die Grundlage für die Untersuchung der Veränderungen des Lernens in der Lebenszeit.

Auf der Basis repräsentativer Stichproben können damit Aussagen über Kompetenzentwicklungen, aber auch Bildungsbeteiligungen im Lebensverlauf beschrieben und in ihren sozialen Kontexten beleuchtet werden. Indem der Einfluss der sozialen Herkunft, ethnische Zugehörigkeit, familiale Unterstützungsleistungen oder auch die Qualität und Struktur der zugänglichen Bildungslandschaft auf die Bildungsverläufe untersucht werden, sind hier statistisch fundierte Erkenntnisse über das Ausmaß und die Facetten sozialer Ungleichheit in der Gestaltung von Bildungsverläufen zu erwarten.

Allerdings weisen die soziologischen Gegenwartsdiagnosen der Individualisierung von Lebensläufen darauf hin, dass die individuellen Subjekte immer mehr zum Gestalter ihrer Bildungsbiographie werden bzw. werden müssen. Dies hat die Konsequenz, dass die Bildungsforschung sich auch um Untersuchungsansätze bemühen muss, die offen sind für die Berücksichtigung »neuer« Bildungswege. Insofern ist es auch erforderlich, mit einer am qualitativen Paradigma orientierten Forschung Bildungsbiographien in ihrem zeitlichen Verlauf zu analysieren (West u. a. 2007). Solche Arbeiten können rekonstruieren, wie sich Individuen im lebensgeschichtlichen Zusammenhang mit ihrer sozialen, kulturellen und dinglichen Umwelt auseinandersetzen und was in dieser Auseinandersetzung mit ihnen selbst geschieht. Detaillierte Fallanalysen eröffnen damit die Möglichkeit, die Veränderungen von Lern- und Bildungsprozessen im Lebenslauf zu studieren und auf dieser Basis empirisch fundierte Theorien bzw. Hypothesen zu gewinnen (vgl. auch Grunert 2005).

Eine besondere methodologische Herausforderung besteht dabei darin, die Zeitlichkeit von Bildungsprozessen zu erfassen. Die herkömmliche Biographieforschung arbeitet mit einmaligen Interviews und analysiert Erzählungen, um die individuellen Deutungen und Erfahrungsschemata der Akteure zu rekonstruieren. Erzählungen zeichnen sich allerdings dadurch aus, dass sie die Erlebnisse selektieren und fokussieren im Hinblick auf die Darstellung eines Sinnzusammenhangs. Sie stellen die Wirklichkeit unter der heutigen Perspektive selektiv dar und bewerten sie im Lichte der je aktuellen Gegenwart (Rehbein 1982). Dies bedeutet, dass in biographischen Interviews die Tendenz besteht, eine biographische Kontinuität darzulegen. Die Erfahrungen werden vom Standpunkt der Gegenwart aus interpretiert. Wenn man sich dies klarmacht, dann verändert sich die Biographie laufend – weil sie fortlaufend überarbeitet wird (vgl. Alheit/Hoerning 1989).

Eine Möglichkeit, die Veränderungen in den Selbst- und Weltdeutungen zu erfassen, besteht demnach in der Durchführung von Wiederholungsbefragungen – und damit der Etablierung auch qualitativer Längsschnittstudien. Denn sie ermöglichen es, den Wandel – oder auch die Kontinuität – von Bildungsprozessen im Lebensverlauf differenzierter zu beleuchten. Durch dieses Forschungsdesign kann es gelingen, die Antezedenzbedingungen des Bildungsprozesses selbst einzufangen und damit Aussagen über das Lehren und Lernen zu einem früheren Zeitpunkt im Lebenszusammenhang zu erhalten, die nicht schon durch den Filter des Bildungsprozesses beschrieben sind (vgl. Nohl 2006a, S. 281). Eine qualitative Längsschnittuntersuchung eröffnet somit Einblicke in die Art und Weise, wie Menschen sich selbst und ihre Welt zu unterschiedlichen Zeitpunkten ihrer Biographie sehen und wie sie in unterschiedlichen Lebensaltern mit der Vielfalt und Heterogenität von Lern- und Bildungsmöglichkeiten umgehen. Dabei können Bildungsprozesse in ihren verschiedenen Kontextbezügen beleuchtet werden. Insofern ermöglichen qualitative Längsschnittuntersuchungen die Generierung von Hypothesen und Theorien zum Wandel von Bildung im Zeitverlauf. Das Augenmerk wird damit weniger auf die Veränderung der individuellen Formen der Informationsverarbeitung gerichtet als vielmehr auf die Kontexte, in die der biographische Bildungsprozess eingelagert ist. So wird es möglich, Bildung im Lebensverlauf in seinen lebensgeschichtlichen, lebensaltersbezogenen und historischen Kontexten zu beleuchten (Hof/Kade 2009, Kade/Hof/ Peterhoff 2008, Kade/Hof 2009).

### 5.3.2 Analyse Lebenslangen Lernens im Kontext institutioneller Gelegenheiten und Ablaufstrukturen

Lernen – verstanden als relativ stabile Verhaltens- und Wahrnehmungsänderung, die durch die Verarbeitung von Erfahrungen zustande kommt – basiert auf der Möglichkeit, Erfahrungen machen zu können. Dabei bildet nicht nur die biologische Ausstattung des Menschen eine zentrale Grundlage, sondern auch die jeweils verfügbaren Erfahrungsmöglichkeiten. Diese werden nicht nur von der sozialen und kulturellen Verfasstheit der Welt beeinflusst, sondern auch von den institutionalisierten Lernangeboten. Unter einer Lebenslaufperspektive interessiert dabei nicht so sehr die Konzeption und Evaluation der Lern- und Bildungsangebote innerhalb der einzelnen Bildungseinrichtungen. Wichtiger erscheint die Analyse der Struktur des Bildungssystems und die dadurch ermöglichten Übergänge zwischen den verschiedenen Bildungsbereichen. Gerade aufgrund der starken Ausdifferenzierung unterschiedlicher Bildungswege im deutschen Bildungssystem – man denke nur an das dreigliedrige Schulsystem oder an die Vervielfältigung von universitären Ausbildungswegen im Zuge der Einführung von Bachelor- und Masterstudiengängen – ist eine Untersuchung der Übergänge relevant (Bildungsbericht 2008).

Übergänge können dabei aus einer individuellen oder einer institutionellen Perspektive betrachtet werden. Aus einem biographischen Fokus stellt sich die Aufgabe der Beschreibung individueller Bildungswege – seien dies ›learning careers‹ (Bloomer/ Hodkinson 2000) oder Bildungsverläufe (›trajectories‹: Elder 1985, Sackmann/Wingens 2001a). Zu untersuchen wären dann auch die Entscheidungsprozesse. Welche sozialstrukturellen und milieuspezifischen Faktoren kommen dabei zum Tragen? Welche Wirkungen haben entsprechende Entscheidungen – etwa für oder gegen eine gymnasiale Schullaufbahn? Inwiefern werden dadurch Lernstrategien, Berufswahlentscheidungen und Einkommensmöglichkeiten determiniert?

Übergänge können aber nicht nur aus einer biographischen Sicht, sondern auch in ihrem institutionellen Rahmen beleuchtet werden. So hat etwa die Förderung der Lernenden Regionen zu einer Verbesserung der Lernmöglichkeiten für Benachteiligte und bildungsferne Gruppen geführt (Tippelt 2007). Mit Blick auf die Institutionen stellt sich auch die Frage, welche »pathways« (Elder 1985) durch die Struktur des Bildungssystems vorgezeichnet sind und wie durch institutionalisierte Ablaufmuster (Schütze 1981, Alheit 2004, S. 384) die individuellen Bildungsverläufe beeinflusst, unterstützt und begleitet werden. Bedeutsam sind in diesem Zusammenhang nicht nur die konkrete Angebotsstruktur der Organisationen und Regionen (Reupold/Tippelt 2006, Cara/Landry/Ranson 2002), sondern auch die Übergangsmöglichkeiten zwischen den Bildungsbereichen (Baethge 2007, Gnahs 2007).

### 5.3.3 Analyse Lebenslangen Lernens im gesellschaftlich-historischen Rahmen

Im Hinblick auf die gesellschaftliche Einbettung Lebenslangen Lernens ist der handlungsbezogene Diskurs bislang in erster Linie auf die Diagnose einer veränderten Gesellschaft eingegangen und hat Forderungen hinsichtlich des praktischen pädagogischen, politischen und individuellen Lernhandelns abgeleitet. Die empirische Bildungsforschung dagegen beschäftigt sich in erster Linie mit der Beschreibung der Aktivitäten und Einstellungen der Gesellschaftsmitglieder. Entsprechend konnte gezeigt werden, dass das Lebenslange Lernen heute keine bildungspolitische Zukunftsvision, sondern eine soziale Realität ist – wie dies etwa auch der Befragung der Mitgliedstaaten der europäischen Union zu entnehmen ist (vgl. Euridice 2000). Für die Bildungsforschung stellt sich nun die Aufgabe, das Augenmerk auf die gesellschaftlichen

Bedingungen für und die Folgen von lebenslangen Lernprozessen zu richten. In diesem Sinne sind Studien interessant, die sich mit den sozialstrukturellen Bedingungen lebenslanger Lernprozesse befassen. Im Hinblick auf die Untersuchung längerfristiger Lernprozesse interessiert sich zum Beispiel auch der Nationale Bildungspanel (Blossfeld u. a. 2008) für die Veränderung von Kompetenzen im Lebensverlauf und für die Beantwortung der Frage, welche Kompetenzen für die Wahl welcher Bildungswege bedeutsam sind. Umgekehrt stellt sich die Frage, welche Bildungsinstitutionen welche Kompetenzen ermöglichen.

Für die Analyse der gesellschaftlichen Kontexte Lebenslangen Lernens ist aber nicht nur die sozialstrukturelle Verortung der Lernenden bedeutsam. Vielmehr gilt es auch nach den langfristigen Folgen des Lernens zu fragen – wie sie etwa in bildungsökonomischen Untersuchungen aber auch in Studien zu den sozialen und kulturellen Wirkungen des Lernens intentiert sind (Schuller u. a. 2004, vgl. auch Alheit 2008). Dabei ist es nicht nur interessant, die »wider benefits of education« (Bynner/Schuller/Feinstein 2003) zu untersuchen und damit die Zusammenhänge zwischen Lernen und Gesundheit oder Lernen und politischer Einstellungen zu erhellen. Darüber hinaus eröffnet eine Perspektive, die im Anschluss an Bourdieu (1983) das Lernen vor dem Hintergrund der vorhandenen sozialen Beziehungen (soziales Kapital), dem Selbstkonzept und den Zielen der lernenden Subjekte (Identitätskapital) und den vorhandenen Kenntnissen, Fertigkeiten und Qualifikationen (Humankapital) betrachtet, die Möglichkeit, die Wirkung von Lern- und Bildungsprozessen sehr viel differenzierter zu beleuchten und dabei auch die Wechselwirkungen zwischen den verschiedenen Kapitalsorten zu berücksichtigen. Wenn das Lebenslange Lernen vor dem Hintergrund des sozialen Kapitals beleuchtet wird, dann tritt der Einfluss sozialer Beziehungen in den Mittelpunkt der Aufmerksamkeit und es wird deutlich, dass diese sich nicht nur auf das Lernen der Individuen, sondern auch auf organisatorische Abläufe und sogar regionale Netzwerke auswirken können (Field 2005).

Einen Zugang zu den gesellschaftlichen Implikationen des Lebenslangen Lernens eröffnet auch eine Forschungsrichtung, die sich reflexiv auf die Analyse der bildungspolitischen Programmatiken in ihren nationalen und internationalen Kontexten bezieht

(Alheit 2009, Rothe 2009). Insbesondere die an Foucault orientierte diskursanalytische Forschung lässt dabei differenzierte Einsichten in die latenten Wirkungen des Lebenslangen Lernens als Regierungstechnik erwarten (vgl. Fejes/Nicoll 2008, Forneck 2006, Wrana 2003).

Mit der Hinwendung zum Lebenslangen Lernen ist demzufolge nicht nur eine Ausweitung der Analyse auf den Aspekt der Zeit zu realisieren, sondern auch eine stärkere Kontextualisierung des Lernens. Neben den biographischen, institutionellen und gesellschaftlichen Bedingungen geht es dabei auch um eine Erfassung der Folgen Lebenslangen Lernens für die Biographien, Institutionen und Gesellschaften – Folgen, die nicht nur für das Individuum oder die Ökonomie relevant sind, sondern auch die sozialen Verhaltensmuster und kulturellen Kommunikationsformen – und damit zentrale Grundlagen der Gesellschaft betreffen.

# 6 Lebenslanges Lernen als pädagogisches Handlungs- und Arbeitsfeld

Die Hinwendung zum Lebenslangen Lernen hat nicht nur Implikationen für die erziehungswissenschaftliche Theoriebildung. Sie verändert auch das gesamte pädagogische Handlungsfeld. Dieses ist bislang an der Unterscheidung verschiedener Zielgruppen ausgerichtet. Dabei spielt die Bezugnahme auf das Alter eine bedeutende Rolle – auch wenn andere Kategorien, etwa das Geschlecht oder der Beruf, der Bildungsstand oder das Vorhandensein spezifischer Problemlagen zu einer Differenzierung und Pluralisierung der Zielgruppen geführt haben. Entsprechend grenzen sich die Ausbildungen und professionellen Tätigkeitsfelder, die sich in erster Linie auf Kinder beziehen – etwa die Erzieherausbildung oder die Frühpädagogik – ab von der Weiterbildung, die Angebote für junge bzw. ältere Erwachsene konzipiert. Die Sozialpädagogik wiederum bietet in erster Linie Hilfe und Unterstützung für die Jugend sowie für (Problem-)Familien. Einhergehend mit der Orientierung an unterschiedlichen Adressaten haben sich verschiedene pädagogische Institutionen entwickelt, etwa Kindergärten, Jugendbildungsstätten oder Volkshochschulen, die spezifische Bildungs- und Unterstützungsmöglichkeiten anbieten. Entsprechend stand die pädagogische Arbeit in den verschiedenen Organisationen im Mittelpunkt pädagogischer Theorie und Praxis.

Die adressaten- und institutionenbezogene Differenzierung pädagogischer Handlungs- und Arbeitsfelder wird mit der Hinwendung zum Lernen im Lebenslauf zunehmend brüchig. Denn nun rückt das Individuum in seiner Entwicklung in den Mittelpunkt der Reflexion. Pädagogische Organisationen wie die Schule oder die Weiterbildungseinrichtung werden daraufhin bewertet, welchen Beitrag sie zur Förderung der individuellen Kompetenzentwicklung leisten. Damit tritt die subjektbezogene Förderung individueller Kompetenzentwicklung an die Stelle institutioneller Vorgaben und Bildungsziele (vgl. hierzu auch Kapitel 3).

Mit der Orientierung am Lernen im Lebenslauf wird also der institutionenbezogene Fokus der Pädagogik in den Hintergrund gerückt zugunsten der Frage, wie die Übergänge von einer Lebensphase in die nächste, von einer Institution zu einer anderen, von einer Kompetenzstufe zur nächsten ablaufen. Im Zuge dieser ›Kompetenzwende‹ gilt der Einzelne nicht nur als Adressat pädagogischer Arbeit, sondern wird zunehmend als Gestalter dieses Prozesses angesehen. Das Individuum wird als »aktives realitätsverarbeitendes Subjekt« (Hurrelmann 1983) begriffen, das sich die Welt aneignet und dadurch seiner Bildung Gestalt gibt. Den Pädagoginnen und Pädagogen kommt dabei die Aufgabe zu, die individuelle Kompetenzentwicklung zu fördern.

## 6.1 Professionelles pädagogisches Handeln im Kontext Lebenslangen Lernens

Das Ziel, das Lernen der Individuen über den gesamten Lebensverlauf pädagogisch professionell zu unterstützen, erfordert zum einen eine Vergegenwärtigung der Merkmale professionellen Handelns. Zum anderen stellt sich die Frage, welche Aufgaben und Arbeitsfelder sich für Pädagoginnen und Pädagogen im Feld des Lebenslangen Lernens ergeben.

### 6.1.1 Exkurs: Wofür sind Pädagoginnen und Pädagogen zuständig? Oder: Ein Vorschlag zur professionellen Selbstbegrenzung

Fragt man nach den Merkmalen professionellen Handelns, dann steht die Frage nach der *Struktur professionellen Handelns* im Vordergrund. Es geht also nicht um die Diskussion von Professionen als soziale Kooperationsformen, sondern um die Merkmale professionellen Handelns. In dieser Intention haben etwa Beck u. a. (1980) Berufe als gesellschaftlich ausgehandelte Fähigkeitsschablonen beschrieben. Entsprechend ist zu fragen, welches Wissen, welche Fertigkeiten und Fähigkeiten für pädagogische Berufsfelder relevant sind. Eine Antwort darauf lässt sich finden, wenn man die Charakteristika professionellen Handeln näher bestimmt. Hierzu werden – nicht nur im Feld der Pädagogik – folgende Merkmale genannt:

a) Professionelles Handeln bezieht sich auf eine gesellschaftlich als notwendig erachtete, abgegrenzte *Aufgabe*. Parsons (1970) spricht daher auch von der *funktionalen Spezifität* professionellen Handelns. Dies impliziert auch, dass sich die Beziehung zwischen den Beteiligten nicht auf die gesamte Person bezieht, sondern ›ausschnitthaft‹ ausfällt: nicht die Person der Klienten interessiert, sondern das Problem, das es zu lösen gilt;
b) Professionelles Handeln orientiert sich an *(wissenschaftlicher) Rationalität,* setzt also die Existenz eines systematischen (in der Regel wissenschaftlichen) Wissens voraus;
c) Professionelles Handeln realisiert sich in der Verwendung spezifischer *Handlungskompetenzen und Methoden*;
d) der *Rolle* des Professionellen entspricht eine Komplementär-Rolle (Berater – Ratsuchender; Lehrer – Schüler; Dozent – Teilnehmer; etc.);
e) die durch die Abhängigkeit des »Klienten« (Hilflosigkeit/-bedürftigkeit; fachliche Inkompetenz; emotionales Engagement etc.) bedingte Macht des Professionellen wird durch *institutionalisierte Handlungsmuster* beschränkt: Diese sind insbesondere dadurch gekennzeichnet, dass das Problemlösungsarrangement nicht nach dem Muster der Geschäftsbeziehung, sondern nach Art einer *Solidarbeziehung* ausgestaltet ist. Der Klient hat Interesse an einer kompetenten Leistung des Professionellen und dieser wiederum braucht die Mitarbeit des Klienten.

*Zusammenfassend* lässt sich das professionelle pädagogische Handeln damit als Handeln beschreiben, das an einer spezifischen spezialisierten Aufgabe orientiert ist – etwa die Zuständigkeit für die Gestaltung von Lehr-Lern-Arrangements bzw. die Unterstützung individueller Kompetenzentwicklung. Diese Aufgabe wird mit Bezug auf eine wissenschaftlich fundierte Fachautorität erledigt, was nicht nur die Begründung des professionellen Handelns, sondern auch die Fähigkeit zur Reflexion konkreter Interaktionsverhältnisse beinhaltet. Darüber hinaus ist es gekennzeichnet durch den Einsatz professioneller »Handlungsrepertoires (...), die es Handlungsträgern ermöglichen, rasch, ohne Verzögerung, sicher und zielstrebig in komplexen Situationen zu agieren« (Bauer 1998, S. 344, vgl. auch Kade/Nittel/Seitter 2007 unter Bezug auf Hughes, insbes. S. 163ff).

### 6.1.2 Implikationen für das pädagogische Arbeitsfeld

Der wichtige Hinweis darauf, dass Professionelle zuständig sind für spezifische Aufgaben, verweist auch darauf, dass Pädagogen *nicht* für alles zuständig sind. Die Veränderungen im Feld des Lernens Erwachsener haben vielfache Entgrenzungen deutlich gemacht: Erwachsenenbildung bezieht sich auf das Lernen Erwachsener diesseits und jenseits pädagogischer Organisationen. Neben den traditionellen Bildungsanbietern allgemeinbildender, beruflicher, politischer und religiöser Bildung gelten nun auch Reisen und Vereinsaktivitäten als Lernorte, Fahrschulen, Kultureinrichtungen und das Internet als mögliche Lernumgebungen. Daraus könnte geschlossen werden, dass die Erwachsenenpädagogen nun für alle Aktivitäten der Menschen innerhalb und außerhalb pädagogischer Einrichtungen zuständig sind. Ich möchte mich an dieser Stelle für eine Begrenzung der Aufgaben von Erwachsenenpädagogen aussprechen und die These vertreten, dass mit dem Lebenslangen Lernen zwar einerseits die Notwendigkeit der Ausweitung unseres Verständnisses von Erwachsenenbildung einhergeht, dass aber andererseits eine Begrenzung erforderlich ist, namentlich die Konzentrierung auf Fragen der *pädagogischen Gestaltung von Lernmöglichkeiten*.

Für das pädagogische Arbeitsfeld ergibt sich daraus eine Ausweitung des traditionellen Aufgabenbereichs: Neben der direkten Gestaltung von Lernumgebungen (6.2) rückt zunehmend die Schaffung geeigneter institutioneller Rahmenbedingungen für den Kompetenzerwerb im Lebenslauf in den Fokus der Aufmerksamkeit. In diesem Zusammenhang geht es zum einen um die Gestaltung politischer Rahmenbedingungen – etwa gesetzlicher Regelungen oder finanzieller Anreize – für die Ermöglichung individueller Lernprozesse über den Lebensverlauf und zum anderen um die Frage, wie auf organisationaler Ebene die Möglichkeiten des Übergangs von einer Institution zu einer anderen verbessert werden können (6.3). Schließlich ist es zunehmend erforderlich, die Menschen bei der Entscheidung für geeignete

Bildungsmöglichkeiten zu unterstützen und Bildungsberatung anzubieten (6.4).

## 6.2 Unterstützung durch professionelle Gestaltung von Lehr-Lern-Prozessen

Die Aufgabe der pädagogischen Gestaltung von Lehr-Lern-Arrangements im Kontext Lebenslangen Lernens ist dadurch gekennzeichnet, dass eine Vielzahl an Lernorten und Vermittlungsformen denkbar sind. Lernen kann in personalen Interaktionssituationen, mit Medien oder im Rahmen arbeitsbezogener Tätigkeiten oder gesellschaftlich-kultureller Aktivitäten stattfinden (Erpenbeck/Sauer 2000) – es kann auf die Aneignung von Informationen, Handlungsfertigkeiten oder Reflexionskompetenzen ausgerichtet sein (Hof 2008). Entsprechend erfordert die professionelle Fähigkeit zur Gestaltung von Lehr-Lern-Kompetenzen nicht nur die Beantwortung der Frage, wie konkrete Lernumgebungen zu gestalten und welche Inhalte und Lernformen für welche Adressatengruppen geeignet sind, sondern es gilt auch zu entscheiden, welches Lehr-Lern-Arrangement für die jeweiligen Adressaten, die sozialen und institutionellen Rahmenbedingungen, die Lerninhalte und -ziele am besten geeignet erscheinen. Die damit angesprochenen Fragen wurden traditionell schon in den pädagogischen Studiengängen – insbesondere im Diplomstudiengang Pädagogik/Erziehungswissenschaft – angesprochen. Sie finden sich heute wieder in den neuen Bachelor- und Masterstudiengängen. Insbesondere die Masterprogramme zur Erwachsenenbildung/Weiterbildung nehmen diese Fragen auf. Die Absolventen sollen in der Lage sein, Lernprozesse Erwachsener zu arrangieren und zu begleiten, gesellschaftliche, institutionelle wie individuelle Kompetenzanforderungen und Bildungsbedarfe zu analysieren und beratend zu vermitteln, Bildungsangebote zu organisieren und das entsprechende Bildungspersonal zu rekrutieren und zu leiten. Entsprechende Studienangebote finden sich an verschiedenen Universitäten in Form von Vollzeitstudiengängen, berufsbegleitenden Masterprogrammen zur Erwachsenenbildung oder Fernstudienangeboten (weitere Informationen finden sich im Support-Kapitel).

Darüber hinaus gibt es verschiedene spezialisierte Studiengänge. Hier sind insbesondere die Angebote zur *Gestaltung multimedialer Lernumgebungen* oder zum *Bildungsmanagement* zu nennen.

## 6.3 Unterstützung durch Konzeption und Gestaltung institutioneller Rahmenbedingungen

Als wichtige Voraussetzung für Lebenslanges Lernen gilt die Durchlässigkeit und Transparenz des Bildungssystems. Sie drückt sich aus in der »Vision eines relativ offenen, flexiblen und transparenten Bildungssystems mit vielfältigen Ein- und Ausgängen, zahlreichen Übergängen und Verbindungslinien (....) und ohne Sackgassen« (Wiesner/Wolter 2005, S. 22), das individuelle Zugänge schafft und flexible Lernformen ermöglicht. Im Mittelpunkt der Diskussion stehen dabei eine Verschränkung der Bildungsbereiche sowie die Modularisierung der Angebote.

Verschiedene Rahmenbedingungen sind nötig, damit die Individuen ihre je eigenen Wege durch das Bildungssystem gehen können. Genannt werden insbesondere die höhere *Durchlässigkeit zwischen den vielfältigen Bildungswegen.* Diese kann durch rechtliche Vorgaben – etwa die Erlaubnis, nach Beendigung des Hauptschulabschlusses auf eine weiterführende Schule zu gehen, oder die Möglichkeit, nach der Meisterprüfung an die Universität zu wechseln – ermöglicht und durch Kooperations- und Kommunikationsaktivitäten unterstützt werden. So könnte etwa die Möglichkeit, nach dem Hauptschulabschluss eine höhere Schule zu besuchen, dadurch gefördert werden, dass auf der Basis einer Abstimmung zwischen den Schulen zusätzliche Förderkurse angeboten werden oder die Schülerinnen bzw. die Eltern überhaupt von der Möglichkeit in Kenntnis gesetzt werden. Eine Thematisierung von Übergangsmöglichkeiten – sowohl für die beteiligten Individuen als auch zwischen den Institutionen – ist demzufolge als wichtige Maßnahme zur Verbesserung der Durchlässigkeit im Bildungssystem anzusehen (Reupold/Tippelt 2006).

Darüber hinaus gilt die *Modularisierung von Bildungsangeboten* als geeigneter Weg, um individuelle und flexible Wege durch das

Bildungssystem zu gehen. »Modularisierung ist die Zusammenfassung von Stoffgebieten zu thematisch und zeitlich abgerundeten, in sich abgeschlossenen und mit Leistungspunkten versehenen, abprüfbaren Einheiten« (BLK 2004, S. 33). Durch die modulare Strukturierung von Bildungsgängen soll das Bildungsangebot für die einzelnen Lerner transparenter werden, da die Module jeweils detailliert in ihren Inhalten und Kompetenzzielen beschrieben werden. Da jedes Modul mit einem Zertifikat abschließbar ist, können Abschlüsse schrittweise und auch an unterschiedlichen Orten erworben werden. Dies alles fördert die Transparenz, die Vergleichbarkeit der Bildungsangebote und ermöglicht mehr Flexibilität in der Gestaltung des individuellen Kompetenzentwicklungsprozesses – so zumindest die Hoffnung der Politik.

Der Prozess einer zunehmenden vertikalen und horizontalen Verknüpfung von Bildungsgängen wird ergänzt durch die Forderung nach einer stärkeren *Kooperation und Vernetzung der einzelnen Bildungsinstitutionen*. So wurde beispielsweise mit dem Programm der Lernenden Regionen eine Vernetzung von Institutionen auf regionaler Ebene vorangetrieben (vgl. Longworth 2006, Nuissl u. a. 2006, Schreiber-Barsch 2007). Begründet wird die Notwendigkeit von Vernetzung damit, dass Netzwerke eine organisatorische Antwort auf die zunehmende Komplexität der Lebens- und Bedarfslagen pädagogischer Zielgruppen darstellen. Mehrdimensionale Problemlagen erfordern vermehrte Zusammenarbeit, Kommunikation und ein aufeinander abgestimmtes Vorgehen. Über die Schaffung von Synergieeffekten und eine gezielte, professionelle Aufgabenteilung kann Vernetzung zu mehr Effektivität und Qualitätssicherung beitragen (Dietsche/ Meyer 2004, S. 43). Dabei weist der Vernetzungsgedanke über die häufig in diesem Zusammenhang geäußerte Notwendigkeit des Aufbaus von Kooperationen hinaus. Die Entwicklung von Kooperationen ist wichtig, um einen Austausch herzustellen und bereits bestehende Strukturen zu optimieren. Auf konkreter Ebene können sie so die Vernetzung von Inhalten, Personen, Institutionen und Regionen unterstützen. Vertikale Vernetzung bezieht sich dabei auf die verschiedenen Bildungsstufen (z. B. Kindergarten, Schule, Ausbildung, Weiterbildung etc.), die horizontale Vernetzung auf die Verbindungen zwischen verschiedenen Einrichtungen und Institutionen auf einer Bildungsstufe (vgl. BLK 2004, S. 33).

Für professionelles pädagogisches Handeln bedeutet dies nicht nur die Schaffung von Weiterbildungsverbünden, die etwa durch die Einrichtung einer trägerübergreifenden Datenbank die Information über das Weiterbildungsangebot einer Region verbessern, sondern auch engere Zusammenarbeit zwischen den verschiedenen Bildungseinrichtungen (Tippelt 2003) sowie eine theoretisch und empirisch fundierte Planung der institutionellen Rahmenbedingungen für Lebenslanges Lernen (vgl. Online Handbuch Übergangsmanagement). Die Entwicklung entsprechender Konzepte wird von Seiten des BMBF neuerdings unter dem Stichwort »Lernen vor Ort« gefördert (BMBF 2008): Ausgewählte Kommunen werden darin unterstützt, ein ganzheitliches Konzept zu entwickeln, durch das die Menschen in ihrer Bildungsbiographie – von der frühkindlichen Bildung bis hin zur Weiterbildung – unterstützt werden können. Besonderer Fokus wird dabei auf die Abstimmung zwischen den verschiedenen biographischen Bildungsstationen und Bildungsangeboten vor Ort gelegt. Dadurch soll ein ressort- und institutionenübergreifendes, kohärentes Bildungsmanagement für das Lernen im Lebenslauf vor Ort entwickelt und umgesetzt werden.

Unterdessen entwickeln sich verschiedene Master oder PhD-Programme, die sich dem *Lebenslangen Lernen* widmen (siehe Support-Kapitel) und durch die Entwicklung von Forschungs- und Analysekompetenzen die theoretisch und empirisch fundierte Konzeption und Entwicklung von politischen und institutionellen Rahmenbedingungen für die Realisierung lebenslanger Lernprozesse intendieren.

## 6.4 Unterstützung durch Beratung

Im Zuge der Durchsetzung des Lebenslangen Lernens als gesellschaftlicher Realität stehen die Menschen nicht mehr nur vor der Aufgabe, grundlegende und weiterbildende Bildungsinstitutionen zu durchlaufen, sondern es wird von ihnen erwartet, dass sie ihre je individuellen Lern- und Kompetenzentwicklungsprozesse über den gesamten Lebensverlauf gestalten. Diese Erwartung einer andauernden Fortsetzung individueller Lern- und Bildungsprozesse führt dazu, dass der Einzelne sich in besonderem Maße mit der Gestaltung seiner Bildungs- oder Kompetenzbiographie befassen muss, um eine Grundlage für die Wahl neuer Aus- oder Weiterbildungsgänge zu haben. »Die Menschen stehen in zunehmendem Maße vor der Herausforderung, sich Aufschluss über ihre Fähigkeiten und Kompetenzen zu verschaffen und die für sie ›richtigen‹ Bildungs-, Weiterbildungs-, Ausbildungs- und Berufsentscheidungen zu treffen« (Töpper 2008, S. 35). Zur Unterstützung der erforderlichen Klärungs- und Entscheidungsprozesse bei individuellen (Weiter-) Bildungsentscheidungen wird vermehrt die Etablierung von Beratungsmöglichkeiten gefordert (z. B. BMBF 2007, Schiersmann 2008).

Dabei lassen sich verschiedene Formen der Beratung unterscheiden: zum einen die personenbezogene Beratung, die sich an einzelne Menschen richtet und insbesondere als Weiterbildungsberatung oder Lernberatung institutionalisiert ist. Zum zweiten die Organisationsberatung, die Betriebe und auch Weiterbildungsanbieter bei der Verbesserung der Realisierung lebenslanger Lernprozesse unterstützt.

### 6.4.1 Formen der Beratung

*Weiterbildungsberatung*
Die Weiterbildungsberatung ist bislang vor allem von den Arbeitsämtern bzw. der Agentur für Arbeit übernommen worden, findet unterdessen aber auch zunehmend in Weiterbildungsverbünden, regionalen Lernzentren oder bei den Kommunen statt. Die Ausweitung von Weiterbildungsberatungsstellen ist nicht nur Konsequenz der bildungspolitischen Forderung an die Individuen, ihre Lernprozesse über den gesamten Lebenslauf zu organisieren, sondern ist auch vor dem Hintergrund der zunehmenden Pluralisierung und Vervielfältigung der Lern- und Bildungsmöglichkeiten zu sehen. Dies bringt die Individuen in die Situation, sich nicht mehr an normierten Bildungs- und Berufsverläufen orientieren zu können, sondern individuelle Entscheidungen treffen zu müssen. Diese Entscheidungen erfordern aber nicht nur ein Wissen über Bildungsmöglichkeiten, sondern auch eine Betrachtung der je individuellen Situation. Weiterbil-

dungsberatung hat demnach neben der Aufgabe der Information auch die Aufgabe der Unterstützung der je individuellen Kompetenzentwicklungsprozesse.

In persönlichen Beratungsgesprächen wird nach der Passung zwischen den Angeboten der Weiterbildungseinrichtungen und den Ratsuchenden gefragt. Hierzu ist es notwendig, die Ausgangssituation des Klienten zu erfassen und geeignete Weiterbildungsmöglichkeiten zu finden. Darüber hinaus können auch Fragen der Finanzierung angesprochen werden. Manche Beratungsstellen bieten auch diagnostische Instrumente zu Kompetenzerfassung oder Berufseignungstests an. Dadurch sollen die Ratsuchenden ein klareres Bild über ihre eigenen Kompetenzen erhalten und entsprechend eine passende Weiterbildungsmaßnahme finden.

*Lernberatung*
Neben der Hilfe bei der Wahl geeigneter Weiterbildungsmöglichkeiten werden zunehmend auch Beratungsangebote unterbreitet, die sich auf den Lernprozess selber richten. Lernberatungen zielen darauf ab, individuelle Lernprobleme zu identifizieren und Maßnahmen zur Behebung von Lernschwierigkeiten aufzuzeigen. Sie verstehen sich als »Supportangebot, das darauf abzielt, dem Lernenden das eigene Lernen zu erleichtern (oder zu ermöglichen), die Lernergebnisse zu verbessern, die eigene Lernkompetenz zu fördern und Lernerfolg zu sichern« (Rohs/Käpplinger 2004, S. 17, im Original hervorgehoben, vgl. auch Kemper/Klein 1998, Klein/Reutter 2005, Pätzold 2004).

Hintergrund für die neue Bedeutung dieser Beratungsform sind nicht zuletzt die veränderten Anforderungen an die Lernkompetenzen der Menschen. Denn mit der Forderung nach Lebenslangem Lernen werden nun auch diejenigen Menschen aufgefordert, sich weiterzubilden, die in der sozialwissenschaftlichen Literatur als eher bildungsungewohnt beschrieben werden – also bislang kaum an Weiterbildungsmaßnahmen teilgenommen haben und auch über geringe Lernkompetenz (Baethge/Baethge-Kinsky 2004) verfügen.

Darüber hinaus sind insbesondere mit der Einrichtung von multimedialen Lernumgebungen die Erwartungen an die Selbstlernkompetenzen der Menschen eklatant gestiegen. Zwar ist davon auszugehen, dass jeder Mensch von Geburt an die Fähigkeit zur lernenden Aneignung von Wissen und Fertigkeiten besitzt, aber im Zuge der gestiegenen Anforderungen an die Effizienz des Lernens bedarf es auch einer ständigen Weiterentwicklung dieser Kompetenzen. Angesprochen sind hier insbesondere die methodischen Fähigkeiten zur Analyse, Organisation und Reflexion des eigenen Lernprozesses (Rohs/Käpplinger 2004, S. 14, vgl. auch Kaiser 2003).

Lernberatung kann hier die Aufgabe übernehmen, Menschen bei der Wahl der für sie geeigneten Lernform zu helfen und sie bei der Realisierung selbst gesteuerter Lernprozesse zu unterstützen. Neben der vorbereitenden Unterstützung des Lernens – durch die Abklärung von Ziel und Erwartungen, die Hilfe bei Kursauswahl und Laufbahnentscheidungen – und der Unterstützung während des Lernprozesses (auf der inhaltlich-fachlichen, der methodischen, sozialen oder persönlichen Ebene) kann sich die Lernberatung auch auf die Hilfe bei der Reflexion der Lernergebnisse beziehen (Dietrich/Herr 2005, S. 23).

Aufgabe des Lernberaters ist es, ausgehend von den Voraussetzungen der Teilnehmenden, diese bei der individuellen Gestaltung ihrer Lernprozesse zu begleiten und sie bei der Umsetzung (Transfer) in den Alltag zu unterstützen. Ziel ist es dabei immer, einen reflexiven Rückzugsraum zu schaffen, in dem der Lernende über die eigenen Lernprozesse und -techniken nachdenken und diese gegebenenfalls modifizieren kann (vgl. u. a. Thomann 2003, S. 42f.).

Neben der psycho-sozialen Dimension enthält Lernberatung so auch immer eine fachlich-inhaltliche Anforderung an den Lernberater. Dieser benötigt eine geschulte Beobachtungsgabe und diagnostische Fähigkeiten, um Lernblockaden erkennen und Hinweise zur Lösung geben zu können (vgl. Klingovsky 2004, S. 19). Darüber hinaus muss er über ausreichend Selbstreflexion verfügen, um Prozesse im Kontakt mit dem Lernenden auf einer metakommunikativen Ebene analysieren und einordnen zu können.

*Qualifizierungsberatung*
Im Zuge der veränderten Anforderungen an die Bildung der Menschen fordern nicht nur die Menschen einen Ausbau der Beratung, sondern auch die Organisationen und Betriebe melden entsprechende Wünsche an. Hintergrund hierfür bildet die Tatsache, dass der technische Wandel nicht nur von Individuen, sondern auch von Betrieben Strategien und Aktivitäten zur Kompetenzentwicklung fordert. Im Kontext des beruflichen und betrieblichen Lernens führt der schnelle wissenschaftliche und technische Wandel sowie die gesellschaftlichen und ökonomischen Veränderungen, die mit dem Prozess der Europäisierung und Globalisierung einher gehen zur Notwendigkeit, dass Arbeitnehmer und auch Organisationen ihr Wissen und Handeln laufend den aktuellen Veränderungen anpassen.

Allerdings stellen sich die Bedingungen für Lebenslanges Lernen nicht für alle in gleicher Weise dar. Während große Betriebe oft eigene Weiterbildungs- und Personalentwicklungsabteilungen einrichten können, sieht die Situation in kleinen und mittleren Unternehmen (KMUs) sehr viel schwieriger aus. Hier sind meist die finanziellen und personellen Bedingungen nicht gegeben, um geeignete Bildungs- und Qualifizierungskonzepte zu entwickeln oder Mitarbeiter für Kompetenzentwicklungsmaßnahmen frei zu stellen.

So genannte Qualifizierungsberater bieten hier ihre Unterstützung an. Sie führen Bedarfs- und Bedürfnisanalysen in den Betrieben durch, um auf der Basis eines detaillierten Wissens über spezifische und typische Problemlagen der Unternehmen Qualifizierungsnotwendigkeiten zu beschreiben. Darüber hinaus informieren sie sich über die regionalen Bildungs- und Fördermöglichkeiten – so dass sie den Unternehmen geeignete Weiterbildungsmöglichkeiten empfehlen und den Bildungsanbietern notwendige Bedarfe nennen können. Ein Schwerpunkt der Tätigkeit der Qualifizierungsberaterinnen und -berater liegt somit in der Perspektivenverschränkung (Gieseke 2008).

Die Beratung der Organisationen intendiert eine Anhebung der Qualifikationen und Kompetenzen in Betrieben, Behörden und Institutionen. Der Berater weist Wege zu Weiterbildungsmöglichkeiten für die Individuen und gibt Vorschläge zur lernförderlichen Arbeitsgestaltung.

## 6.4.2 Beratungskompetenzen

Fragt man nach den Kompetenzen, die Berater in der Bildungsberatung brauchen, dann wird immer wieder auf die Bedeutung sozialer Kompetenzen hingewiesen. »Kommunikations- bzw. Gesprächsführungskompetenz« sowie »Einfühlungs- und Wahrnehmungsvermögen« gelten als ebenso wichtig wie die »detaillierte Kenntnis des Weiterbildungsmarkts« und ein »breites Wissens- und Erfahrungsspektrum«.

Mit Blick auf die Besonderheit von Beratungsprozessen lassen sich aber sehr viel genauere Angaben machen:

> »Beratung ist also eine Kommunikationssituation mit einem Berater, in die die Persönlichkeit des Ratsuchenden und seine Lebenssituation einbezogen werden. Anlass der Beratung ist das Interesse des Ratsuchenden an einer Unterstützung für die Lösung einer Entscheidungs- und Problemsituation. Gegenstand der Kommunikation können Fragen der Wahl von Bildungswegen sein, aber auch solche, die eher als Lernberatung gekennzeichnet sind« (Klevenow 1980, S. 8).

Im Anschluss an diese Definition lassen sich folgende *Besonderheit von Beratungsprozessen* ausmachen (vgl. hierzu auch Fuchs/Mahler 2000, Giesecke/Opelt 2004, Schiersmann 2001, Schwarzer/Buchwald 2006):

(1) Beratungsprozesse zeichnen sich dadurch aus, dass sie *an den Problemen der Ratsuchenden ansetzen*.

(2) Ratsuchende kommen aber manchmal auch in eine Beratung, ohne schon eine klare Vorstellung von ihrem Problem zu haben. Berater haben hier die Aufgabe, durch gezielte Fragen Hilfe bei der Problemerkennung zu leisten. Erfolgreiche Beratungsprozesse zeichnen sich dadurch aus, dass die Berater durch die Art ihrer Fragen den Ratsuchenden *Kategorien an die Hand geben, ihre Situation neu zu sehen*.

(3) Beratungen haben aber nicht nur die Aufgabe, die individuelle Situation der Person oder des Unternehmens im Hinblick auf Lernmöglichkeiten und -erfordernisse zu rekonstruieren, sondern die Berater haben auch die Aufgabe, auf geeignete Problemlösungsstrategien hinzuweisen und das heißt *passende Bildungsmöglichkeiten vorzuschlagen*. In diesem Zusammenhang

gilt es nicht nur kursförmige Weiterbildungsofferten zu berücksichtigen, sondern auch Möglichkeiten des Lernens im Prozess der Arbeit, mit Medien oder im sozialen Umfeld einzubeziehen.

Will man darüber hinaus das *Beraten als Handlungsform* charakterisieren, dann lässt sich diese mit Knoll (2008) als Ermöglichungshandeln beschreiben. Bildungsberatung ist demzufolge eine Form des Agierens, die Räume – im wörtlichen und im übertragenen Sinne – bereitstellt. In diesen Räumen kann der Einzelne sich selbst und seine konkrete Situation wahrnehmen und er kann dort Neues in den Blick nehmen und gedanklich erproben, es sind Räume, in denen ein Gegenüber da ist, das offen aufnimmt und nicht sofort urteilt, sondern die eigenen Fähigkeiten, Stärken und Potentiale zu entdecken hilft (vgl. Knoll 2008, S. 14).

Beratung bietet einerseits Hilfe zur Selbstklärung an, gibt aber andererseits auch Informationen und Hinweise über Handlungs- und Lernmöglichkeiten.

Im Kontext Lebenslangen Lernens leistet Beratung eine »personspezifische Orientierungshilfe« (Dietsche/Meyer 2004, S. 49) bei der Auswahl passender Lern- und Lebenswege sowie der Bewältigung der damit korrespondierenden Konflikte. Wie jede Beratung so sind auch die verschiedenen Formen der Bildungsberatung immer als »Hilfe zur Selbsthilfe« zu begreifen. Der Ratsuchende kann letztendlich immer selber entscheiden, ob und welche Ratschläge er befolgt und welche Lern- und Bildungswege er einschlägt.

Dennoch aber – und hier könnte eine Abgrenzung zur psychologischen Beratung liegen – bezieht sich die Bildungsberatung, verstanden als *pädagogische* Handlungsform, nicht nur auf das Selbstkonzept oder die subjektiven Theorien und Deutungsmuster des Ratsuchenden, sondern befasst sich auch mit der Frage, auf welchem Wege neues Wissen und neue Fertigkeiten angeeignet werden können bzw. welche Bildungsinhalte und Lernorte in der je spezifischen Situation geeignet sind.

Vor dem Hintergrund dieser allgemeinen Kennzeichnung der Bildungsberatung als pädagogischer Handlungsform lassen sich folgende Kompetenzen für einen professionellen Bildungsberater ableiten:

*Fachkompetenz:*
- differenziertes Fachwissen und Berufserfahrung, um komplexe Probleme gut differenzieren und strukturieren zu können, Hintergründe aufzudecken und Handlungsmöglichkeiten aufzuzeigen;
- Kategorien/Schemata zur Analyse von Situationen;
- Wissen über Handlungsmöglichkeiten (Institutionen, Qualifizierungswege, Lernformen, Finanzierungsmöglichkeiten).

*Beratungs-Prozesskompetenz:*
- kommunikative Sensibilität;
- Interkulturalität (Offenheit für andere kulturelle oder subkulturelle Lebenswelten und Lebensstile);
- Fähigkeit zur Herstellung einer zwanglosen Interaktion;
- Fähigkeit zur Strukturierung von Problemen;
- Fragetechnik, um den Ratsuchenden durch gezielte Fragen bei der Problemerkennung zu unterstützen;
- Fähigkeit zur Entwicklung zielführender Arbeitsprogramme;
- Fähigkeit, Personen oder Gruppen aufgabenorientiert zu motivieren.

Allerdings zeigen die aktuellen Diskussionen um die Qualität der Bildungsberatung, dass die hierfür notwendigen Kompetenzen noch nicht überall eingesetzt werden (vgl. Fellermayer/Kramer 2008, Schiersmann/Remmele 2004, Niedlich u. a. 2007).

Insgesamt erweist sich damit das Arbeitsfeld des Lebenslangen Lernens als ein Arbeitsfeld, das nicht nur für die Lernenden, sondern auch für die professionellen Pädagoginnen und Pädagogen neue Herausforderungen mit sich bringt.

# An Stelle eines Schlussworts

Kade, Nittel und Seitter haben in der neuen Auflage ihrer Einführung in die Erwachsenenbildung/Weiterbildung, die auch in der Reihe »Grundriss der Pädagogik/Erziehungswissenschaft« erschienen ist, die Geschichte des Lernens Erwachsener um eine 4. Phase erweitert. Während sie in der 1. Auflage von 1999 den historischen Verlauf des Lernens Erwachsener in drei Phasen untergliederten und dabei die Volksaufklärung, die Volksbildung und die Erwachsenenbildung/Weiterbildung voneinander abgrenzen, kommt in der aktualisierten 2. Auflage von 2007 noch eine vierte Phase hinzu, die sie als die des Lebenslangen Lernens überschreiben. Dies provoziert die Frage, ob die Erwachsenenbildung nun vom Lebenslangen Lernen abgelöst wird.

Am Ende der vorliegenden Einführung sollte deutlich geworden sein, dass die Erwachsenenbildung mit dem Lebenslangen Lernen nicht verschwindet – weder die Erwachsenenbildung als berufspraktisch-institutionelle Realität noch die Erwachsenenbildung als Teildisziplin innerhalb der Erziehungswissenschaft. Das Verhältnis ist allerdings komplizierter geworden. Dies ergibt sich schon allein daraus, dass das, was mit dem Konzept des Lebenslangen Lernens inhaltlich verbunden wird, in hohem Maße differiert und zugleich noch weiter im Wandel ist. Das Lebenslange Lernen ist insofern auch theoretisch gewissermaßen (noch) ein unabgeschlossenes Projekt.

Aber auch wenn das Lebenslange Lernen als empirische Realität, als gesellschaftliche Erwartung und als Grundlage erziehungswissenschaftlicher Theorie und Forschung sich allein in der Zeit, in der dieses Buch geschrieben wurde, weiterentwickelt hat und weitere Entwicklungen nicht auszuschließen sind, so scheint mir dennoch mit der Orientierung am Lernen im Lebenslauf nun ein Bezugspunkt für die theoretische, empirische und pädagogisch-praktische Arbeit gefunden, der Aktivitäten auch jenseits politischer Vorgaben ermöglicht.

# Support

### Allgemeine Links zum Thema Lebenslanges Lernen

**Deutschland:**
Deutscher Bildungsserver
http://www.bildung-in-deutschland.de/

Deutsches Institut für Erwachsenenbildung
http://www.die-bonn.de/service/links/links.asp?Kategorien_ID=2

Das Berufsinstitut für Berufsbildung zum Lebenslangen Lernen
http://www.bibb.de/de/wlk11135.htm

**Österreich**
Das österreichische Ministerium für Unterricht, Kunst und Kultur: Das neue Bildungsprogramm für lebenslanges Lernen 2007–2013
http://www.bmukk.gv.at/europa/bildung/programm_lll_07_13.xml

Die Nationalagentur Lebenslanges Lernen in Österreich
http://www.lebenslanges-lernen.at/

Das österreichische Portal für Lehren und Lernen Erwachsener
http://erwachsenenbildung.at/fachthemen/lebenslangeslernen/dokumente_eu.php#2008

**Schweiz**
Adult Learning Information Center (Alice) des Schweizerischen Landesverbandes für Weiterbildung zum Thema Lebenslanges Lernen
http://www.alice.ch/

Der Schweizerischer Bildungsserver zum Thema Weiterbildung
http://www.educa.ch

Die Schweizerische Eidgenossenschaft zum Thema Lebenslange
Lern- und Bildungsaktivitäten
http://www.bfs.admin.ch/

**Weitere interessante Links**

Euridice – das Informationsnetz zum Bildungswesen in Europa
http://eacea.ec.europa.eu/portal/page/portal/Eurydice

ALADIN, the Adult Learning Documentation and Information
Network, UNESCO Institute for Lifelong Learning
http://www.unesco.org/education/aladin/?menuitem=1

Inquiry into the Future for Lifelong Learning (IFLL)
http://www.niace.org.uk/

**Informationen zu bildungspolitischen Konzepten**

Weltbank
http://www.worldbank.org/

UNESCO
http://portal.unesco.org/education

UNESCO Institut für Lebenslanges Lernen
http://www.unesco.org/uil/

OECD
http://www.oecd.org
http://www.oecd.org/document/3/0,3343,en_2649_
39263238_11997955_1_1_1_1,00.html

Europäische Kommission zum Thema Lebenslanges Lernen
http://ec.europa.eu/education/index_en.htm

Das deutsche Bildungsministerium zum Thema Lernen im Lebenslauf
http://www.bmbf.de/de/411.php

Bund-Länder-Kommission: Strategie zum Lebenslangen Lernen
www.blk-bonn.de/papers/heft115.pdf

**Informationen zu aktuellen Erhebungen und Statistiken**

Education Database (UNESCO, OECD, Eurostat)
http://www.oecd.org/education/database

Statistiken und Auswertungen der OECD zu Higher Education and Adult Learning
http://www.oecd.org/topic/0,3373,en_2649_39263238_1_1_1_1_37455,00.html

Global Monitoring Report der UNESCO
http://unesdoc.unesco.org/images/0014/001416/141639e.pdf

Europäische Statistiken (Eurostat)
http://epp.eurostat.ec.europa.eu

**Informationen zu Ausbildungs- und Weiterbildungsmöglichkeiten für Tätigkeiten im Feld des Lebenslangen Lernens**

**Deutschland**
Einen Überblick über die verschiedenen Masterstudiengänge Erwachsenenbildung/Weiterbildung bieten folgende Internetseiten

http://www.die-bonn.de/service/hochschulen/
http://www.blk-lll.de/service/links/links.asp?suchwort=studiengang
http://www.blk-lll.de/service/hochschulen/

**Österreich**
Folgende Portale informieren über Studienmöglichkeiten im Bereich Erwachsenenbildung

http://www.erwachsenenbildung.at
http://www.postgraduate.at
http://www.wba.or.at/interessierte/ablauf.php

**Schweiz**
Folgende Seiten geben Informationen über Ausbildungsmöglichkeiten im Feld der Erwachsenenbildung

http://www.fhmaster.ch/suchekon/studienaufbau-a1-i423-sD.html
http://www.uni-programme.ch
http://www.switch.ch

**Internationale Masterprogramme**

Neben verschiedenen Masterprogrammen, die als Vollzeitstudiengang, berufsbegleitend oder im Fernstudium, absolviert werden können, gibt es unterdessen auch international ausgerichtete Master:

Der »*European Masters in Lifelong Learning: Policy and Management*« (http://www.lifelonglearningmasters.org) wird gemeinsam von drei europäischen Universitäten angeboten: Danish University of Education (DPU), Copenhagen, Institute of Education (IoE), London und University of Deusto (UD), Bilbao. Schon die Anlage des Master-Programm, das vorsieht, dass die Studierenden je ein Jahr an einer anderen Universität verbringen, zeigt die internationale Ausrichtung. Ausgehend von der Einsicht in die Notwendigkeit lebenslanger Lernprozesse steht die Frage der Umsetzung dieses bildungspolitischen Programms in transnationale Bildungspolitik im Vordergrund. Besonderes Augenmerk wird dabei auf die Gestaltung politischer und organisationaler Rahmenbedingungen für Lebenslanges Lernen gelegt. Als Grundlage hierzu dient die Kompetenz zur Durchführung von Forschungs- und Entwicklungsvorhaben zur Umsetzung Lebenslangen Lernens.

Auch die private Jacobs University Bremen bietet ein weiterbildendes Masterprogramm »*Lifelong Learning, Knowledge Management, and Institutional Change*« an (http://www.jacobs-university.de/lki/).

Als PhD-Programm – also stärker forschungsorientiert angelegt und zur Begleitung von Doktorarbeiten dienend – ist die Bremer Kooperation zwischen der Universität Bremen und der Jacobs Universität konzipiert. Unter dem Titel »*Life-Course and Lifespan Dynamics*« sollen die Relationen zwischen den individuellen Lebensverläufen und den gesellschaftlichen Rahmenbedingungen untersucht werden (http://www.bigsss-bremen.de/index.php?id=674).

Auch international sind verschiedene PhD-Programme zum Lebenslangen Lernen organisiert. Einen Überblick bietet: http://www.findaphd.com

Besonders herauszuheben sind die Angebote der Universitäten

Exeter: http://www.exeter.ac.uk/postgraduate/degrees/education/mphilphd.shtml

London: http://www.bbk.ac.uk/ce/

Roskilde (Dänemark): http://www.ruc.dk/inst10_en/phd/

Anglia (England): http://www.uea.ac.uk/edu/


### Plattformen zum pädagogischen Handlungs- und Arbeitsfeld »Lebenslanges Lernen«

*Entwicklungen im Feld der Bildungsberatung*
http://www.bb-dialog.de/
http://www.bildungsberatung-verbund.de/
http://www.forum-beratung.de

*Entwicklung im Feld der Institutionen*
http://www.lernende-regionen.info
http://www.oecd.org/document/3/
0,3343,en_2649_39263238_11997955_1_1_1_1,00.html

# Literatur

## Einleitung

Arnold, R. (2000): Lebenslanges Lernen aus der Sicht der Erwachsenenbildung. In: F. Achtenhagen/W. Lempert (Hrsg.): Lebenslanges Lernen im Beruf. Seine Grundlegung im Kindes- und Jugendalter. Bd. 5, Opladen: Leske u. Budrich, S. 151–166

Brödel, R. (1998): Lebenslanges Lernen – lebensbegleitende Bildung. In: R. Brödel (Hrsg.): Lebenslanges Lernen – Lebensbegleitende Bildung. Neuwied, Kriftel: Luchterhand, S. 35–50

Dräger, H. (1979): Historische Aspekte und bildungspolitische Konsequenzen einer Theorie des lebenslangen Lernens. In: Internationales Jahrbuch der Erwachsenenbildung 7, S. 109–141

Leicester, M./Parker, S. (2001): From Adult Education to Lifelong Learning. In: D. Aspin/J. Chapman/M. Hatton/Y. Sawano (Hrsg.): International Handbook of Lifelong Learning. 2 Bände. Dodrecht, Boston, London: Kluwer Academic Publishers, S. 109–118

Schuetze, H. G. (2005): Modelle und Begründungen lebenslangen Lernens und die Rolle der Hochschule – Internationale Perspektiven. In: G. Wiesner/A. Wolter (Hrsg.): Die lernende Gesellschaft. Lernkulturen und Kompetenzentwicklung in der Wissensgesellschaft. Weinheim/München: Juventa, S. 225–244

Weisser, J. (2002): Einführung in die Weiterbildung. Weinheim: Beltz

## Kapitel 1

Alheit, P./Dausien, B. (2002): Bildungsprozesse über die Lebensspanne und Lebenslanges Lernen. In: R. Tippelt (Hrsg.): Handbuch Bildungsforschung. Opladen: Leske und Budrich, S. 565–585

Baethge, M./Baethge-Kinsky, V. (1998): Jenseits von Beruf und Beruflichkeit? Neue Formen von Arbeitsorganisation und Beschäftigung und ihre Bedeutung für eine zentrale Kategorie gesellschaftlicher Integration. In: Mitteilungen aus der Arbeitsmarkt- und Berufsforschung, 31, 3, S. 461–472

Baltes, P. B. (2001): Das Zeitalter des permanent unfertigen Menschen: Lebenslanges Lernen nonstop? In: Aus Politik und Zeitgeschichte, Jg. B 36, S. 24ff.

Beck, U. (1986): Risikogesellschaft. Auf dem Weg in eine andere Moderne. Frankfurt/M.: Suhrkamp

Bell, D. (1985): Die nachindustrielle Gesellschaft. Frankfurt/Main: Campus

BLK Bund-Länder-Kommission für Bildungsplanung und Forschungsförderung (2004): Strategie für Lebenslanges Lernen in der Bundesrepublik Deutschland. Bonn: BLK

BMBF (1997): Innovationen für die Wissensgesellschaft. Bonn: BMBF

Bourdien, P. (1983): Ökonomisches Kapital, soziales Kapital, kulturelles Kapital. In: R. Kreckel (Hrsg.): Soziale Ungleichheiten. Soziale Welt. Sonderband 2. Göttingen, S. 183–198

Brödel, R. (2003): Lebenslanges Lernen im Spannungsfeld von Bildungsgeschichte, Politik und Erziehungswissenschaft. In: D. Nittel/ W. Seitter (Hrsg.): Die Bildung des Erwachsenen. Erziehungs- und sozialwissenschaftliche Zugänge. Bielefeld: Bertelsmann, S. 115–142

Brödel, R. (2007): Lebenslanges Lernen – Erwachsenenpädagogische Verschränkungen mit einem »nachhaltigen« Diskurs. In: K. Künzel (Hrsg.): Bildung durch das ganze Leben – Europäische Beiträge zur Pädagogik der Lebensspanne. Köln u. a. (= Internationales Jahrbuch der Erwachsenenbildung 33/34), S. 1–24

Casale, R./Oelkers, J./Tröhler, D. (2004): Lebenslanges Lernen in historischer Perspektive. Drei Beispiele für ein altes Konzept. In: Zeitschrift für Pädagogik 50, 1, S. 21–37

Dewey, J. (1994): Erziehung durch und für Erfahrung. Hrsg. v. H. Schreier. 2. Aufl. Stuttgart

Dewey, J. (2000): Demokratie und Erziehung. Eine Einleitung in die philosophische Pädagogik. Weinheim u. a

Dohmen, G. (1996): Das Lebenslange Lernen. Leitlinien einer modernen Bildungspolitik. Bonn: bmbf

Dräger, H. (1976): Schulbildung – unter Aspekten der Erwachsenenbildung. In: Westermanns Pädagogische Beiträge, 2, S. 64–72

Dräger, H. (1979): Historische Aspekte und bildungspolitische Konsequenzen einer Theorie des lebenslangen Lernens. In: Internationales Jahrbuch der Erwachsenenbildung 7, S. 109–141

Dräger, H. (1984): Volksbildung in Deutschland im 19. Jahrhundert. 2 Bde. Bad Heilbrunn, Obb.: Klinkhardt

Paoli, P./Merllié, D. (2001): Third European survey on working conditions 2000. Luxemburg: EU

Faure, E. (1973): Wie wir leben lernen: der Unesco-Bericht über Ziele u. Zukunft unserer Erziehungsprogramme. Reinbek: Rowohlt

Fell, M./Feuerlein-Wiesner, E. (2002): Weiterbildung als Orientierungshilfe. In: Grundlagen der Weiterbildung (GdWz) 13, 2, S. 66–69

Field, J. (2006): Lifelong learning and the new educational order. 2., rev. ed. Stoke on Trent u. a.: Trentham Books

Friedenthal-Haase, M. (1998): Orientierung und Reorientierung: Kategorien und Aufgaben lebensbegleitender Bildung. In: R. Brödel (Hrsg.): Lebenslanges Lernen – Lebensbegleitende Bildung. Neuwied, Kriftel: Luchterhand, S. 60–72

Gehlen, A. (1986): Anthopologische und sozialpsychologische Untersuchungen. Reinbek: Rowohlt 1986

Geissler, K.H./Kade, J. (1982): Die Bildung Erwachsener. München

Geissler, K.H.: Alle lernen alles – die Kolonisierung der Lebenswelt durchs Lernen. In: W. Wittwer/St. Kirchhof (Hrsg.): Informelles Lernen und Weiterbildung. München 2003, 127–141

Gerlach, Chr. (2000): Lebenslanges Lernen. Konzepte und Entwicklungen 1972 bis 1997. Köln, Weimar, Wien: Böhlau

Halimi, S. (2000): Lifelong Learning for Equity and Social Cohesion: A New Challange for Higher Education. In: P. Alheit u. a. (eds.): Lifelong learning inside and outside schools. Bremen, 25–27 February 1999, Collected Papers, Vol. 1. Roskilde University u. a. 2000, S. 14–24

Heidenreich, M. (2002): Merkmale der Wissensgesellschaft. In: Lernen in der Wissensgesellschaft. Beiträge des OECD/CERI-Regionalseminars für deutschsprachige Länder in Esslingen (Bundesrepublik Deutschland) vom 8.–12. Oktober 2001. Innsbruck: Studien-Verlag, S. 334–363

Hein, D. (2003): Formen gesellschaftlicher Wissenspopularisierung. Die bügerliche Vereinskultur. In: L. Gall (Hrsg.): Wissenskommunikation im 19. Jahrhundert. Stuttgart: Steiner, S. 147–169

Heinz, W. (Hrsg.) (2000): Übergänge. Individualisierung, Flexibilisierung und Institutionalisierung des Lebenslaufs. 3. Beiheft der Zeitschrift für Soziologie der Erziehung und Sozialisation. Weinheim

Helsper, W./Hörster, R./Kade, J. (Hrsg.) (2003): Ungewissheit. Pädagogische Felder im Modernisierungsprozess. Weilerswist: Velbrück Wissenschaft

Hurrelmann, K. (2003): Der entstrukturierte Lebenslauf. Die Auswirkungen der Expansion der Jugendphase. In: Zeitschrift für Soziologie der Erziehung und Sozialisation 23, 2, S. 115–126

Illich, I. (1971): Entschulung der Gesellschaft. Eine Streitschrift. München: C.H. Beck Verlag (5. Auflage 2003)

Kade, J./Seitter, W. (2007a): Lebenslanges Lernen. In: M. Göhlich/Chr. Wulf/J. Zirfas (Hrsg.): Pädagogische Theorien des Lernens. Weinheim, S. 133–141

Kade, J./Seitter, W. (Hrsg.) (2007b): Umgang mit Wissen. Recherchen zur Empirie des Pädagogischen. 2 Bde. Opladen & Farmington Hills

Kade, J./Nittel, D./Seitter, W. (2007): Einführung in die Erwachsenenbildung/Weiterbildung. Stuttgart: Kohlhammer, 2. erweiterte und aktualisierte Auflage

Kell, A. (1996): Lebenslanges Lernen aus historischer Sicht. In: Die Berufsbildende Schule 48, S. 48–56

Knoll, J. H. (2007): »Lebenslanges Lernen« – Ein neuer Begriff für eine alte Sache? Eine historische Spurensuche. In: Bildung und Erziehung 60, S. 195–208

Kohli, M. (1985): Die Institutionalisierung des Lebenslaufs. Historische Befunde und theoretische Argumente. In: Kölner Zeitschrift für Soziologie und Sozialpsychologie 37, 1, S. 1–29

Kohli, M. (2002): Der institutionalisierte Lebenslauf: ein Blick zurück und nach vorn. In: J. Allmendinger (Hrsg.): Entstaatlichung und soziale Sicherheit. Verhandlungen des 31. Kongresses der Deutschen Gesellschaft für Soziologie in Leipzig, Opladen: Leske + Budrich, S. 525–545

Lengrand, P. (1972): Permanente Erziehung. Eine Einführung. München/Bern

Luhmann, N. (1985): Soziologie des Wissens. In: Ders.: Gesellschaftsstruktur und Semantik. Bd. 4. Frankfurt, S. 189–201

Memorandum über Lebenslanges Lernen (2000). Arbeitsdokument der Kommission der Europäischen Union. Brüssel

Nittel, D./Schöll, I. (2003): Die vielen Gesichter einer Beziehung. Über das Verhältnis von Schule und Erwachsenenbildung. In: Hessische Blätter für Volksbildung 1, S. 1–6

Nolda, S. (2001a): Appell und Legitimation, Deskription und Reflexion. Reale und mögliche Verwendungen des Begriffs der Wissensgesellschaft außerhalb und innerhalb der Erwachsenenbildung. In: Hessische Blätter für Volksbildung 2, S. 107–118

Nolda, S. (2001b): Das Konzept der Wissensgesellschaft und seine (mögliche) Bedeutung für die Erwachsenenbildung. In: J. Wittpoth (Hrsg.): Erwachsenenbildung und Zeitdiagnose. Bielefeld: Bertelsmann, S. 91–117

OECD (1973): Recurrent Education. A Strategy for Lifelong Learning. Paris

OECD (1996a): Lifelong Learning for All. Paris

OECD (1996b): The Knowledge based Economy. Arbeitspapier OECD/96/02 Paris

Prange, K./Strobel-Eisele, E. (2006): Die Formen pädagogischen Handelns. Eine Einführung. Stuttgart u. a.: Kohlhammer

Rosa, H. (2005): Beschleunigung. Die Veränderung der Zeitstrukturen in der Moderne. Frankfurt am Main: Suhrkamp

Schuetze, H. G. (2005): Weiterbildung und die Politik lebenslangen Lernens. In: W. Jütte (Hrsg.): Kontexte wissenschaftlicher Weiterbildung. Münster u. a.: Waxmann, S. 56–73

Seitter, W. (2001): Von der Volksbildung zum lebenslangen Lernen. Erwachsenenbildung als Medium zur Temporalisierung des Lebenslaufs. In: M. Friedenthal-Haase (Hrsg.): Erwachsenenbildung im 20. Jahrhundert – was war wesentlich? München, Mehring, S. 83–96.

Singh, M. (2002): The Global and International Discourse of Lifelong Learning from the Perspective of UNESCO. In: K. Harney/A. Heikkinen/S. Rahn/M. Schemmann (Hrsg.): Lifelong Learning: One Fucus, Different Systems. Frankfurt/M.: Peter Lang, S. 11–22

Stehr, N.: Die Zerbrechlichkeit moderner Gesellschaft. Weilerswist: Velbrück 2000

Tavistock Institute (1999): A Review of Thirty New Deal Partnerships. Research and Development Report ESR 32, Employment Service. Sheffield

Tröhler, D. (2004): »Lebenslanges Lernen« als condition humana: Ein Plädoyer für einen revidierten Lernbegriff. In: Vierteljahresschrift für wissenschaftliche Pädagogik 80, S. 326–338.

Tuijnman, A./Boström, A.-K. (2002): Changing Notions of Lifelong Education and Lifelong Learning. In: Internationale Zeitschrift für Erziehungswissenschaft 1–2, S. 93–110

UNESCO (1996): Learning: the treasure within. Report to Unesco the international commission on education for the twenty-first century. Paris: Unesco

Weisser, J. (2002): Einführung in die Weiterbildung. Weinheim: Beltz

Wiesner, G./Wolter, A.: Einleitung. In: Dies. (Hrsg.): Die lernende Gesellschaft. Weinheim/München: Juventa, S. 7–44

Willke, H. (1998): Systemisches Wissensmanagement. Stuttgart: UTB

# Kapitel 2

Alheit, P./Dausien, B. (2007): Lifelong Learning and Biography: A Competitive Dynamic Between the Macro- and the Micro Level of Education. In: L. West u. a. (Hrsg.): Using biographical and Life History Approaches in the Study of Adult and Lifelong Learning: European Perspectives. Frankfurt/M.: Lang, S. 57–70

Bélanger, P. (1997): The Astonishing Return of Lifelong Learning. In: National Institute for Educational Research/UNESCO Institute for

Education (Hrsg.): Comparitive Studies on Lifelong Learning Policies Tokyo, S. VII–XII
BLK: Bund-Länder-Kommission für Bildungsplanung und Forschungsförderung (2004): Strategie für Lebenslanges Lernen in der Bundesrepublik Deutschland. Bonn: BLK
BMBF (1996): Vorwort zu Dohmen (1996)
BMBF (2008): Ausschreibung des Programms »Lernen vor Ort«. http://www.bmbf.de/foerderungen/13064.php
BMBF-Homepage: www.bmbf.de
Brandecker, N. (2007): Der Wandel der bildungspolitischen Ansichten der Weltbank. Universität Mainz: Institut für Ethnologie und Afrikastudien. Arbeitspapier Nr. 82
Delors, J. (1996): Learning: the treasure within. Report to Unesco the international commission on education for the twenty-first century. Paris: Unesco
Delors, J. (1997): Lernfähigkeit: Unser verborgener Reichtum. UNESCO-Bericht zur Bildung für das 21. Jahrhundert. Hrsg. von der Deutschen UNESCO-Kommission. Neuwied: Luchterhand
Dietsche, B./Meyer, H. H. (2004): Literaturauswertung Lebenslanges Lernen. Anhang 3 und Anhang 4 zur Strategie für Lebenslanges Lernen in der Bundesrepublik Deutschland.
http://www.die-bonn.de/esprid/dokumente/doc-2004/dietsche 04_02.pdf; http://www.pedocs.de/volltexte/2008/305/
Dohmen, G. (1996): Das Lebenslange Lernen. Leitlinien einer modernen Bildungspolitik. Bonn: BMBF
Europäische Kommission (1993): Weißbuch über Wachstum, Wettbewerbsfähigkeit und Beschäftigung. Brüssel: EU
Europäische Kommission (1995): Weißbuch zur allgemeinen und beruflichen Bildung. Lehren und Lernen. Auf dem Weg zur kognitiven Gesellschaft. Brüssel: EU
Europäische Kommission (2000): Memorandum zum Lebenslangen Lernen. Brüssel
Europäischer Rat (2000): Schlussfolgerungen des Vorsitzes aus den Konsultationen am 23. und 24. März 2000 in Lissabon.
http://www.europarl.europa.eu/summits/lis1_de.htm
Europäischer Rat (2002): Entschließung des Rates vom 27. Juni 2002 zum lebensbegleitenden Lernen. Brüssel
Europäischer Rat (2006): Beschluss des Europäischen Parlaments und des Rates über ein Aktionsprogramm im Bereich des lebenslangen Lernens vom 15. November 2006. Brüssel: EU
Europäischer Rat (2008): Empfehlungen des europäischen Parlaments und des Rats zur Einrichtung des Europäischen Qualifikationsrahmens für lebenslanges Lernen vom 23. April 2008. Brüssel: EU

Expertenkommission »Finanzierung Lebenslangen Lernens« (2004): Finanzierung Lebenslangen Lernens – der Weg in die Zukunft. Schlussbericht.
Faure, E. (1973): Wie wir leben lernen. Reinbek: Rowohlt
Field, J. (2001): Lifelong education. In: International Journal of Lifelong Education, Jg. 20, H. 1/2, S. 3–15
Field, J. (2006): Lifelong learning and the new educational order. 2., rev. ed. Stoke on Trent u. a.: Trentham Books
Gass, R. (1996): Ziele, Struktur und Mittel des lebensbegleitenden Lernens. Europäisches Jahr des lebensbegleitenden Lernens 1996. Luxemburg: Amt für amtliche Veröffentlichungen der Europäischen Gemeinschaften
Gerlach, Chr. (2000): Lebenslanges Lernen. Konzepte und Entwicklungen 1972 bis 1997. Köln, Weimar, Wien: Böhlau
Hasan, A. (2001): Lifelong Learning: a Monitoring Framework and Trends in Participation. In: D. Aspin/J. Chapman/M. Hatton/Y. Sawano (Hrsg.): International Handbook of Lifelong Learning. 2 Bände. Dodrecht, Boston, London: Kluwer Academic Publishers, S. 379–402
Jourdan, M. (1978): Recurrent Education. Erwachsene kehren zurück zur Bildung. Essen
Jütte, W. (2009): Lernende Gesellschaft. In: Handbuch der Erziehungswissenschaft, Bd. II/2: Erwachsenenbildung/Weiterbildung. Hrsg. von Th. Fuhr/Ph. Gonon/Chr. Hof. Paderborn: Schöningh, S. 967–973
Kenneth, K. (2002): Banking on knowledge: the new knowledge projects of the World Bank. In: Compare 32, 2, S. 311–326
Knoll, J. H. (Hrsg.) (1974): Lebenslanges Lernen. Erwachsenenbildung in Theorie und Praxis. Hamburg: Hoffmann und Campe.
Koch, H. K. (2001): Das Ziel Lebenslangen Lernens zur Wirklichkeit für alle machen. In: Außerschulische Bildung 1, S. 5–11
Kraus, K. (2001): Lebenslanges Lernen – Karriere einer Leitidee. Bielefeld: Bertelsmann
Nacke, B./Dohmen, G. (Hrsg) (1996): Lebenslanges Lernen. Erfahrungen und Anregungen aus Wissenschaft und Praxis. Bonn
Nuissl, E. (2006): Orte und Netze lebenslangen Lernens. In: R. Fatke/ H. Merkens (Hrsg.): Bildung über die Lebenszeit. Wiesbaden: VS Verlag für Sozialwissenschaften, S. 69–83
OECD (1973): Recurrent Education. A Strategy for Lifelong Learning. Paris
OECD (1996): Lifelong Learning for All. Paris: OECD
Picht, G. (1964): Die deutsche Bildungskatastrophe. Freiburg

Reischmann, J. (1995): Lernen en passant. Die vergessene Dimension. Die Kehrseite der Professionalisierung in der Erwachsenenbildung. In: Grundlagen der Weiterbildung (GdWZ), 6, 4, S. 200–204

Rosenbladt, B. von/Bilger, F. (2008): Weiterbildungsverhalten in Deutschland. 1. Berichtssystem Weiterbildung und Adult Education Survey 2007. Bielefeld: Bertelsmann

Schemmann, M. (2002): Lifelong Learning as a Global Formula. In: K. Harney/A. Heikkinen/S. Rahn/M. Schemmann (Hrsg.): Lifelong Learning: One Focus, Different Systes. Frankfurt/M.: Peter Lang, S. 23–31

Schemmann, M. (2007): Internationale Weiterbildungspolitik und Globalisierung. Bielefeld: Bertelsmann

Schuetze, H. G. (1995): Weiterbildung im bildungspolitischen Konzept der OECD. In: Grundlagen der Weiterbildung – Praxishilfen. Neuwied: Luchterhand.

Schuetze, H. G. (2005): Weiterbildung und die Politik lebenslangen Lernens. In: W. Jütte (Hrsg.): Kontexte wissenschaftlicher Weiterbildung. Münster u. a.: Waxmann, S. 56–73

Wiesner, G./Wolter A. (2005): Einleitung. In: Dies. (Hrsg.): Die lernende Gesellschaft. Weinheim u. a.: Juventa, S. 7–44

Wolter, A. u. a. (o. J.): Lebenslanges Lernen – Theoretisches Konzept und bildungspolitische Vision. Forschungsprogramm des Promotionskollegs an der TU Dresden. Online verfügbar unter http://www.tu-dresden.de/kollegLLL/Forschungsprogramm.pdf (zuletzt geprüft am 18.4.08)

World Bank (2003): Lifelong Learning in the Global Knowledge Economy: Challenges for Developing Countries. A World Bank Report. Washington, D.C

# Kapitel 3

Alheit, P. (1993): Transitorische Bildungsprozesse: Das ›biographische Paradigma‹ in der Weiterbildung. In: W. Mader, (Hrsg.): Weiterbildung und Gesellschaft. 2. Auflage Bremen, S. 343–418

Alheit, P. (2003): »Biographizität« als Schlüsselqualifikation. Plädoyer für transitorische Bildungsprozesse. In: QUEM-Report, H. 78, 2003, S. 7–21; http://www.abwf.de/content/main/publik/report/2003/Report-78.pdf

Alheit, P. (2004): Biographisches Wissen als Lernpotenzial. Die Idee der ›transitorischen Bildung‹. In: P. Korte (Hrsg.): Kontinuität, Krise und

Zukunft der Bildung. Analysen und Perspektiven. Münster, S. 381–393

Alheit, P./Dausien, B. (2002): Bildungsprozesse über die Lebensspanne und Lebenslanges Lernen. In: R. Tippelt, (Hrsg.): Handbuch Bildungsforschung. Opladen, S. 565–585

Arnold, R. (1996): Weiterbildung. München

Arnold, R. (1997): Von der Weiterbildung zur Kompetenzentwicklung. Neue Denkmodelle und Gestaltungsansätze in einem sich verändernden Handlungsfeld. In: Kompetenzentwicklung '97. Hrsg. von der Arbeitsgemeinschaft QUEM. Münster 1997, S. 253–310

Arnold, R. (2000): Lebenslanges Lernen aus der Sicht der Erwachsenenbildung. In: F. Achtenhagen/W. Lempert (Hrsg.): Lebenslanges Lernen im Beruf. Seine Grundlegung im Kindes- und Jugendalter. Bd. 5. Opladen: Leske u. Budrich, S. 151–166

Arnold, R. (Hrsg.) (2003): Ermöglichungsdidaktik. Erwachsenenpädagogische Grundlagen und Erfahrungen. Baltmannsweiler

Arnold, R./Gómez Tutor, C. (2007): Grundlinien einer Ermöglichungsdidaktik. Augsburg 2007

Arnold, R./Lermen, M. (2005): Lernen, Bildung und Kompetenzentwicklung. Neuere Entwicklungen in Erwachsenenbildung und Weiterbildung. In: G. Wiesner/A. Wolter (Hrsg.): Die lernende Gesellschaft. Weinheim u. a.: Juventa, S. 45–59

Arnold, R./Schüssler, I. (1998): Wandel der Lernkulturen. Ideen und Bausteine für ein lebendiges Lernen. Darmstadt

Arnold, R./Siebert, H. (1995): Konstruktivistische Erwachsenenbildung. Baltmannsweiler: Schneider

Baethge, M./Baethge-Kinsky, V./Woderich, R. (2004): Der ungleiche Kampf um das Lebenslange Lernen. Münster u. a.: Waxmann

Becker, S./Veelken, L./Wallraven, K. P. (Hrsg.) (2000): Handbuch Altenbildung. Theorien und Konzepte für Gegenwart und Zukunft. Opladen: Leske u. Budrich

Bell, D. (1985): Die nachindustrielle Gesellschaft. Frankfurt/Main: Campus

Bergmann, B. u. a. (2004): Arbeiten und Lernen. Münster u. a.: Waxmann

Brinkmann, D. (2003): Der Freizeitpark als Lebenswelt – informelles Lernen als Erlebnis. In: W. Wittwer/St. Kirchhoff (Hrsg.): Informelles Lernen und Weiterbildung. München u. a.: Luchterhand, S. 73–104

Brödel, R. (1998): Vorwort: Lebenslanges Lernen – lebensbegleitende Bildung. In: R. Brödel (Hrsg.): Lebenslanges Lernen – Lebensbegleitende Bildung. Neuwied, Kriftel: Luchterhand, S. 35–50

Brödel, R. (2004): Lebensbegleitendes Lernen als Kompetenzentwicklung. Einleitung. In: R. Brödel/J. Kreimeyer (Hrsg.): Lebensbegleitendes Lernen als Kompetenzentwicklung. Analysen – Konzeptionen – Handlungsfelder. Bielefeld: Bertelsmann, S. 7–40

Bund-Länder-Kommission für Bildungsplanung und Forschungsförderung (BLK) (2004): Strategie für Lebenslanges Lernen in der Bundesrepublik Deutschland. Bonn

Conein, S. (Hrsg.) (2004): Erwachsenenbildung und die Popularisierung von Wissenschaft. Bielefeld

Dausien, B./Alheit, P. (2005): Biographieorientierung und Didaktik. Überlegungen zur Begleitung biographischen Lernens in der Erwachsenenbildung. In: Report: Zeitschrift für Weiterbildungsforschung, 3, S. 27–36

Degele, N. (1999): »Doing Knowledge«. Vom gebildeten zum informierten Wissen. In: C. Honegger/St. Hradil/F. Traxler (Hrsg.): Grenzenlose Gesellschaft? Opladen, S. 459–569

Dehnbostel, P. (2001): Perspektiven für das Lernen in der Arbeit. In: ABWF (Hrsg.): Kompetenzentwicklung 2001. Münster: Waxmann, S. 53–93

Deutscher Bildungsrat (1970): Strukturplan für das Bildungswesen. Stuttgart: Klett Verlag

Dewey, J. (1994): Erziehung durch und für Erfahrung. Hrsg. v. H. Schreier. 2. Aufl. Stuttgart

Dewey, J. (2000): Demokratie und Erziehung. Eine Einleitung in die philosophische Pädagogik. Weinheim u. a.: Beltz

Diedrichsen, N./Theile, H./Nahrstedt, W. (2003): Typologisierung unterschiedlicher Institutionalformen (Lernorte) im sozialen Umfeld. Berlin: QUEM-Materialien 44

Dietrich, S./Herr, M. (Hrsg.) (2005): Support für neue Lehr- und Lernkulturen, Bielefeld: wbv

Dinkelaker, J. (2008): Kommunikation von (Nicht-)Wissen. Eine Fallstudie zum Lernen Erwachsener in hybriden Settings. Wiesbaden

Döbert, H./Avenarius, H. (2007): Konzeptionelle Grundlagen der Bildungsberichterstattung in Deutschland. In: J. van Buer (Hrsg.): Qualität von Schule. Frankfurt am Main u. a., S. 297–314

Dohmen, G. (1996): Das Lebenslange Lernen. Leitlinien einer modernen Bildungspolitik. Bonn

Dohmen, G. (1999): ›Selbstgesteuertes Lernen‹ als Ansatzpunkt für einen notwendigen neuen Aufbruch in der Weiterbildung. In: Selbstgesteuertes Lernen. Dokumentation zum KAW-Kongress vom 4. bis 6. November 1998 in Königswinter. Bonn: BMBF, S. 27–32

Dohmen, G. (2001): Das informelle Lernen. Die internationale Erschließung einer bisher vernachlässigten Grundform menschlichen Lernens für das Lebenslange Lernen aller. Bonn: BMBF

Dohmen, G. u. a. (1999): Weiterbildungsinstitutionen, Medien, Lernumwelten. Rahmenbedingungen und Entwicklungshilfen für das selbstgesteuerte Lernen. Bonn

Dybowski, G. u. a. (1999): Betriebliche Innovations- und Lernstrategien. Implikationen für berufliche Bildungs- und betriebliche Personalentwicklungsprozesse. Bielefeld

Egloff, B./Kade, J. (2005): Der Wandel der Bedingungen des Lernens und Lehrens: Institutionen. In: Grundlagen der Weiterbildung Praxishilfen. Neuwied 2005, S. 1–25

Erpenbeck, J./Heyse, V.: Was sind Kompetenzen? In: Dies.: Die Kompetenzbiographie. Münster 1996, S. 156–170

Erpenbeck, J./Sauer, J. (2000): Das Forschungs- und Entwicklungsprogramm »Lernkultur Kompetenzentwicklung«. In: Kompetenzentwicklung 2000. Hrsg. v. der Arbeitsgemeinschaft Qualifikations-Entwicklungs-Management. Münster 2000, S. 289–335

Faulstich, P./Ludwig, J. (Hrsg.) (2004): Expansives Lernen. Baltmannsweiler: Schneider

Forneck, H. J./Springer, A. (2005): Gestaltung von Selbstlernarchitekturen – Eine integrative Konzeption für selbstgesteuertes Lernen. In: St. Dietrich/M. Herr (Hrsg.): Support für neue Lehr- und Lernkulturen. Bielefeld: wbv, S. 133–153.

Freericks, R. (2006): Lernen in Erlebniswelten. Erlebnisorientierte Lernorte und ihre Potenziale für ein nachhaltiges Lernen. In: DIE-Zeitschrift für Erwachsenenbildung 4, S. 32–35

Friedrich, H.F. (o. J.): Selbstgesteuertes Lernen – sechs Fragen, sechs Antworten. http://www.learn-line.nrw.de/angebote/selma/medio/grundlegendes/vortraegeaufsaetze/friedrich/friedrich.pdf

Fthenakis, W. (Hrsg.) (2007): Der Bayerische Bildungs- und Erziehungsplan für Kinder in Tageseinrichtungen bis zur Einschulung. Hrsg. vom Bayer. Staatsmin. für Arbeit und Sozialordnung, Familie, Frauen und Gesundheit; Staatsinstitut für Frühpädagogik (München). 2., aktualisierte u. erw. Aufl. Berlin u. a

Geißler, K. H. (2003): Alle lernen alles – die Kolonisierung der Lebenswelt durchs Lernen. In: W. Wittwer/St. Kirchhoff (Hrsg.): Informelles Lernen und Weiterbildung. München u. a.: Luchterhand, S. 127–141

Gerstenmaier, J./Mandl, H. (2005): Konstruktivistische Ansätze in der Erwachsenenbildung und Weiterbildung. In: R. Tippelt (Hrsg.): Handbuch Erwachsenenbildung, Weiterbildung. Wiesbaden: VS-Verlag, S. 184–192

Giese, J./Wittpoth, J. (2009): Institutionen der Erwachsenenbildung. In: Handbuch der Erziehungswissenschaft. Bd. II/2: Ewachsenenbil-

dung/Weiterbildung. Hrsg. v. Th. Fuhr/Ph. Gonon/Chr. Hof. Paderborn: Schöningh, S. 939–953
Harrison, R./Reeve, F./Hanson, A. et al. (Hrsg.) (2002): Supporting lifelong learning. Bd. 1, London; New York: Routhledge & Falmer
Heidenreich, M. (2002): Merkmale der Wissensgesellschaft. In: Lernen in der Wissensgesellschaft. Beiträge des OECD/CERI-Regionalseminars für deutschsprachige Länder in Esslingen (Bundesrepublik Deutschland) vom 8.–12. Oktober 2001. Innsbruck: Studien-Verlag, S. 334–363
Helsper, W./Hörster, R./Kade, J. (Hrsg.) (2003): Ungewißheit. Pädagogische Felder im Modernisierungsprozess. Weilerswist: Velbrück Wissenschaft
Heuer, U./Botzat, T./Meisel, K. (Hrsg.) (2001): Neue Lehr- und Lernkulturen in der Weiterbildung. Bielefeld: Bertelsmann
Hof, Chr. (1996): Überlegungen zum Konzept ›Wissen‹ in der Erwachsenenbildung. In: S. Nolda (Hrsg.): Erwachsenenbildung in der Wissensgesellschaft. Bad Heilbrunn: Klinkhardt, S. 12–30
Hof, Chr. (2001a): Werden pädagogische Profis überflüssig? Erinnerung an grundlegende Lehr-Funktionen. In: Grundlagen der Weiterbildung (GdWZ) 12, S. 218–221
Hof, Chr. (2001b): Konzepte des Wissens. Eine empirische Studie zu den wissenstheoretischen Grundlagen des Unterrichtens. Bielefeld: Bertelsmann
Hof, Chr. (2002a): Wissen als Thema der Erwachsenenbildung. In: B. Dewe/G. Wiesner/J. Wittpoth (Hrsg.): Professionswissen und erwachsenenpädagogisches Handeln. Literatur- und Forschungsreport Weiterbildung, Beiheft, S. 9–17
Hof, Chr. (2002b): Von der Wissensvermittlung zur Kompetenzorientierung in der Erwachsenenbildung? Anmerkungen zur scheinbaren Alternative zwischen Kompetenz und Wissen. In: Literatur- und Forschungsreport Weiterbildung 49, S. 80–89
Hof, Chr. (2003): Wissensvermittlung. Zur Differenz von personalen, medialen und strukturalen Formen der Wissensvermittlung. In: D. Nittel/W. Seitter (Hrsg.): Studien zur Bildung des Erwachsenen. Bielefeld: Bertelsmann, S. 25–34
Hof, Chr. (2005): Popularisierung der Wissenschaft. Merkmale und Probleme einer wieder entdeckten Form der Wissensvermittlung. In: Weiterbildung, 4, S. 12–15
Hof, Chr. (2009a): Theorien des Wissens und der Kompetenzen. In: Handbuch der Erziehungswissenschaft. Bd. II/2: Erwachsenenbildung/Weiterbildung. Hrsg. v. Th. Fuhr/Ph. Gonon/Chr. Hof. Paderborn: Schöningh, S. 959–966

Hof, Chr. (2009b): Lehren in der Erwachsenenbildung. In: Handbuch der Erziehungswisssenschaft, Bd. II/2: Erwachsenenbildung/Weiterbildung. Hrsg. v. Th. Fuhr/Ph. Gonon/Chr. Hof. Paderborn: Schöningh, S. 1139–1153

Iller, C. (2009): Zielgruppen. In: Handbuch der Erziehungswisssenschaft, Bd. II/2: Erwachsenenbildung/Weiterbildung. Hrsg. v. Th. Fuhr/Ph. Gonon/Chr. Hof. Paderborn: Schöningh, S. 987–997

Kade, J. (1994): Einrichtungen der Erwachsenenbildung. In: D. Lenzen (Hrsg.): Erziehungswissenschaft. Ein Grundkurs. Reinbek 1994, S. 477–495

Kade, J. (1997a): Entgrenzung und Entstrukturierung. Zum Wandel der Erwachsenenbildung in der Moderne. In: K. Derichs-Kunstmann/ P. Faulstich/R. Tippelt (Hrsg.): Enttraditionalisierung der Erwachsenenbildung. Frankfurt/M. S. 13–31

Kade, J. (1997b): Vermittelbar/nicht-vermittelbar: Vermitteln: Aneignen im Prozess der Systembildung des Pädagogischen. In: D. Lenzen/ N. Luhmann (Hrsg.): Bildung und Weiterbildung im Erziehungssystem. Frankfurt am Main, S. 30–70

Kade, J./Seitter, W. (Hrsg.) (2007): Umgang mit Wissen. Recherchen zur Empirie des pädagogischen. Bd. 1: Pädagogische Kommunikation. Opladen & Farmington Hills

Kade, S. (2007): Bildung und Altern. Eine Einführung. Bielefeld: Bertelsmann

Kaiser, A. (Hrsg.) (2003): Vermittlung von Selbstlernkompetenzen. München: Luchterhand

Kaiser, A./Buddenberg, V./Hohenstein, K./Holzapfel, C./Uemminghaus, M. (Hrsg.) (2007): Kursplanung, Lerndiagnose und Lernerberatung. Handreichung für die Bildungspraxis. Bielefeld

Kaiser, A./Kaiser, R. (2007): Denken trainieren, Lernen optimieren. Metakognition als Schlüsselkompetenz. 2., überarb. Aufl. Augsburg: Ziel Verlag

Kaiser, A./Kaiser, R./Hohmann, R. (2007): Lernertypen, Lernumgebung, Lernerfolg. Erwachsene im Lernfeld. Bielefeld

Kaiser, R. (2007): Informelles Lernen – informelle Lerner. In: A. Kaiser/R. Kaiser/R. Hohmann (Hrsg.): Lernertypen – Lernumgebung – Lernerfolg. Bielefeld: Bertelsmann, S. 81–102

Kirchhöfer, D. (2001): Perspektiven des Lernens im sozialen Umfeld. In: ABWF (Hrsg.): Kompetenzentwicklung 2001. Münster, S. 95–145

Klieme, E. u. a. (2001): Problemlösen als fächerübergreifende Kompetenz. In: Zeitschrift für Pädagogik 47, S. 179–200

Kultusministerkonferenz (KMK) (2001): Vierte Empfehlung der Kultusministerkonferenz zur Weiterbildung. Bonn 2001

Knoll, J. H. (Hrsg.) (1974): Lebenslanges Lernen. Erwachsenenbildung in Theorie und Praxis. Hamburg: Hoffmann und Campe.

Knowles, M. (1980): Self-directed learning. A guide for learners and teachers. 4th edition. Englewood Cliffs: Prentice Hall

Kohl, M./Molzberger, G. (2005): Lernen im Prozess der Arbeit. Überlegungen zur Systematisierung betrieblicher Lernformen in der Aus- und Weiterbildung. In: Zeitschrift für Berufs- und Wirtschaftspädagogik 101, 3, S. 349–363

Kreimeyer, J. (2004): Lebensbegleitendes Lernen – zur »informellen« Dimension einer erwachsenenpädagogischen Aufgabe. In: R. Brödel/ J. Kreimeyer (Hrsg.): Lebensbegleitendes Lernen als Kompetenzentwicklung. Analysen – Konzeptionen – Handlungsfelder. Bielefeld, S. 43–62

Kruse, U./Wiesner, G. (2002): Gezielte Unterstützung selbstgesteuerten Lernens Erwachsener durch Weiterbildungsinstitutionen – Ergebnisse empirischer Untersuchungen. In: S. Kraft (Hrsg.): Selbstgesteuertes Lernen in der Weiterbildung. Hohengehren, 159–175

Kurtz, Th. (2006): Unsicheres Handeln. In: Pädagogische Rundschau 60, 5, S. 549–558

Lave, J./Wenger, E. (1991): Situated learning. Legitimate peripheral participation. Cambridge: University Press

Leicester, M/Parker, S. (2001): From Adult Education to Lifelong Learning. In: D. Aspin u. a. (Hrsg.): International Handbook of Lifelong Learning. 2 Bände. Dodrecht, Boston, London: Kluwer Academic Publishers, S. 109–118

Livingstone, D. W. (1999): Informelles Lernen in der Wissensgesellschaft. Erste kanadische Erhebung über informelles Lernverhalten. In: Kompetenz für Europa – Wandel durch Lernen – Lernen im Wandel. Referate auf dem internationalen Fachkongress, Berlin 1999. Berlin: Arbeitsgemeinschaft QUEM, S. 65–91

Livingstone, D. (2001): Adult's Informal Learning: Definitions, Findings, Gaps and Future Research. NALL Research Paper

Longworth, N. (Hrsg.) (2004): Lifelong Learning in Action. Transforming education in 21st century. London: RouthledgeFalmer

Longworth, N. (2006): Learning cities, learning regions, learning communities. Lifelong learning and local government. London u. a.: Routledge

Ludwig, J. (2000): Lernende Verstehen. Bielefeld: Bertelsmann

Ludwig, J. (2009): Subjekttheoretische Ansätze zum Lernen Erwachsener. In: Handbuch der Erziehungswissenschaft. Bd. II/2: Erwachsenenbildung/Weiterbildung. Hrsg. v. Th. Fuhr/Ph. Gonon/Chr. Hof. Paderborn: Schöningh, S. 887–893

Lüders, Ch./Kade, J./Hornstein, W. (2006): Entgrenzung des Pädagogischen. In: H.-H. Krüger/W. Helsper: Einführung in Grundbegriffe und Grundfragen der Erziehungswissenschaft. Wiesbaden. 7. Auflage, S. 223–232

Mandl, H./Krause, U.-M. (2002): Lernkompetenz für die Wissensgesellschaft. In: Lernen in der Wissensgesellschaft. Beiträge des OECD/CERI-Regionalseminars für deutschsprachige Länder in Esslingen (Bundesrepublik Deutschland) vom 8.–12. Oktober 2001. Innsbruck: Studien-Verlag, S. 239–266

Marsick, V. J./Volpe, M./Watkins, K. E. (1999): Theory and practice of informal learning in the knowledge era. In: V. J. Marsick/M. Volpe (Hrsg.): Informal Learning on the Job. San Francisco: Baton Rouge, S. 80–95

Müller, K. R. (1998): Erfahrung und Reflexion: ›Fallarbeit‹ als Erwachsenenbildungskonzept. In: Grundlagen der Weiterbildung (GdWZ) 9, 6, S. 273–277

Müller, K. R. (2003): Autonomie und Fremdbestimmung als Referenzpunkte didaktischen Denkens – Das Bildungskonzept ›Fallarbeit‹ im ermöglichungsdidaktischen Diskurs. In: R. Arnold (Hrsg.): Ermöglichungsdidaktik. Baltmannsweiler: Schneider Verlag, S. 120–141

Nolda, S. (2001a): Appell und Legitimation, Deskription und Reflexion. Reale und mögliche Verwendungen des Begriffs der Wissensgesellschaft außerhalb und innerhalb der Erwachsenenbildung. In: Hessische Blätter für Volksbildung 2, S. 107–118

Nolda, S. (2001b): Das Konzept der Wissensgesellschaft und seine (mögliche) Bedeutung für die Erwachsenenbildung. In: J. Wittpoth (Hrsg.): Erwachsenenbildung und Zeitdiagnose. Bielefeld, S. 91–117

Nolda, S. (2001c): Empirie und Neue Lehr-/Lernkulturen. In: U. Heuer (Hrsg.): Neue Lehr- und Lernkulturen in der Weiterbildung. Bielefeld: Bertelsmann, S. 127–135

Nolda, S. (2002): Pädagogik und Medien. Eine Einführung. Stuttgart: Kohlhammer

Nolda, S. (2004): Das Verdrängen des Lerners durch das Lernen – zum Umgang mit Wissen in der Wissensgesellschaft. In: D. M. Meister (Hrsg.): Online-Lernen und Weiterbildung. Wiesbaden: VS Verlag für Sozialwissenschaften, S. 29–42

Nuissl, E. u. a. (Hrsg.) (2006): Regionale Bildungsnetze. Bielefeld: Bertelsmann

Picht, G.: Erwachsenenbildung – die große Bildungsaufgabe der Zukunft. In: Ders. u. a.: Leitlinien der Erwachsenenbildung. 2. Auflage. Braunschweig, S. 17–39

Rauschenbach, Th. u. a. (2004): Non-formale und informelle Bildung im Kindes- und Jugendalter. Konzeptionelle Grundlagen für einen nationalen Bildungsbericht. Bonn: BMBF http://www.bmbf.de/ pub/nonformale_und_informelle_bildung_kindes_u_jugendalter.pdf

Reinmann-Rothmeier, G. (2002): Mediendidaktik und Wissensmanagement. In: Medien-Pädagogik 2, online unter www.medienpaed.com/02-2/reinmann1.pdf

Reischmann, J. (1995): Lernen en passant. Die vergessene Dimension. Die Kehrseite der Professionalisierung in der Erwachsenenbildung. In: Grundlagen der Weiterbildung (GdWZ), 6, 4, S. 200–204

Reischmann, J (1997): Self-directed Learning – die amerikanische Diskussion. In: Literatur- und Forschungsreport Weiterbildung 39, S. 125–137

Reischmann, J. (2002): Selbstgesteuertes Lernen: Entwicklungen des Konzepts und neuere theoretische Ansätze. In: S. Kraft (Hrsg.): Selbstgesteuertes Lernen in der Weiterbildung. Hohengehren, S. 107–126

Schäffter, O. (2000): Didaktisierte Lernkontexte lebensbegleitenden Lernens. In: S. Becker u. a. (Hrsg.): Handbuch Altenbildung. Opladen: Leske + Budrich, S. 74–87

Schäffter, O. (2001): Lernkontext und Wissensdifferenz. Zur Transformation des ›Lerngegenstands‹ im Zuge seiner Institutionalisierung. In: Hessische Blätter für Volksbildung 51, 2, S. 128–141

Schiersmann, Chr. (2008): Anforderungen an Bildungs- und Berufsberatung für das Lernen im Lebenslauf. In: Berufsbildung in Wissenschaft und Praxis 37, 1, S. 25–29

Schlutz, E (1992): Die Bildung Älterer als Allgemeinbildung. In: E. Schlutz/H.-P. Tews u. a.: Perspektiven zur Bildung Älterer. Frankfurt, S. 10–28

Schmidt, B. (2009): Bildungsverhalten und -interessen älterer Erwachsener. In: Chr. Hof/J. Ludwig/Chr. Zeuner (Hrsg.): Strukturen Lebenslangen Lernens. Baltmannsweiler: Schneider-Verlag, S. 112–122

Schrader, J. (2003): Wissensform in der Weiterbildung. In: W. Gieseke (Hrsg.): Institutionelle Innensichten der Weiterbildung. Bielefeld, S. 228–253

Schreiber-Barsch, S. (2007): Learning Communities als Infrastruktur Lebenslangen Lernens. Vergleichende Fallstudien europäischer Praxis. Bielefeld

Schulenberg, W. (1968): Bildungsappell und Rollenkonflikt. Zur Kritik des Erwachsenenseins und der Erwachsenenbildung in der Gegenwart. In: C. Ritters (Hrsg.): Theorien der Erwachsenenbildung. Weinheim, S. 145–170

Schüßler, I./Thurnes, Chr. M. (2005): Lernkulturen in der Weiterbildung. Bielefeld 2005

Seitter, W. (2001): Von der Volksbildung zum Lebenslangen Lernen. Erwachsenenbildung als Medium zur Temporalisierung des Lebenslaufs. In: M. Friedenthal-Haase (Hrsg.): Erwachsenenbildung im 20. Jahrhundert – was war wesentlich? München, Mehring, S. 83–96

Seitter, W. (2009): Erwachsenenbildung und Weiterbildung in historischer Perspektive In: Handbuch der Erziehungswissenschaft, Bd. II/2: Erwachsenenbildung/Weiterbildung. Hrsg. v. Th. Fuhr/Ph. Gonon/Chr. Hof. Paderborn: Schöningh, S. 805–826

Simons, R.-J. (1994): Verschiedene Formen von Lernen und Lernfertigkeiten in Organisationen. In: Unterrichtswissenschaft, 22, 3, S. 243–266

Stehr, N. (1994): Arbeit, Eigentum und Wissen. Zur Theorie von Wissensgesellschaften. Frankfurt/M.: Suhrkamp

Tennant, M. (2006): Psychology and Adult Learning. London/New York: Routhledge

Tippelt, R. (2003): Lebenslange Kompetenzentwicklung: Die Vernetzung von Schule, Erwachsenenbildung und Hochschule. In: Hessische Blätter für Volksbildung 53, 1, S. 35–46

Volkholz, V./Köchling, A. (2001): Lernen und Arbeiten. In: ABWF (Hrsg.): Kompetenzentwicklung 2001. Münster: Waxmann, S. 375–415

Volkholz, V./Köchling, A./Langhoff, Th. (2004): Kompetenzentwicklung und Arbeitsgestaltung im Betrieb – zwei Welten? In: ABWF (Hrsg.): Kompetenzentwicklung 2004 – Lernförderliche Strukturbedingungen. Münster: Waxmann, S. 65–114

Voss, G. (1998): Die Entgrenzung von Arbeit und Arbeitskraft. Eine subjektorientierte Interpretation des Wandels der Arbeit. In: Mitteilungen aus der Arbeitsmarkt- und Berufsforschung, 31, 3, S. 473–487

Weidenmann, B. (2002): Multicodierung und Multimedialität im Lernprozess. In: Information und Lernen mit Multimedia und Internet. Weinheim, S. 44–62

Weinert, F. (1982): Selbstgesteuertes Lernen als Voraussetzung, Methode und Ziel des Unterrichts. In: Unterrichtswissenschaft, 2, S. 99–110

Wiesner, G./Wolter, A. (2005): Einleitung. In: Dies. (Hrsg.): Die lernende Gesellschaft. Weinheim/München: Juventa, S. 7–44

Wiesner, G./Wolter A. (Hrsg.) (2005): Die lernende Gesellschaft. Weinheim/München: Juventa

Willke, H. (1998): Systemisches Wissensmanagement. Stuttgart: UTB

Winkler, K./Mandl, H. (2005): Virtuelle Communities – Kennzeichen, Gestaltungsprinzipien. In: MedienPädagogik online unter: http://www.medienpaed.com/05-2/winkler_mandl1.pdf

Wolter, A. u. a. (o. J.): Lebenslanges Lernen – Theoretisches Konzept und bildungspolitische Vision. Forschungsprogramm des Promotionskollegs an der TU Dresden. Online verfügbar unter http://www.tu-dresden.de/kollegLLL/Forschungsprogramm.pdf

# Kapitel 4

Alheit, P./Hoerning, E. (Hrg.) (1989): Biographisches Wissen. Frankfurt: Campus

Antikainen, A. (1998): Between Structure and Subjectivity – Life-Histories and Lifelong Learning. In: International Review of Education, 44, S. 215–234

Baethge, M./Baethge-Kinsky, V. (2004): Der ungleiche Kampf ums lebenslange Lernen. Münster: Waxmann

Baltes, P. B. (1990): Entwicklungspsychologie der Lebensspanne – Theoretische Leitsätze. In: Psychologische Rundschau, 41, 1, S. 1–24

Baltes, P. B. (1997): Die unvollendete Architektur der menschlichen Ontogenese. Implikationen für die Zukunft des vierten Lebensalters. In: Psychologische Rundschau, 48, S. 191–210

Baltes, P. B./Dittmann-Kohli, F./Dixon, R.A. (1984): New perspectives on the development of intelligence in adulthood – Toward a dual-process conception and a model of selective optimization with compensation. In: P. B. Baltes/O. G. Brim (Hrsg.): Life-span development and behavior. New York: Academic Press (6), S. 33–76

Baltes, P. B./Lindenberger, U./Staudinger, Ursula M. (1998): Life-Span theory in developmental psychology. In: R.M. Lerner (Hrsg.): Handbook of child psychology. 5. Aufl. New York: Willey (1), S. 1029–1143

Bandura, A. (1997): Self-efficacy – The exercise of control. New York: Freeman

Barz, H. (2000): Weiterbildung und Soziale Milieus. Neuwied u. a.: Luchterhand

Barz, H./Tippelt, R. (2003): Bildung und soziales Milieu: Determinanten des lebenslangen Lernens in einer Metropole. In: Zeitschrift für Pädagogik 49, 3, S. 323–340

Barz, H./Tippelt, R. (Hrsg.) (2004): Weiterbildung und soziale Milieus in Deutschland. 2 Bde. Bielefeld: Bertelsmann Verlag

Becker, R. (1991): Berufliche Weiterbildung und Berufsverlauf – Eine Längsschnittuntersuchung von drei Geburtskohorten. In: Mitteilungen aus der Arbeitsmarkt- und Berufsforschung, 24, 2, S. 351–364

Becker, R./Lauterbach, W. (2004): Bildung als Privileg? – Erklärungen und Befunde zu den Ursachen der Bildungsungleichheit. Wiesbaden: VS Verlag für Sozialwissenschaften

Bellmann, L. (2003): Datenlage und Interpretation der Weiterbildung in Deutschland. Bielefeld: Bertelsmann Verlag

Bennetts, Chr. (2001): Lifelong Learners – In their own words. In: International Journal of Lifelong Education, 20, 4, S. 272–288

Bergmann, B. (1994): Zur Lernförderung im Arbeitsprozess aus psychologischer Sicht. In: B. Bergmann/P. Richter (Hrsg.): Die Handlungsregulationstheorie – von der Praxis zur Theorie. Göttingen: Hogrefe, S. 117–135

Bilger, F./von Rosenbladt, B. (2008): Weiterbildungsverhalten in Deutschland – Bd. 1. Berichtssystem Weiterbildung und Adult Education Survey 2007. Bielefeld: Bertelsmann Verlag

Blossfeld, H.-P./Doll, J./Schneider, T. (2008): Bildungsprozesse im Lebenslauf – Grundzüge der zukünftigen Bildungspanelstudie für die Bundesrepublik Deutschland. In: Recht der Jugend und des Bildungswesens. 3, S. 321–328

Bolder, A./Hendrich, W. (2000): Fremde Bildungswelten. Alternative Strategien lebenslangen Lernens. Opladen: Leske + Budrich

Born, C./Krüger, H. (Hrsg.) (2001): Individualisierung und Verflechtung – Geschlecht und Generation im Lebenslaufregime. Weinheim u. a.: Juventa

Bourdieu, P. (1983): Ökonomisches Kapital, soziales Kapital, kulturelles Kapital. In: R. Kreckel (Hrsg.): Soziale Ungleichheiten. Soziale Welt. Sonderband 2. Göttingen, S. 183–198

Bourdieu, P. (1989): Die feinen Unterschiede – Kritik der gesellschaftlichen Urteilskraft. Frankfurt am Main: Suhrkamp Verlag

Bynner, J./Schuller, T./Feinstein, L. (2003): Wider Benefits of Education: Skills, Higher Education and Civic Engagement. In: Zeitschrift für Pädagogik, 49, 3, S. 341–361

CEDEFOP (2005): Lebenslanges Lernen: Die Einstellungen der Bürger in Nahaufnahme. Luxemburg: EU

Dausien, B. (2001): Bildungsprozesse in Lebensläufen von Frauen – Ein biographietheoretisches Bildungskonzept. In: W. Gieseke (Hrsg.) (2001): Handbuch zur Frauenbildung. Opladen: Leske + Budrich, S. 101–114

Deutscher Bildungsrat (1970): Empfehlungen der Bildungskommission – Strukturplan für das Bildungswesen. Stuttgart: Klett Verlag

Ecarius, J. (2006): Biographieforschung und Lernen. In: H.-H. Krüger/W. Marotzki (Hrsg.): Handbuch erziehungswissenschaftliche Biographieforschung. VS Verlag für Sozialwissenschaften, S. 91–108

Egger, R. (1995): Biographie und Bildungsrelevanz. Eine empirische Studie über Prozeßstrukturen moderner Bildungsbiographien. München: Profil-Verlag

Europäische Kommission (2007): Mitteilung der Kommission: Wissen, Kreativität und Innovation durch lebenslanges Lernen. Brüssel: EU

Expertenkommission »Finanzierung Lebenslangen Lernens« (2004): Finanzierung Lebenslangen Lernens – der Weg in die Zukunft. Schlussbericht. Bd. 6. Bielefeld

Felden, H. v. (2006): Lernprozesse über die Lebenszeit. Zur Untersuchung von Lebenslangem Lernen mit Mitteln der Biographieforschung. In: G. Wiesner/Chr. Zeuner/H. Forneck (Hrsg.): Teilhabe an der Erwachsenenbildung und gesellschaftliche Modernisierung. Baltmannsweiler: Schneider, S. 217–233

Felden, H. von (2003): Bildung und Geschlecht zwischen Moderne und Postmoderne. Zur Verknüpfung von Bildungs-, Biographie- und Genderforschung. Opladen: Leske und Budrich

Feller, G. (Hrsg.) (2006): Weiterbildungsmonitoring ganz öffentlich – Entwicklungen, Ergebnisse und Instrumente zur Darstellung lebenslangen Lernens. Bielefeld: Bertelsmann Verlag

Fend, H. (2006): Bildungserfahrungen und ihre Langzeitwirkungen im Erwachsenenalter. Ergebnisse der LifE-Studie. In: Hosenfeld, I. (Hrsg.): Schulische Leistung. Münster, Westfalen u. a.: Waxmann, S. 17–40

Friebel, H. (2004): Doing Gender: Familien- und Erwerbsarbeit und Weiterbildungsteilnahme – »Das is'n Agreement, das haben wir stillschweigend beschlossen«. In: F. Behringer u. a. (Hrsg.): Diskontinuierliche Erwerbsbiographien. Hohengehren: Schneider, S. 133–144

Friebel, H. (2006): Bildung im Lebenszusammenhang – Doing gender. In: WSI-Mitteilungen, 59, 3, S. 144–149

Friebel, H. (2008): Die Kinder der Bildungsexpansion und das ›Lebenslange Lernen‹. Augsburg: Ziel-Verlag

Friebel, H./Epskamp, H./Knobloch, B./Montag, S./Toth, S. (2000): Bildungsbeteiligung: Chancen und Risiken – Eine Längsschnittstudie über Bildungs- und Weiterbildungskarrieren in der »Moderne«. Opladen: Leske + Budrich

Gnahs, D./Kuwan, H./Seidel, S. (Hrsg.) (2008): Weiterbildungsverhalten in Deutschland. Bd. 2: Berichtskonzepte auf dem Prüfstand. Bielefeld: wbv

Grundmann, M. (1990): Bildungserfahrung, Bildungsselektion und schulische Leistungsbewertung. In: Zeitschrift für Soziologie der Erziehung und Sozialisation (ZSE) 19, S. 339–353

Hadjar, A./Becker, R. (2006): Bildungsexpansion. Erwartete und unerwartete Folgen. In: Dies. (Hrsg.): Die Bildungsexpansion. Erwartete und unerwartete Folgen. Wiesbaden, S. 11–24

Hamilton, M./Barton, D. (2000): The International Adult Literacy Survey. What does it really measure? In: International review of education 46, S. 377–389

Harney, K. (2003): Die duale Struktur der Weiterbildungsteilnahme. Eine multivariate Analyse des Zusammenhangs zwischen Milieu, Beruf und Weiterbildung. In: D. Nittel/W. Seitter (Hrsg.): Die Bildung des Erwachsenen. Bielefeld: Bertelsmann Verlag, S. 207–234

Heinz, W. R. (2000): Biographische Selbstsozialisation. In: E. Hoerning (Hrsg.): Biographische Sozialisation. Stuttgart: Lucius und Lucius, 165–186

Herzberg, H. (2005): Lernhabitus als Grundlage lebenslanger Lernprozesse. In: Zeitschrift für qualitative Bildungs-, Beratungs- und Sozialforschung, 6, 1, S. 11–22

Hillmert, S./Mayer, K. U. (Hrsg.) (2004): Geboren 1964 und 1971 – Neuere Untersuchungen zu Ausbildungs- und Berufschancen in Westdeutschland. Wiesbaden: VS Verlag für Sozialwissenschaften

Hodkinson, P. u. a. (2004): The significance of individual biography in workplace learning. In: Studies in the Education of Adults, 36, 1, S. 6–24

Illeris, K. (2003): Adult education as experienced by the learners. In: International Journal of Lifelong Education, 22, 1, S. 13–23

Illeris, K. (2006): How We Learn: Learning and Non-learning in School and Beyond. London u. a.: Routledge

Ioannidou, A. (2006): Lebenslanges Lernen als bildungspolitisches Konzept und seine Bedeutung für die Bildungsberichterstattung auf europäischer Ebene oder: Über die Kunst, Proteus zu erfassen. In: G. Feller (Hrsg.) Weiterbildungsmonitoring ganz öffentlich. Entwicklungen, Ergebnisse und Instrumente zur Darstellung lebenslangen Lernens. Bielefeld: Bertelsmann, S. 11–34

Ioannidou, A./Seidel, S. (2008): Europäische Konzepte zur Erfassung des lebenslangen Lernens – Weichenstellungen und Einschätzungen. In: D. Gnahs u. a. (Hrsg.): Weiterbildungsverhalten in Deutschland. 2. Berichtskonzepte auf dem Prüfstand. Bielefeld: Bertelsmann, S. 181–192

Kade, J. (1989): Kursleiter und die Bildung Erwachsener – Fallstudien zur biographischen Bedeutung der Erwachsenenbildung. Bad Heilbrunn u. a.: Klinkhardt

Kade, J. (1992): Erwachsenenbildung und Identität. Eine empirische Studie zur Aneigung von Bildungsangeboten. 2. Auflage. Weinheim: Deutscher Studienverlag

Kade, J./Seitter, W. (1996): Lebenslanges Lernen – Mögliche Bildungswelten. Erwachsenenbildung, Biographie und Alltag. Opladen: Leske + Budrich

Kaiser, A. (2009): Individuelle Komponenten des Lernens Erwachsener. In: Handbuch der Erziehungswissenschaft, Bd. II/2: Erwachsenenbildung/Weiterbildung. Hrsg. v. Th. Fuhr/Ph. Gonon/Chr. Hof. Paderborn: Schöningh, S. 831–849

KBE-Kommission »Altenbildung« (2002): Bildung lebenslang. Leitlinien einer Bildung im dritten und vierten Alter. Bonn

Krapp, A. (2000): Individuelle Interessen als Bedingung lebenslangen Lernens. In: F. Achtenhagen/W. Lempert (Hrsg.): Lebenslanges Lernen im Beruf. Seine Grundlegung im Kindes- und Jugendalter. Psychologische Theorie, Empirie und Therapie. Bd. 3, S. 54–75

Kristen, C./Römmer, A./Müller, W./Kalter, F. (2005): Längsschnittstudien für die Bildungsberichterstattung. Beispiele aus Europa und Nordamerika. Gutachten im Auftrag des Bundesministeriums für Bildung und Forschung. Berlin: BMBF

Kruse, A. (Hrsg.) (2008): Weiterbildung in der zweiten Lebenshälfte – Multidisziplinäre Antworten auf Herausforderungen des demografischen Wandels. Bielefeld: Bertelsmann Verlag

Kruse, A./Rudinger, G. (1997): Lernen und Leistung im Erwachsenenalter. In: F. Weinert/H. Mandl (Hrsg.): Psychologie der Erwachsenenbildung. Enzyklopädie der Psychologie, Themenbereich D, Praxisgebiete, Serie I Pädagogische Psychologie, Bd. 4. Göttingen, S. 45–85

Kuwan, H. (2004): Weiterbildungseinstellungen, Weiterbildungsbarrieren und Weiterbildungsteilnahme in Deutschland. Gruppenspezifisch differenzierende Analysen auf Basis einer telefonischen Repräsentativbefragung. In: W. Bos (Hrsg.): Heterogenität. Münster u. a.: Waxmann, S. 173–194

Kuwan, H. u. a. (2006): Berichtssystem Weiterbildung IX – Integrierter Gesamtbericht zur Weiterbildungssituation in Deutschland. Durchgeführt im Auftrag des Bundesministeriums für Bildung und Forschung. Berlin/Bonn.

Lindenberger, U. (2000): Intellektuelle Entwicklung über die Lebensspanne – Überblick und ausgewählte Forschungsbrennpunkte. In: Psychologische Rundschau, 51, 3, S. 135–145

Lindenberger, U./Baltes, P. B. (1994): Sensory functioning and intelligence in old age – A strong connection. In: Psychology and aging, 9, 3, S. 339–355

Livingstone, D. W. (2001): Adult`s Informal Learning: Definitions, Findings, Gaps and Future Research. Ontario: NALL Research Paper21/ 2001. Auch: http://www.oise.utoronto.ca/depts/sese/csew/nall/res/ 21adultsifnormallearning.htm

Livingstone, D.W. (2006): Informal Learning. In: Z. Bekerman/N.C. Burbules/D. Silberman Keller (Hrg.): Learning in Places. The informal education reader. New York u. a.: Lang, S. 203–227

Mandl, H./Friedrich, H.F. (2006): Handbuch Lernstrategien. Göttingen: Hogrefe, Göttingen

Marotzki, W./Nittel, D. (Hrsg.) (1997): Berufslaufbahn und biographische Lernstrategien – Eine Fallstudie über Pädagogen in der Privatwirtschaft. Baltmannsweiler: Schneider

Mayer, K. U. (1991): Lebenslauf und Bildung. Ergebnisse aus dem Forschungsprojekt »Lebensläufe und gesellschaftlicher Wandel« des Max-Planck-Instituts fürr Bildungsforschung. In: Unterrichtswissenschaft, 19, S. 313–332

Merriam, S. B./Clark, M. C. (1992): Adult learning in good times and bad. In: Studies in Continuing Education, 14, 1, 1–13

Merriam, S. B./Clark, M. C. (1993): Learning from Life Experience – What Makes It Significant? In: International Journal of Lifelong Education, 12, 2, S. 129–138

Merriam, S./Lumsden, D. B. (1985): Educational Needs and Interests of Older Learners. In: D. B. Lumsden (Hrsg.): The Older Adult as Learner. Aspects of Educational Gerontology. Washington/Cambridge: Hemisphere Publ. Corp, S. 51–71

Merrill, B./Alheit, P. (2004): Biography and narratives – Adult returners to learning. In: M. Osborne/J. Gallacher/B. Crossan (Eds.) (2004): Researching Widening Access to Lifelong Learning. London u. a.: Routledge, 150–162

Meulemann, H. (1995): Die Geschichte einer Jugend – Lebenserfolg und Erfolgsdeutung ehemaliger Gymnasiasten zwischen dem 15. und 30. Lebensjahr. Opladen: Westdeutscher Verlag

Meulemann, H. (1999): Stichwort: Lebenslauf, Biographie und Bildung. In: Zeitschrift für Erziehungswissenschaft. 2, 3, S. 305–324

OECD (2005): Promotin Adult Learning. Paris: OECD

Rabe-Kleberg, U. (1993): Bildungsbiographien – oder: Kann Hans noch lernen, was Hänschen versäumt hat? In: A. Meier/U. Rabe-Kleberg (Hrsg.): Weiterbildung, Lebenslauf, sozialer Wandel. Neuwied u. a.: Luchterhand, S. 167–182

Reich, J./Tippelt, R. (2005): Sozialstrukturanalyse als Mittel der Weiterbildungsforschung. Verstehen des realen »Bildungsverständnisses« in sozialer Differenzierung. In: Zeitschrift für Pädagogik 51, S. 480–497

Reich-Claassen, J./Tippelt, R. (2009): Lernen im Lebenslauf, Teilnehmerforschung, Bildungsbeteiligung. In: Handbuch der Erziehungswissenschaft, Bd. II/2: Erwachsenenbildung/Weiterbildung. Hrsg. v. Th. Fuhr/Ph. Gonon/Chr. Hof. Paderborn: Schöningh, S. 863–885

Reiserer, M./Mandl, H. (2001): Individuelle Bedingungen lebensbegleitenden Lernens. Forschungsbericht/LMU München: Institut für pädagogische Psychologie und empirische Pädagogik

Richter, F./Wardanjan, B.: Die Lernhaltigkeit der Arbeitsaufgabe – Entwicklung und Erprobung eines Fragebogens zu lernrelevanten Merkmalen der Arbeitsaufgabe. In: Zeitschrift für Arbeitswissenschaft 3–4, S. 175–183

Rosenbladt, B. von/Bilger, F. (2008): Weiterbildungsverhalten in Deutschland. 1. Berichtssystem Weiterbildung und Adult Education Survey 2007. Bielefeld: Bertelsmann

Sackmann, R.: (2007): Lebenslaufanalyse und Biographieforschung – Eine Einführung. Wiesbaden: VS Verlag für Sozialwissenschaften

Schäffer, B. (2009): Bilder lebenslangen Lernens. Anmerkungen zu einem eigentümlichen Diskurs. In: Chr. Hof/J. Ludwig/Chr. Zeuner (Hrsg.): Strukturen Lebenslangen Lernens. Baltmannsweiler: Schneider-Verlag, S. 94–111

Schiersmann, Chr. (2006): Profile lebenslangen Lernens. Weiterbildungserfahrungen und Lernbereitschaft der erwerbstätigen Bevölkerung. Bielefeld: Bertelsmann Verlag

Schmidt, B. (2009): Bildungsverhalten und -interessen Älterer. In: Chr. Hof/J. Ludwig/Chr. Zeuner (Hrsg.): Strukturen Lebenslangen Lernens. Baltmannsweiler: Schneider-Verlag, S. 112–122

Schröder, H./Schiel, St./Aust, F. (2004): Nichtteilnahme an beruflicher Weiterbildung. Motive, Beweggründe, Hindernisse. Bielefeld: Bertelsmann Verlag

Schulze, Th. (1993): Lebenslauf und Lebensgeschichte – Zwei unterschiedliche Sichtweisen und Gestaltungsprinzipien biographischer Prozesse. In: D. Baacke/Th. Schulze: Aus Geschichten lernen – Zur Einübung pädagogischen Verstehens. Weinheim/München: Juventa, S. 29–63

Sutherland, P./Crowther, J. (Hrsg.) (2006): Lifelong Learning. Concepts and Contexts. London, New York: Routledge

Staudinger, U. M. (2000): Eine Expertise zum Thema »Lebenslanges Lernen« aus der Sicht der Lebensspannen-Psychologie. In: F. Achterhagen/W. Lempert (Hrsg.) (2000): Lebenslanges Lernen im Beruf – Seine Grundlegung im Kindes- und Jugendalter. Opladen: Leske + Budrich, S. 90–110

Staudinger, U. M./Baltes, P. B. (1996): Weisheit als Gegenstand psychologischer Forschung. In: Psychologische Rundschau, 47, 2, S. 57–77

Strzelewicz, W./Raapke, H.-D./Schulenberg, W. (1966): Bildung und gesellschaftliches Bewusstsein – Eine mehrstufige soziologische Untersuchung in Westdeutschland. Stuttgart: Enke

Tippelt, R. (2000): Bildungsprozesse und Lernen im Erwachsenenalter. Soziale Integration und Partizipation durch lebenslanges Lernen. In: Zeitschrift für Pädagogik, 42. Beiheft, Weinheim und Basel, S. 69–91

Tippelt, R. u. a. (2003): Weiterbildung, Lebensstil und soziale Lage in einer Metropole – Studie zu Weiterbildungsverhalten und -interessen der Münchner Bevölkerung Bielefeld: Bertelsmann Verlag

Volkholz, V./Köchling, A. (2001): Lernen und Arbeiten. In: Kompetenzentwicklung 2001 – Tätigsein – Lernen – Innovation. Münster, S. 375–415

Volkholz, V./Köchling, A./Langhoff, Th. (2004): Kompetenzentwicklung und Arbeitsgestaltung im Betrieb – zwei Welten? In: Kompetenzentwicklung 2004 – Lernförderliche Strukturbedingungen. Münster: Waxmann, S. 65–114

Wilkens, I. (2005) Weiterbildung/lebenslanges Lernen und soziale Segmentation. In: M. Baethge/H. Alda (Hrsg.): Berichterstattung zur sozioökonomischen Entwicklung in Deutschland. Arbeit und Lebensweisen. Erster Bericht. Wiesbaden: VS Verlag für Sozialwissenschaften, S. 505–521

Wolf, G. (2007): Der Lernhabitus – Ein Schlüssel zum lebenslangen Lernen. In: DIE-Zeitschrift für Erwachsenenbildung 2, S. 43–45

# Kapitel 5

Alheit, P. (1993): Transitorische Bildungsprozesse: Das ›biographische Paradigma‹ in der Weiterbildung. In: W. Mader (Hrsg.): Weiterbildung und Gesellschaft. 2. Auflage Bremen, S. 343–418

Alheit, P. (2003): »Biographizität« als Schlüsselqualifikation. Plädoyer für transitorische Bildungsprozesse. In: QUEM-Report, H. 78, S. 7–21; http://www.abwf.de/content/main/publik/report/2003/Report-78.pdf

Alheit, P. (2004): Biographisches Wissen als Lernpotenzial. Die Idee der ›transitorischen Bildung‹. In: P. Korte (Hrsg.): Kontinuität, Krise und Zukunft der Bildung. Analysen und Perspektiven. Münster, S. 381–393

Alheit, P. (2009): Diskursive Politiken. Lebenslanges Lernen als Surogat? In: C. Hof/J. Ludwig/C. Zeuner (Hrsg.): Strukturen Lebenslangen Lernens. Baltmannsweiler: Schneider Verlag, S. 4–15

Alheit, P. (2008): Lebenslanges Lernen und soziales Kapital. In: H. Herzberg (Hrsg.): Lebenslanges Lernen. Frankfurt/M. u. a.: Lang Verlag, S. 13–30

Alheit, P./Dausien, B. (2002) Bildungsprozesse über die Lebensspanne und Lebenslanges Lernen. In: Tippelt, R. (Hrsg.): Handbuch Bildungsforschung. Opladen, S. 565–585

Alheit, P./Dausien, B. (2007): Lifelong Learning and Biography: A Competitive Dynamic Between the Macro- and the Micro Level of Education. In: L. West/P. Alheit/A. S. Andersen/B. Merill (Hrsg.), Using Biographical and Life History Approaches in the Study of Adult

and Lifelong Learning: European Perspectives. Frankfurt a.M.: Peter Lang, 57–70
Alheit, P./Hoerning, E. (Hrg.) (1989): Biographisches Wissen. Frankfurt: Campus
Arnold, R. (1996): Weiterbildung. München
Arnold, R./Siebert, H. (1995): Konstruktivistische Erwachsenenbildung. Baltmannsweiler: Schneider Verlag
Aspin, D./Chapman, J. (2000): Lifelong Learning. Concepts and Conceptions. In: International Journal of Lifelong Education 19, S. 2–19
Baethge, M. (2007): Stichwort: Übergänge. In: DIE Zeitschrift für Erwachsenenbildung 1, S. 24–26
Baltes, P. B. (2001): Das Zeitalter des permanent unfertigen Menschen: Lebenslanges Lernen nonstop? In: Aus Politik und Zeitgeschichte, B 36, S. 24ff
Beck, U. (1986): Risikogesellschaft. Auf dem Weg in eine andere Moderne. Frankfurt/M.: Suhrkamp
Behrens-Cobet, H. (2000): Biographisches Lernen. In: S. Becker/L. Veelken/K. P. Wallraven (Hrsg.): Handbuch Altenbildung. Theorien und Konzepte für Gegenwart und Zukunft. Opladen: Leske u. Budrich, S. 299–304
Bildungsbericht 2008. Bildung in Deutschland 2008. Ein indikatorengestützer Bericht mit einer Analyse zu Übergängen im Anschluss an den Sekundarbreeich I. Bielefeld: Bertelsmann (http://www.bildungsbericht.de)
Bloomer, M./Hodkinson, P. (2000): Learning Careers: Continuity and Change in Young People's Dispositions to Learning. In: British Educational Research Journal, 26, 5, S. 583–598
Blossfeld, H.-P./Doll, J./Schneider, T. (2008): Bildungsprozesse im Lebenslauf – Grundzüge der zukünftigen Bildungspanelstudie für die Bundesrepublik Deutschland. In: Recht der Jugend und des Bildungswesens 3, S. 321–328
Bock, I. (1984): Pädagogische Anthropologie der Lebensalter. Eine Einführung. München: Ehrenwirth
Böhme, G. (1983): Neue Aspekte eines alten Begriffs. Reflexionen über ›lebenslanges Lernen‹. In: Hessische Blätter für Volksbildung 33, S. 255–262
Böhnisch, L./Schröer, W. (2001): Pädagogik und Arbeitsgesellschaft. Historische Grundlagen und theoretische Ansätze für eine sozialpolitisch reflexive Pädagogik. Weinheim/München: Juventa
Bolder, A. (1994): Widerstand gegen Weiterbildung In: Sozialwissenschaften und Berufspraxis 3, S. 199–213

Bourdieu, P. (1983): Ökonomisches Kapital, soziales Kapital, kulturelles Kapital. In: R. Kreckel (Hrsg.): Soziale Ungleichheiten. Soziale Welt. Sonderband 2. Göttingen, S. 183–198

Brödel, R. (Hrsg.) (1998): Lebenslanges Lernen – lebensbegleitende Bildung. Neuwied/Kriftel: Luchterhand

Brödel, R. (2003): Lebenslanges Lernen im Spannungsfeld von Bildungsgeschichte, Politik und Erziehungswissenschaft. In: D. Nittel/ W. Seitter (Hrsg.): Die Bildung des Erwachsenen. Erziehungs- und sozialwissenschaftliche Zugänge. Bielefeld, S. 115–142

Brödel, R. (2004): Lebensbegleitendes Lernen als Kompetenzentwicklung. Einleitung. In: R. Brödel/J. Kreimeyer (Hrsg.): Lebensbegleitendes Lernen als Kompetenzentwicklung. Analysen – Konzeptionen – Handlungsfelder. Bielefeld: Bertelsmann, S. 7–40

Brödel, R. (Hrsg.) (2004): Weiterbildung als Netzwerk des Lernens. Bielefeld: Bertelsmann

Brödel, R./Kreimeyer, J. (Hrsg.) (2004): Lebensbegleitendes Lernen als Kompetenzentwicklung. Analysen – Konzeptionen – Handlungsfelder. Bielefeld: Bertelsmann

Brödel, R./Siebert, H. (2003): Lerngesellschaft als Zeitdiagnose und als Impuls der Erwachsenenpädagogik – Einleitung. In: Dies. (Hrsg.): Ansichten zur Lerngesellschaft. Baltmannsweiler: Schneider Verlag, S. 1–13

Buck, G. (1989): Lernen und Erfahrung. Darmstadt

Bynner, J./Schuller, T./Feinstein, L. (2003): Wider benefits of education: skills, higher education and civic engagement. In: Zeitschrift für Pädagogik 49, S. 341–361

Cara, S./Landry, Ch./Ranson, S. (2002): The learning city in the learning society. In: F. Reeve (Hrsg.): Supporting lifelong leaning. Bd. 2. Organizing learning. London/New York, S. 180–197

Coffield, F. (1999): Breaking the Consensus: lifelong learning as social control. In: British Educational Research Journal, 25, 4, S.479–499

Cropley, A. (1986): Lebenslanges Lernen. In: W. Sarges/R. Fricke (Hrsg.): Psychologie für die Erwachsenenbildung/Weiterbildung. Göttingen, S. 308–312

Dauber, H./Verne, E. (Hrsg.) (1976): Freiheit zum Lernen. Alternativen zur lebenslänglichen Verschulung. Reinbek

Dausien, B. (2008): Lebenslanges Lernen als Leitlinie für die Bildungspraxis. Überlegungen zur pädagogischen Konstruktion von Lernen aus biographietheoretischer Sicht. In: H. Herzberg (Hrsg.): Lebenslanges Lernen. Frankfurt, Main u. a.: Lang, S. 151–174

Dausien, B./Alheit, P. (2005): Biographieorientierung und Didaktik. Überlegungen zur Begleitung biographischen Lernens in der Erwachsenenbildung. In: Report. Zeitschrift für Weiterbildungsforschung 3, S. 27–36

Delory-Momberger, C. (2007): Biographisches Lernen. In: M. Göhlich/Chr. Wulf/J. Zirfas (Hrsg.): Pädagogische Theorien des Lernens. Weinheim/Basel, S. 142–152

Deutscher Bildungsrat (1970): Strukturplan für das Bildungswesen. Stuttgart: Klett Verlag

Dewey, J. (1994): Erziehung durch und für Erfahrung. Hrsg. v. H. Schreier. 2. Aufl. Stuttgart

Dewey, J. (2000): Demokratie und Erziehung. Eine Einleitung in die philosophische Pädagogik. Weinheim u. a.: Beltz

Dinkelaker, J. (2008): Kommunikation von (Nicht-)Wissen. Eine Fallstudie zum Lernen Erwachsener in hybriden Settings. Wiesbaden: VS-Verlag

Ecarius, J. (2002): Lebenslauf und Erziehung. In: Krüger, H.-H./Helsper, W. (Hrsg.): Einführung in Grundbegriffe und Grundfragen der Erziehungswissenschaft. 5. Auflage. Opladen, S. 247–256

Eckert, Th. (Hrsg.) (2007): Übergänge im Bildungswesen. Münster

Editorial (2006): Is lifelong learning adult education? In: International Journal of Lifelong Education, Jg. 25, H. 6, S. 545–546

Edwards, R./Ranson, St./Strain, M. (2002): Reflexivity: towards a theory of lifelong learning. In: International Journal of Lifelong Education, 21, 6, S. 525–536

Elder, G. H. Jr. (1985): Perspectives on the life course. In: G.H. Elder (Hrsg.): Life course dynamics: Trajectories and transitions. 1968–1980. Ithaca, NY: Cornell University Press, S. 23–49

Elder, G. H. (1998): The life course and human development. In: R.M. Lerner (Hrsg.): Handbook of child psychology. 5. Auflage. New York: Willey (1), S. 939–991

Eraut, M. (2000): Non-formal learning, implicit learning and tacit knowledge in professional work. In: F. Coffield (Hrsg.): The Necessitiy of Informal Learning. Bristol: Policy Press, S. 12–31

Erpenbeck, J./Heyse, V. (2007): Die Kompetenzbiographie. Wege der Kompetenzentwicklung. 2. aktual. u. überarb. Aufl. Münster u. a.: Waxmann

Eurydice (2000): Lebenslanges Lernen: Der Beitrag der Mitgliedsstaaten der Europäischen Union. Ergebnisse der Euridice-Umfrage. Brüssel 2000

Faltermaier, T. u. a. (2002): Entwicklungspsychologie des Erwachsenenalters. Stuttgart u. a.: Kohlhammer

Faulstich, P./Ludwig, J. (Hrsg.) (2004): Expansives Lernen. Baltmannsweiler: Schneider

Fejes, A./Nicoll, K. (Hrsg.) (2008): Foucault and lifelong learning. Governing the subject. London: Routledge

Felden, H. v. (2006): Lernprozesse über die Lebenszeit. Zur Untersuchung von Lebenslangem Lernen mit Mitteln der Biographieforschung. In: G. Wiesner/Chr. Zeuner/H. Forneck (Hrsg.): Teilhabe an der Erwachsenenbildung und gesellschaftliche Modernisierung. Baltmannsweiler: Schneider Verlag, S. 217–233

Felden, H. v. (Hrsg.) (2008): Lerntheorie und Biographieforschung: Zur Verbindung von theoretischen Ansätzen des Lernens und Methoden empirischer Rekonstruktion von Lernprozessen über die Lebenszeit. In: Dies. (Hrsg.): Perspektiven erziehungswissenschaftlicher Biographieforschung. Wiesbaden: VS-Verlag, S. 109–128

Field, J. (2005): Social Capital and Lifelong Learning. Bristol: Policy Press

Field, J. (2006): Lifelong learning and the new educational order. 2., rev. ed. Stoke on Trent u. a.: Trentham Books

Forneck, H. (2006): Gouvernementalität und Weiterbildung. Perspektiven einer machttheoretischen Perspektive auf Weiterbildung. In: G. Wiesner/Chr. Zeuner/H. Forneck (Hrsg.): Empirische Forschung und Theoriebildung in der Erwachsenenbildung. Baltmannsweiler: Schneider Verlag, S. 27–32

Geißler, K. H./Orthey, F. M. (1998): Der große Zwang zur kleinen Freiheit. Stuttgart: Hirzel-Verlag

George, L. L. (2004): Life Course Research. In: J.T. Mortimer/M.T. Shanahan (Hrsg.): Handbook of the Life Course. New York: Springer, S. 671–689

Gerlach, Chr. (2000): Lebenslanges Lernen. Konzepte und Entwicklungen 1972 bis 1997. Köln, Weimar, Wien: Böhlau

Gieseke, W. (1985): Erfahrungsorientierte Lernkonzepte. In: Didaktik der Erwachsenenbildung. Stuttgart: Kohlhammer, S. 74–92

Gnahs, D. (2007): Übergänge als Testfall. Das Konzept lebenslangen Lernens und die Durchlässigkeit des Bildungssystems. In: DIE-Zeitschrift für Erwachsenenbildung, 1, S. 28–31

Göhlich, M./Wulf, Ch./Zirfas J. (Hrsg.) (2007): Pädagogische Theorien des Lernens. Weinheim und Basel

Grunert, C. (2005). Zum Themenschwerpunkt »Bildungsbiographien und Bildungsverläufe«. In: bildungsforschung, Jahrgang 2, Ausgabe 2, URL: http://www.bildungsforschung.org/Archiv/2005-02/zumthema/

Havighurst, R. J. (1953; reprint 1963): Human Development and Education. New York

Havighurst, R. J. (1963): Dominant Concerns in the Life Cycle. In: L. Schenk-Danziger/H. Thomae (Hrsg.): Gegenwartsprobleme der Entwicklungspsychologie. Göttingen: Hogrefe, S. 27–37

Heinz, W. (Hrsg.) (1992): Institutions and gatekeeping in the life course. Weinheim

Heinz, W. R. (2000): Selbstsozialisation im Lebenslauf. Umrisse einer Theorie biographischen Handelns. In: E.M. Hoerning (Hrsg.): Biographische Sozialisation. Stuttgart, 165–186

Heinz, W. R./Marshall, V. W. (Hrsg.) (2003): Social Dynamics of the Life Course: Transitions, Institutions, and Interelations. Berlin.

Herzberg, H. (2005): Lernhabitus als Grundlage lebenslanger Lernprozesse. In: Zeitschrift für qualitative Bildungs-, Beratungs- und Sozialforschung, 6, 1, S. 11–22

Herzberg, H. (Hrsg.) (2008): Lebenslanges Lernen. Frankfurt/M. u. a.: Lang

Hodkinson, P. /Bloomer, M. (2000): Institutional culture and dispositions to learning. In: British Journal of Sociology of Education 21, S. 187–202

Hoerning, E. M. (1987): Lebensereignisse: Übergänge im Lebenslauf. In: W. Voges (Hrsg.): Methoden der Biographie- und Lebenslaufforschung. Opladen: Leske + Budrich, S. 231–259

Hoerning, E. M. (Hrsg.) (2000): Biographische Sozialisationsforschung. Stuttgart: Lucius/Lucius

Hof, Chr. (2002): Von der Wissensvermittlung zur Kompetenzorientierung in der Erwachsenenbildung? Anmerkungen zur scheinbaren Alternative zwischen Kompetenz und Wissen. In: Report 49, S. 80–89

Hof, Chr. (2009): Theorien des Wissens und der Kompetenzen. In: Handbuch der Erziehungswissenschaft, Bd. II/2: Erwachsenenbildung/Weiterbildung. Hrsg. Von Th. Fuhr/Ph. Gonon/Chr. Hof. Paderborn: Schöningh, S. 959–966

Hof, Chr./Kade, J. (2009): Prekäre Kontinuitäten. Das lebenslange Lernen aus biographietheoretischer Perspektive im Rahmen einer Follow-Up-Studie. In: Chr. Hof/J. Ludwig/Chr. Zeuner (Hrsg): Strukturen lebenslangen Lernens. Hohengehren: Schneider, S. 150–160

Holzkamp, K. (1995): Lernen. Subjektwissenschaftliche Grundlegung. Frankfurt: Campus

Hufer, K.-P./Klemm, U. (2002): Wissen ohne Bildung? Auf dem Weg in die Lerngesellschaft des 21. Jahrhunderts. Neu-Ulm: AG SPAk

Humboldt, W. v. (1969): Theorie der Bildung (1793). In: W. von Humboldt. Werke in fünf Bänden, Bd. I, Darmstadt, S. 234–240

Hunt, St. (2005): The life course. Houndmills: Palgrave

Hurrelmann, K. (2003): Der entstrukturierte Lebenslauf. In: Zeitschrift für Soziologie der Erziehung und Sozialisation 2, S. 115–126

Illeris, K. (2006): Das »Lerndreieck«. Rahmenkonzept für ein übergreifendes Verständnis vom menschlichen Lernen. In: E. Nuissl (Hrsg.): Vom Lernen zum Lehren. Bielefeld: Bertelsmann, S. 29–41

lleris, K. (2007): How we learn. Learning and non-learning in school and beyond. London u. a.: Routledge

Illich, I. (1971): Entschulung der Gesellschaft. Eine Streitschrift. München: C.H. Beck-Verlag. 5. Auflage 2003.

Jarvis, P. (2006): Towards a comprehensive theory of human learning. London u. a.: Routledge Falmer

Jütte, W. (2009): Lernende Gesellschaft. In: Handbuch der Erziehungswissenschaft, Bd. II/2: Erwachsenenbildung/Weiterbildung. Hrsg. von Th. Fuhr/Ph. Gonon/Chr. Hof. Paderborn: Schöningh, S. 967–973

Jütting, D.H./Jung, W. (1983): Lebenslanges Lernen als Erwachsenenbildung. In: Hessische Blätter für Volksbildung 33, S. 313–318

Kade, J. (1992): Erwachsenenbildung und Identität. Eine empirische Studie zur Aneignung von Bildungsprozessen. Weinheim, 2. Aufl

Kade, J. (1997a): Entgrenzung und Entstrukturierung. Zum Wandel der Erwachsenenbildung in der Moderne. In: K. Derichs-Kunstmann/P. Faulstich/R. Tippelt (Hrsg.): Enttraditionalisierung der Erwachsenenbildung. Frankfurt, Main: DIE, S. 13–31

Kade, J. (1997b): Vermittelbar/nicht vermittelbar: Vermitteln: Aneignen im Prozess der Systembildung des Pädagogischen. In: D. Lenzen/N. Luhmann (Hrsg.): Bildung und Weiterbildung im Erziehungssystem. Frankfurt am Main, S. 30–70

Kade, J./Hof, Chr. (2009): Die Zeit der (erziehungswissenschaftlichen) Biographieforschung. Theoretische, methodologische und empirische Aspekte ihrer Fortschreibung. In: J. Ecarius/B. Schäffer (Hrsg.): Typenbildung und Theoriegenerierung. Perspektiven qualitativer Bildungs- und Biographieforschung. Opladen & Farmington Hills (im Erscheinen)

Kade, J./Hof, Chr./Peterhoff, D. (2008): Verzeitlichte Bildungsgestalten: Subjektbildung im Kontext des Lebenslangen Lernens. In: Report. Zeitschrift für Weiterbildungsforschung 31, S. 9–22

Kade, J./Nittel, D./Seitter, W. (2007): Einführung in die Erwachsenenbildung/Weiterbildung. 2. erweiterte und aktualisierte Auflage. Stuttgart

Kade, J./Seitter, W. (2007a): Lebenslanges Lernen. In: M. Göhlich/Chr. Wulf/J. Zirfas (Hrsg.): Pädagogische Theorien des Lernens. Weinheim, S. 133–141

Kade, J./Seitter, W. (Hrsg.) (2007b): Umgang mit Wissen. Recherchen zur Empirie des pädagogischen. Bd. 1: Pädagogische Kommunikation. Opladen & Farmington Hills

Knoll, J. H. (Hrsg.) (1974): Lebenslanges Lernen. Erwachsenenbildung in Theorie und Praxis. Hamburg

Knoll, J. H. (1996): Bildung im 21. Jahrhundert. Vermächtnis und Chance auf dem Weg in die Lerngesellschaft. In: Bildung und Erziehung, 49, 3, S. 363–379

Koller, H.-Chr. (2007): Bildung als Entstehen neuen Wissens? Zur Genese des Neuen in transformatorischen Bildungsprozessen. In: H.-R. Müller (Hrsg.): Bildung im Horizont der Wissensgesellschaft. Wiesbaden: VS-Verlag, S. 49–66

Krüger, H.-H./Marotzki, W. (Hrsg.) (2006): Handbuch erziehungswissenschaftlicher Biographieforschung. 2. überarbeitete und aktualisierte Auflage. Wiesbaden: VS-Verlag

Kruse, A. (Hrsg.) (2008): Weiterbildung in der zweiten Lebenshälfte. Multidisziplinäre Antworten auf Herausforderungen des demografischen Wandels Bielefeld: Bertelsmann

Künzli, R. (2004) Art. Lernen. In: D. Benner/J. Oelkers (Hrsg.): Historisches Wörterbuch der Pädagogik. Weinheim: Beltz, S. 620–637

Lave, J./Wenger, E. (1991): Situated learning. Legitimate peripheral participation. Cambridge: University Press

Lenzen, D. (1997): Lebenslauf oder Humanontogenese? Vom Erziehungssystem zum kurativen System – von der Erziehungswissenschaft zur Humanvitologie. In: D. Lenzen/N. Luhmann (Hrsg.): Bildung und Weiterbildung im Erziehungssystem. Frankfurt/M.: Suhrkamp, S. 228–247

Lenzen, D. (1999): Lernen – Bildung – Lebenslauf: Optionen für das künftige Sujet der Erziehungswissenschaft. In: Th. Fuhr/K. Schultheis (Hrsg.): Zur Sache der Pädagogik. Untersuchungen zum Gegenstand der allgemeinen Erziehungswissenschaft. Bad Heilbrunn/Obb.: Klinkhardt, S. 181–194

Loch, W. (1979): Lebenslauf und Erziehung. Essen: Neue deutsche Schule Verlagsgesellschaft

Loch, W. (1998): Entwicklungsstufen der Lernfähigkeit im Lebenslauf. In: R. Brödel (Hrsg.): Lebenslanges Lernen – Lebensbegleitende Bildung. Neuwied, Kriftel: Luchterhand, S. 91–109

Loch, W. (2006): Der Lebenslauf als anthropologischer Grundbegriff einer biographischen Erziehungstheorie. In: H.-H. Krüger/W. Marotzki (Hrsg.): Handbuch erziehungswissenschaftlicher Biographieforschung. 2. überarbeitete und aktualisierte Auflage. Wiesbaden: VS-Verlag, S. 71–89

Ludwig, J. (2000): Lernende Verstehen. Bielefeld: Bertelsmann

Luhmann, N. (2002): Das Erziehungssystem der Gesellschaft. Frankfurt/M.: Suhrkamp

Luhmann, N. (1997): Erziehung als Formung des Lebenslaufs. In: D. Lenzen/N. Luhmann (Hrsg.): Bildung und Weiterbildung im Erziehungssystem. Frankfurt/M.: Suhrkamp, S. 11–29

Marotzki, W. (1990): Entwurf einer strukturalen Bildungstheorie. Biographietheoretische Auslegung von Bildungsprozessen in hochkomplexen Gesellschaften. Weinheim

Mayer, K. U. (1991): Lebenslauf und Bildung. Ergebnisse aus dem Forschungsprojekt »Lebensläufe und gesellschaftlicher Wandel« des Max-Planck-Instituts für Bildungsforschung. In: Unterrichtswissenschaft, 19, 4, S. 313–332

Meyer, M. A. (2005): Bildungsgangdidaktik. In: P. Stadtfeld (Hrsg.): Allgemeine Didaktik im Wandel. Bad Heilbrunn: Klinkhardt, S. 128–152

Merriam, S. B. (2005a): Adult Development. In: L. English (Hrsg.): Encyclopedia of Adult Education. London: Palgrave Macmillan Ltd, S. 36–42

Merriam, S. B. (2005b): Adult Learning. In: L. English (Hrsg.): Encyclopedia of Adult Education. London: Palgrave Macmillan Ltd, S. 42–48

Meueler, E. (2001): Lob des Scheiterns. Methoden und Geschichtenbuch zur Erwachsenenbildung an der Universität. Hohengehren

Meyer-Drawe, K. (2008): Diskurse des Lernens. Paderborn u. a.: Fink

Mezirow, J. (1997): Transformative Erwachsenenbildung. Baltmannsweiler: Schneider Verlag

Mezirow, J. (2006): An overview on transformative learning. In: P. Sutherland/J. Crowther (Hrsg.): Lifelong Learning. Concepts and Contexts. London, New York: Routledge, S. 24–38

Mittelstrass, J. (1994): Zeitformen des Lebens: Philosophische Unterscheidungen. In: Alter und Altern. Ein interdisziplinärer Studientext zur Gerontologie. Berlin/New York, S. 386–407

Mortimer, J.T./Shanahan, M.T. (Hrsg.) (2004): Handbook of the Life Course New York: Springer

Nohl, A.-M. (2006): Bildung und Spontaneität. Phasen biographischer Wandlungsprozesse in drei Lebensaltern – Empirische Rekonstruktionen und pragmatische Reflexionen. Opladen

Nohl, A.-M. (2006a): Die Bildsamkeit spontanen Handelns. Phasen biografischer Wandlungsprozesse in unterschiedlichen Lebensaltern. In: Zeitschrift für Pädagogik 52, S. 91–107

Nolda, S. (1996): Interaktion und Wissen. Eine qualitative Studie zum Lehr-Lernverhalten in Veranstaltungen der allgemeinen Erwachsenenbildung. Frankfurt, Main: DIE

Nuissl, E. (1997): Institutionen im lebenslangen Lernen. In: Report. Literatur- und Forschungsreport Weiterbildung, 39, S. 41–49

OECD (2003): Education Policy Analysis. Paris
Olbrich, J. (1974): »Lebenslanges Lernen« als soziologische und systemtheoretische Kategorie. In: Theorie und Praxis der Erwachsenenbildung 4, S. 325–331
Olbrich, J. (2001): Geschichte der Erwachsenenbildung in Deutschland. Bonn: Bundeszentrale für Politische Bildung
Pöggeler, F. (1964): Der Mensch in Mündigkeit und Reife. Anthropologie des Erwachsenen. Paderborn
Prange, K./Strobel-Eisele, E. (2006): Die Formen pädagogischen Handelns. Eine Einführung. Stuttgart u. a
Reckwitz, A. (2003): Grundelemente einer Theorie sozialer Praktiken. In: Zeitschrift für Soziologie 32, S. 282–301
Rehbein, J. (1982): Biographisches Erzählen. In: E. Lämmert (Hrsg.): Erzählforschung. Stuttgart, S. 51–73
Reischmann, J. (1995): Lernen en passant. Die vergessene Dimension. Die Kehrseite der Professionalisierung in der Erwachsenenbildung. In: Grundlagen der Weiterbildung (GdWZ), 6, 4, S. 200–204
Reupold, A./Tippelt, R. (2006): Übergänge in Bildungsphasen. In: E. Nuissl/R. Dobischat/K. Hage/R. Tippelt (Hrsg.): Regionale Bildungsnetze. Bielefeld, S. 89–110
Rothe, D. (2009): Lebenslanges Lernen als Regierungsprogramm. Diskursanalytische Rekonstruktionen eines bildungspolitischen Konzepts. In: P. Alheit/H. von Felden (Hrsg.): Lebenslanges Lernen im europäischen Diskurs. Opladen (im Erscheinen)
Sackmann, R. (2007): Lebenslaufanalyse und Biographieforschung. Eine Einführung. Wiesbaden
Sackmann, R./Wingens, M. (Hrsg.) (2001a): Strukturen des Lebenslaufs. Übergang – Sequenz – Verlauf. Weinheim und München
Sackmann, R./Wingens, M. (Hrsg.) (2001b): Theoretische Konzepte des Lebenslaufs: Übergang, Sequenz, Verlauf. In: Dies. (Hrsg.) (2001a): Strukturen des Lebenslaufs. Übergang – Sequenz – Verlauf. Weinheim und München, S. 17–48
Schäffter, O. (2008): Lebenslanges Lernen im Prozess der Institutionalisierung. Umrisse einer erwachsenenpädagogischen Theorie des Lernens in kulturtheoretischer Perspektive. In: H. Herzberg (Hrsg.): Lebenslanges Lernen. Frankfurt, Main u. a.: Lang, S. 67–89
Schuller, Tom u. a. (Hrsg.) (2004): The Benefits of Learning: The Impact of Education on Health, Family Life and Social Capital. London/ New York. Routledge Chapman & Hall:
Schulze, Th. (1993): Zum ersten Mal und immer wieder neu. Skizzen zu einem phänomenologischen Lernbegriff. In: Bildung und Aufklärung. Münster u. a.: Waxmann, S. 241–269

Schütz, A. (1981): Der sinnhafte Aufbau der sozialen Welt. Frankfurt/M.: Suhrkamp

Schütze, F. (1981): Prozessstrukturen des Lebensablaufs. In: J. Matthes/A. Pfeifenberger/M. Stolberg (Hrsg.): Biographie in handlungswissenschaftlicher Perspektive. Nürnberg, S. 67–156

Sennett, R. (2000): Der flexible Mensch. Die Kultur des neuen Kapitalismus. München

Siebert, H. (1985): Lernen im Lebenslauf. Zur biographischen Orientierung der Erwachsenenbildung. Frankfurt

Siebert, H. (1996): Didaktisches Handeln in der Erwachsenenbildung. Neuwied; Kriftel.

Staudinger, U. M. (2000): Eine Expertise zum Thema »lebenslanges Lernen« aus der Sicht der Lebensspannen-Psychologie. In: F. Achtenhagen/W. Lempert (Hrsg.): Lebenslanges Lernen im Beruf – seine Grundlegung im Kindes- und Jugendalter. Opladen: Leske + Budrich, S. 90–110

Tennant, M. (2006): Psychology and Adult Learning. London/New York: Routhledge

Tippelt, R. (2007): Übergänge im Bildungswesen. Fragen zum Übergangsmanagement in regionalen Kontexten. In: Th. Eckert (Hrsg.): Übergänge im Bildungswesen. Münster u. a.: Waxmann, S. 11–22

Trautmann, M. (Hrsg.) (2004): Entwicklungsaufgaben im Bildungsgang. Wiesbaden: VS Verlag für Sozialwissenschaften

Trautmann, M. (2004a): Entwicklungsaufgaben bei Havighurst. In: Ders. (Hrsg.): Entwicklungsaufgaben im Bildungsgang. Wiesbaden: VS Verlag für Sozialwissenschaften, S. 19–40

Voß, G. (2004): Werden Arbeitnehmer zu Unternehmern ihrer selbst? Thesen zu Arbeit, Lebensführung und Gesellschaft im 21. Jahrhundert. In: G. Gamm/G. Hetzel/M. Lilienthal (Hrsg.): Die Gesellschaft im 21. Jahrhundert. Perspektiven auf Arbeit, Leben, Politik. Frankfurt am Main, New York 2004, S. 135–155

Weber, E. (1994): Biographische Orientierung der Pädagogik: Erziehung und Bildung im Lebenslauf. In: Bildung und Erziehung an der Schwelle zum dritten Jahrtausend. München: Pims, S. 364–403

West, L./Alheit, P./Anderson, A./Merrill B. (Hrsg.) (2007): Using Biographical and Life-history Approaches in the Study of Adult and Lifelong Learning: Perspectives from across Europe. Frankfurt/M.: Peter Lang Verlag

Wiesner, G./Wolter A. (Hrsg.) (2005): Die lernende Gesellschaft. Weinheim u. a.: Juventa

Wolter, A., u. a. (o.J.): Lebenslanges Lernen – Theoretisches Konzept und bildungspolitische Vision. Forschungsprogramm des Promotionskollegs an der TU Dresden. Online verfügbar unter http://www.tu-dresden.de/kollegLLL/Forschungsprogramm.pdf

Wrana, D. (2003): Lernen lebenslänglich ... die Karriere lebenslangen Lernens. Eine gouvernementalitätstheoretische Studie zum Weiterbildungssystem. In: www.copyriot.com/gouvernementalität (Hrsg.): »führe mich sanft«. Gouvernemantalitäts-Anschlüsse an Michel Foucault. Frankfurt, S. 104–143 (http://copyriot.com/gouvernementali taet/pdf/fms-ebook.pdf)

## Kapitel 6

Baethge, M./Baethge-Kinsky, V. (2004): Der ungleiche Kampf ums lebenslange Lernen. Münster: Waxmann

Bauer, K.-O. (1998): Pädagogisches Handlungsrepertoire und professionelles Selbst von Lehrerinnen und Lehrern. In: Zeitschrift für Pädagogik 44, S. 343–359

Beck, U. u. a. (1980): Soziologie der Arbeit und Berufe. Reinbek

BLK: Bund-Länder-Kommission für Bildungsplanung und Forschungsförderung (2004): Strategie für Lebenslanges Lernen in der Bundesrepublik Deutschland. Bonn: BLK

BMBF (2007): Empfehlungen des Innovationskreises Weiterbildung für eine Strategie zur Gestaltung des Lernens im Lebenslauf. Bonn: BMBF http://www.bmbf.de/pub/empfehlungen_innovationskreis_ weiterbildung.pdf

BMBF (2008) Ausschreibung des Programms »Lernen vor Ort«. http://www.bmbf.de/foerderungen/13064.php

Dietrich, S./Herr, M. (Hrsg.) (2005): Support für neue Lehr- und Lernkulturen, Bielefeld: wbv

Dietsche, B./Meyer, H. H. (2004): Literaturauswertung Lebenslanges Lernen. Anhang 3 und Anhang 4 zur Strategie für Lebenslanges Lernen in der Bundesrepublik Deutschland.
http://www.die-bonn.de/esprid/dokumente/doc-2004/dietsche04_ 02.pdf; http://www.pedocs.de/volltexte/2008/305/

Erpenbeck, J./Sauer, J. (2000): Das Forschungs- und Entwicklungsprogramm »Lernkultur Kompetenzentwicklung«. In: Kompetenzentwicklung 2000. Hrsg. v. der Arbeitsgemeinschaft Qualifikations-Entwicklungs-Management. Münster, S. 289–335

Fellermayer, G./Kramer, E. (Hrsg.) (2008): Bildungsberatung und Kompetenzentwicklung. Beiträge zur aktuellen Diskussion. Berlin: Karin Kramer Verlag,

Fuchs, P./Mahler, E. (2000): Form und Funktion von Beratung. In: Soziale Systeme 6, S. 349–368
Gieseke, W. (2008): Bedarfsorientierte Angebotsplanung in der Erwachsenenbildung. Bielefeld: Bertelsmann
Gieseke, W./Opelt, K. (2004): Weiterbildungsberatung II. Kaiserslautern
Hof, Chr. (2008): Die vielfältigen Formen der Wissensvermittlung in der Weiterbildung. In: C. Krecklau/J. Siegert (Hrsg.): Handbuch der Aus- und Weiterbildung. Köln: Deutscher Wirtschaftsdienst, 191. Ergänzungslieferung
Hurrelmann, K. (1983): Das Modell des produktiv realitätsverarbeitenden Subjekts in der Sozialisationsforschung. In: Zeitschrift für Sozialisationsforschung und Erziehungssoziologie 3, S. 91–103
Kaiser, A. (Hrsg.) (2003): Vermittlung von Selbstlernkompetenzen. München
Kemper, M./Klein, R. (1998): Lernberatung. Gestaltung von Lernprozessen in der Beruflichen Weiterbildung. Baltmannsweiler: Schneider Verlag
Klein, R./Reutter, G. (Hrsg.). (2005): Die Lernberatungskonzeption. Grundlagen und Praxis. Baltmannsweiler: Schneider Verlag
Klevenow, U.: Weiterbildungsberatung. Frankfurt: PAS 1980
Knoll, J. (2008): Begleiten, fördern, stärken – Bildungsberatung als spezifische Handlungsform. In: G. Fellermayer/E. Kramer (Hrsg.): Bildungsberatung und Kompetenzentwicklung. Beiträge zur aktuellen Diskussion. Berlin: Karin Kramer Verlag, S. 14–20
Longworth, N. (2006): Learning cities, learning regions, learning communities. Lifelong learning and local government. London u. a.: Routledge
Niedlich, F./Christ, F./Korte, I./Berlinger, U./Aurich, P. (2007): Bestandsaufnahme in der Bildungs-, Berufs- und Beschäftigungsberatung und Entwicklung grundlegender Qualitätsstandards. Abschlussbericht. Mai 2007. Bonn: BMBF
Nuissl, E. u. a. (Hrsg.) (2006): Regionale Bildungsnetze. Bielefeld
Online Handbuch Übergangsmanagement http://www.uebergangsmanagement.info/
Parsons, T. (1970): Struktur und Funktion der modernen Medizin. Eine soziologische Analyse. In: Probleme der Medizinsoziologie. Hrsg. v. R. König/M. Tönnesmann. Köln, S. 10–57
Pätzold, H. (2004): Lernberatung und Erwachsenenbildung. Baltmannsweiler: Schneider Verlag
Reupold, A./Tippelt, R. (2006): Übergänge in Bildungsphasen. In: E. Nuissl u. a. (Hrsg.): Regionale Bildungsnetze. Bielefeld, S. 89–110

Rohs, M./Käpplinger, B. (2004): Lernberatung: Ein Omnibusbegriff auf Erfolgstour. In: Lernberatung in der beruflich-betrieblichen Bildung. Konzepte und Praxisbeispiele für die Umsetzung. Münster u. a.: Waxmann, S. 13–27, (http://www.die-bonn.de/esprid/dokumente/doc-2004/rohs04_01.pdf)

Schiersmann, Chr. (2001): Weiterbildungsberatung III. Kaiserslautern

Schiersmann, Chr. (2008): Anforderungen an Bildungs- und Berufsberatung für das Lernen im Lebenslauf. In: Berufsbildung in Wissenschaft und Praxis 37, S. 25–29

Schiersmann, Chr./Remmele, H. (2004): Beratungsfelder in der Weiterbildung. Eine empirische Bestandsaufnahme. Baltmannsweiler: Schneider Verlag

Schreiber-Barsch, S. (2007): Learning Communities als Infrastruktur Lebenslangen Lernens. Vergleichende Fallstudien europäischer Praxis. Bielefeld

Schwarzer, Chr./Buchwald, P. (2006): Beratung in Familie, Schule und Beruf. In: A. Krapp/B. Weidenmann (Hrsg.): Pädagogische Psychologie. 5. Auflage. Weinheim: Beltz, S. 575–612

Thomann, G. (2003): Formen der Beratung. Versuch einer Bergriffserklärung. In: Education permanente (Schweiz), 37, S. 40–43

Tippelt, R. (2003): Lebenslange Kompetenzentwicklung: Die Vernetzung von Schule, Erwachsenenbildung und Hochschule. In: Hessische Blätter für Volksbildung, 53, 1, S. 35–46

Töpper, A. (2008): Beratung in Bildung, Beruf und Beschäftigung. In: G. Fellermayer/E. Kramer (Hrsg.): Bildungsberatung und Kompetenzentwicklung. Beiträge zur aktuellen Diskussion. Berlin: Karin Kramer Verlag, S. 35–41

Wiesner, G./Wolter A. (2005): Einleitung. In: Dies. (Hrsg.): Die lernende Gesellschaft. Weinheim u. a.: Juventa, S. 7–44

2., überarb. Auflage 2007
236 Seiten. Kart. € 18,–
ISBN 978-3-17-019894-4
Urban-Taschenbücher, Band 671
Grundriss der Pädagogik, Band 11

Kade/Nittel/Seitter

# Einführung in die Erwachsenenbildung/ Weiterbildung

Diese Einführung zeigt auf, wie sich das Lernen im Erwachsenenalter und seine wissenschaftliche Bearbeitung historisch, theoretisch, forschungspraktisch und professionell entwickelt haben. Dazu werden die wesentlichen theoretischen Zugänge und empirischen Befunde detailliert vorgestellt. Die Darstellung ist fallbezogen und zugleich systematisch aufgebaut. Ihr Augenmerk liegt auf der Vielfalt der Perspektiven, mit der das Feld des Lernens Erwachsener strukturiert wird. Wer sich über die beruflichen Möglichkeiten in diesem facettenreichen pädagogischen Handlungsfeld näher orientieren will, findet eine Fülle empirisch abgesicherter Hinweise. Studienbezogene Ratschläge und ein Serviceteil runden die Darstellung ab.

▶ **www.kohlhammer.de**

W. Kohlhammer GmbH · 70549 Stuttgart

2008. 192 Seiten. Kart. € 19,90
ISBN 978-3-17-016955-5
Urban-Taschenbücher, Band 678
Grundriss der Pädagogik, Band 18

Jutta Ecarius

# Generation, Erziehung und Bildung

## Eine Einführung

Generation, Bildung und Erziehung sind pädagogische Grundbegriffe, die eng aufeinander bezogen sind. Dieses Buch führt ein in zentrale Ansätze, die Generation, Bildung und Erziehung zum Gegenstand haben. Der Aufbau des Buches ist dabei historisch und systematisch. Vorgestellt werden Klassiker der Aufklärung, zentrale Vertreter der geisteswissenschaftlichen Pädagogik, der kritischen Erziehungswissenschaft und gegenwärtige Ansätze, die Generation zur Theoriebildung des Pädagogischen und Analyse von pädagogischen Handlungsfeldern verwenden. Zudem wird ein systematischer Zugang über aktuelle Ansätze zu Generation, Bildung und soziale Wirklichkeit (philosophisch, bildungstheoretisch, sozialwissenschaftlich, psychoanalytisch) geliefert. Die jeweiligen zentralen Thesen werden gut verständlich und klar strukturiert dargestellt und mit Belegzitaten konkretisiert. Ein Fragenkatalog am Ende jedes Kapitels ermöglicht eine Erarbeitung und Diskussion der zentralen Thesen.

▶ **www.kohlhammer.de**

W. Kohlhammer GmbH · 70549 Stuttgart

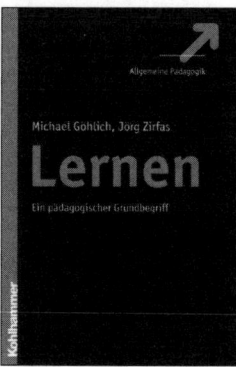

2007. 208 Seiten. Kart.
€ 22,-
ISBN 978-3-17-018869-3

Michael Göhlich/Jörg Zirfas

# Lernen

## Ein pädagogischer Grundbegriff

Lebenslang zu lernen gilt heute als Notwendigkeit. Die Gesellschaft ist zu einer Lerngesellschaft geworden und Lernen zu einem Vorgang von zentraler Bedeutung. Das Buch entfaltet die Systematik eines genuin pädagogischen Lernbegriffs und richtet sich damit gegen Verkürzungen, die mit der Verwendung psychologischer und in jüngster Zeit neurowissenschaftlicher Lerntheorien einhergehen. Die Suche nach dem Lernbegriff in der Geschichte der Pädagogik, in der pädagogischen Anthropologie und in den Praktiken pädagogischer Institutionen sowie die Auseinandersetzung mit Lerntheorien anderer Disziplinen dienen dazu, eine den Problemen pädagogischer Praxis angemessene Theorie des Lernens zu entwerfen. In diesem Sinne werden vier pädagogische Dimensionen des Lernens rekonstruiert: Wissen-Lernen, Können-Lernen, Leben-Lernen und Lernen-Lernen.

▶ **www.kohlhammer.de**

W. Kohlhammer GmbH · 70549 Stuttgart